Lothar von Seltmann

Fräulein Martha und die fünfte Himmelsrichtung

Sie vertrauten auf Gott –
in Ostpreußen wie in Schwaben

Die Geschichte der Bahnauer Bruderschaft

BRUNNEN
VERLAG GIESSEN · BASEL

Die Bibelzitate in »Alt-Bahnau« sind entnommen der
»Heiligen Schrift des Alten und Neuen Testaments nach der
deutschen Übersetzung D. Martin Luthers« –
Bergische Bibelgesellschaft, Elberfeld 1906;
in »Neu-Bahnau« wird zitiert »nach dem 1912 vom Deutschen
Evangelischen Kirchenausschuss genehmigten Text«,
privileg. Württemb. Bibelanstalt Stuttgart

Dichter und Komponisten der zitierten Lieder sind,
soweit bekannt und nicht im Text angegeben:
S. 8, 11 **Ännchen von Tharau**: Text: Simon Dach zugeschrieben /
Melodie: Friedrich Silcher
S. 30, 31, 79 **Sieh, hier bin ich**: Text: Eliza Edmunds Hewitt
S. 31 **Herr, lass uns leuchten dir**: Text: E. v. Preisdorff
S. 33, 75, 167 **Wir wolln uns gerne wagen**: Text: Nikolaus Graf
von Zinzendorf/Maria Yelin
S. 214: **Nun aufwärts froh den Blick gewandt**:
Text: August Hermann Franke / Melodie: Johann Crüger

© Brunnen Verlag Gießen 2008
www.brunnen-verlag.de
Umschlagfotos: Wolfgang Korall; ClassicStock
Umschlaggestaltung: Ralf Simon
Fotos im Innenteil: Archiv der Evang. Missionsschule Unterweissach
Satz: DTP Brunnen
Druck und Bindung: GGP Media GmbH, Pößneck
ISBN 978-3-7655-1998-7

Inhalt

Alt-Bahnau: Wie alles begann

Liebe an der Bahnau	7
Briefe hin und her	16
Vandsburger Festtage	27
Einzug ins Insthaus	36
Die Bruderschaft zieht nach Ostpreußen	48
Sturz in die Jauchegrube	55
Die Arbeit blüht	69
Preußisch Bahnau und der Krieg	76
Schwere Tage, Bewahrung und ein großes Fest	89
Orientierung in brauner Zeit	105
Leitungswechsel – Gott nimmt und Gott gibt	117
Und wieder Krieg	132

Neu-Bahnau: Wie es weiterging

Fräulein Martha und schwäbische Dorfidylle	151
Gudrun und der Gasthof »Zum Lamm«	161
Unterweissacher Neuanfang unter Bahnauer Losung	172
Vorwärts mit Weitsicht und Mut	183
Der »Zufall« bekommt Räder	198

Ein notwendiges Nachwort	210
100 Jahre Bahnauer Bruderschaft – eine Chronik	215

Alt-Bahnau: Wie alles begann

Liebe an der Bahnau

Es war an einem der letzten Apriltage des Jahres 1906. Emil Flemming, Landwirtschaftsgehilfe des christlichen Erholungsheims in Preußisch Bahnau in Ostpreußen, war seinem Auftrag gerne nachgekommen, einen Gast vom Bahnhof der nahen Kreisstadt Heiligenbeil abzuholen. War doch dieser Gast sein »Ännchen«. Er freute sich sehr darüber, dass die junge Frau für einige Tage zur Erholung hierher kommen konnte. Und jetzt war es auch schön, dass sie darauf verzichtet hatte, zuerst ihre Eltern zu Hause in Heiligenbeil am Marktplatz zu besuchen. Nein, das wollte sie jetzt nicht. Das könne sie am 1. Mai nachholen, dann sei Feiertag und die Eltern hätten auch Zeit für sie.

Also nahm Emil Annas Köfferchen, und die beiden jungen Leute machten sich auf den Fußweg hinüber ins Dörfchen an der Bahnau. Dabei ließen sie die Stadt links liegen und gingen einige hundert Meter an den Bahngleisen entlang nach Südwesten, von wo ihnen die Sonne aus bereits tiefem Stand ins Gesicht schien. Dabei wiesen sie einander auf das zaghaft sich entfaltende frische Grün an Bäumen und Sträuchern hin und freuten sich an den ersten, vorsichtig aufbrechenden weißen Blüten der Schlehen und an einzelnen lilafarbenen Wildkrokussen, an den ersten Buschwindröschen, Anemonen und Winterlingen, die in der Gesellschaft von Huflattich und Knöterich die Ränder des Gleiskörpers zierten.

Auch am werbenden Gesang der Meisen, Finken und Sperlinge freuten sie sich, die aufgeregt im noch überwiegend kahlen, niedrigen Gesträuch herumturnten. War dort über den Feldern tatsächlich auch schon das »tjrli-tjrli-tjrli« einer Feldlerche zu hören? Oder täuschten die anderen Vogelstimmen das Ohr? Trotz der fortgeschrittenen Zeit im Jahr war der Frühling nämlich noch nicht alt. Erst vor wenigen Tagen hatte die warme Sonne des ausgehenden Aprils die letzten Schneereste geschmolzen. Der Boden war noch überwiegend von Feuchtigkeit und winterlichem Braun bedeckt. Dennoch war das Erwachen des Frühlings deutlich zu riechen, zu hören und zu sehen und erfreute die Sinne und die Seele.

Es erfüllte auch die Herzen der beiden Wanderer, die Hand in Hand an den Bahngleisen entlang unterwegs waren. Bald überquerten sie die Landstraße, die von Heiligenbeil nach Preußisch Bahnau führte, und erreichten nach kurzem Weg das Ufer des beschaulichen Flüsschens, von dem das Dorf seinen Namen hatte, wie auch die etliche Kilometer flussaufwärts gelegenen Orte Neu Bahnau und Bahnau Mühle. Das wenige Kilometer nördlich am Frischen Haff gelegene Deutsch Bahnau lag nicht am Flüsschen und hatte seinen Namen woanders her. Aber wegen der Ähnlichkeiten kam es schon gelegentlich vor, dass die Dörfer miteinander verwechselt wurden und Reisende, die nach Preußisch Bahnau wollten, in Deutsch Bahnau landeten und umgekehrt. Den beiden jungen Leuten konnte dieser Irrtum natürlich nicht passieren. Sie waren ja in der Gegend zu Hause.

Einen Steinwurf weit von der Bahnbrücke über das Flüsschen hatte Emil am Ufer einen kleinen Kahn angebunden, mit dem sie ihren Weg flussabwärts fortsetzen wollten. Ehe die beiden den Nachen bestiegen, stellte Emil Annas Köfferchen ab und nahm das Mädchen zärtlich bei beiden Händen. »Schön, dass bist gekommen nach Hause für die paar Tage, mein ›Ännchen von Tharau, die mir gefällt‹. Schön, dass wir können uns sehen.«

»Freu mich auch, mein Emilchen«, erwiderte das Mädchen den Händedruck des jungen Mannes. Dabei huschte eine leichte Röte über ihr hübsches Gesicht. »Kannst dein Ännchen gerne nehmen in die Arme und geben einen Kuss zur Begrüßung.«

Dazu ließ sich Emil natürlich nicht ein zweites Mal bitten. Er tat es freilich eher flüchtig. Ein inniger Kuss schickte sich nun mal noch nicht. Er wusste doch nicht, ob denn seine Umworbene der Einladung des Pfarrers Theophil Krawielitzki, ihres Arbeitgebers im Gemeinschafts-Schwesternhaus im fernen westpreußischen Vandsburg, widerstehen würde, sich ganz dem geistlichen Dienst zu widmen. Vielleicht ließ sie sich ja doch noch als Schwester einkleiden, zur Diakonisse ausbilden und später zur Arbeit irgendwohin senden.

Dann bestiegen die beiden das kleine Boot, und Emil stieß es vom Ufer ab. Mit dem Paddel zu stechen war kaum erforderlich. Die Strömung nahm das Boot mit, und der junge Mann brauchte lediglich dafür zu sorgen, dass das leichte und schlanke Wassergefährt nicht irgendwo am Ufer anstieß oder unter zart grünen, tief hängenden Ästen der Erlen und Weiden hängen blieb.

Anna Biemer und Emil Flemming kannten sich bereits seit der gemeinsamen Schulzeit und fühlten sich schon lange einander zugetan. Sie waren beide wortkarge Menschen aus dem weiten ostpreußischen Hinterland Masuren, von wo es ihre Familien irgendwann wegen der Geschäfte und des Broterwerbs in die Nähe des Frischen Haffs verschlagen hatte. Und so genossen die beiden ihr Zusammensein während der stillen Fahrt auf dem Fluss, ohne viel zu reden. Dabei lauschten sie den äußeren Stimmen der Natur aus den Bäumen und Sträuchern der beiden Flussufer und wohl auch denen aus ihrem eigenen Inneren und lächelten sich dabei immer wieder selig an.

Nach einer Weile unterbrach der junge Mann dann doch das Schweigen. »Weißt Neues aus dem Diakonissenhaus?«

Anna wusste Neues. »Sind immer mehr Schwestern in Vandsburg, und ist immer mehr Arbeit. Werden bald dazu kommen Brüder. War zu Besuch vor vielleicht vier Wochen bei meinem Pastörchen ein Herr Pastor Regehly aus Breslau und ein Herr Pastor Carl Lange aus Jeschewo, Kreis Schwetz. Soll der Letzte öffnen und leiten ein Gemeinschafts-Brüderhaus noch dieses Jahr. Vielleicht schon Oktober. Deutsches Ostland braucht Zeugen und Prediger des heiligen Gotteswortes. Inniger Glaube an den Sünderheiland soll werden ausgebreitet und gefördert von berufenen Brüdern. Sollen sie befähigt werden dafür durch gründliche Arbeit in Theologie.

Herr Pastor Lange hat empfangen dazu eine starke Berufung, dass Gott ihn will haben für die Aufgabe. Soll er unterweisen und lehren die Brüder, das Evangelium zu verkündigen in klarer und unanstößiger Weise. Hat erzählt, dass Gott hat gebrochen seinen Widerstand gegen die Berufung mit dem Spruch: ›Glaube nur!‹ Ist jetzt bereit, nach nur vierzehn Jahren zu verlassen sein Amt und seine blühende Gemeinde, seine neue Kirche und sein neues Pfarrhaus für die neue Aufgabe. Und zu verzichten auf sein Gehalt und seine Pension und seinen schönen Garten. Hat sich verglichen mit Abraham, der wurde ausgeschickt von Gott in unbekanntes Land und war gehorsam und sehr gesegnet. Habe alles selbst gehört mit meinen Ohren. Steht auch gerade in christlichen Zeitungen dringender Aufruf um Hilfe und Unterstützung für das Brüderhaus an die fromme Gemeinde in Westpreußen und in Ostpreußen und im ganzen Deutschen Reich.«

Emil Flemming hatte Anna Biemer mit wachsendem Erstaunen zugehört. Jetzt holte er zunächst einmal tief Luft. So viele Worte hatte die junge Frau noch nie um eine Sache gemacht. Außerdem hatte er von diesen Dingen bisher noch nichts gehört. Er brauchte eine Weile, um die vielen Nachrichten zu ordnen. Dann antwortete er mit großen Augen und fragendem Blick: »Brüder im Schwesternhaus? Ob das wird gutgehen?«

»Warum nicht soll es gutgehen?«, fragte Anna in ihrem Deutsch mit der eigenwilligen Grammatik ihrer masurischen Heimat zurück. »Habe gehört von strenger Ordnung und Regeln, dass es wird gutgehen. Die Schwestern werden versorgen die Brüder. Aber die Brüder werden nicht begegnen den Schwestern. Wird nicht sehen eins das andre und nicht sprechen zusammen. Werden sein in allem getrennt. So haben es gesprochen bei anderer Gelegenheit die beiden Herren Pastoren Krawielitzki und Lange und die Hausmutter, Frau Oberin Kuhl, und Herr Inspektor Evangelist Hoff. Habe selbst gehört mit meinen Ohren.

Habe ich auch gehört, wie sie haben gebetet sehr inbrünstig um die Sache.«

Nach erneutem Schweigen fragte Emil besorgt in ähnlichem Deutsch, wobei er der jungen Frau tief in die Augen schaute: »Und was wird sein mit meinem Ännchen? Wirst bleiben als fromme Schwester im Mutterhaus? Und wirst später gehen als Diakonisse auf eine Station, so dass ich werd müssen leiden großen Kummer? Oder wirst sein ›mein Reichtum, mein Gut, mein Fleisch und mein Blut‹?«

Anna Biemer zögerte mit der Antwort, als sei sie sich selbst nicht sicher, so dass der Mann spürbar unruhig wurde und auf seinem schmalen Sitzbrett hin und her zu rutschen begann, wobei er versuchte, das schaukelnde Boot mit seinem Paddel ruhig zu halten. Schließlich drängte Emil: »Nun sag schon. Was wird sein mit dir, mein Ännchen?«

Endlich gab Anna die erhoffte Auskunft, wobei sie ein verschmitztes Gesicht aufsetzte: »Musst nicht sein ängstlich, Emilchen. Kenn ich auch das Lied. ›Krankheit, Verfolgung, Betrübnis und Pein soll unsrer Liebe Verknotigung sein.‹ Werde ich bleiben im Haushalt von Herrn Pastor Krawielitzki, bis mich ein Männchen wird rausheiraten. Habe nicht gehört andere Anweisung von meinem Gott und Heiland und habe keine Berufung zur Diakonisse. Glaube auch nicht, dass wird kommen anderer Mann. – Zufrieden?«

Und ob Emil mit der Auskunft zufrieden war! Der junge und verliebte Landwirtschaftsgehilfe im Christlichen Erholungsheim Preußisch Bahnau und Bediensteter seines Herrn Kmitta strahlte über sein ganzes Gesicht. In einer weiteren Anspielung auf das alte Lied sagte er: »Ist sehr schön, mein Ännchen, sehr schön! Wird mir geben Hoffnung, dass du wirst folgen mir ›durch Wälder und Meer, Eisen und Kerker und feindliches Heer. Ännchen von Tharau, mein Licht, meine Sonn, mein Leben schließt sich um deines herum.‹«

Er wäre dem selig lächelnden Mädchen wohl am liebsten um

den Hals gefallen, was auf dem schwankenden Nachen aber nicht ging. Dafür fasste er sein Stechpaddel fester und begann, wie wild zu arbeiten, als wolle er diese Antwort möglichst rasch ans Ufer und auf festen Boden bringen, damit die Wasser der Bahnau sie nicht doch noch davontrügen.

Die untergehende Sonne warf gerade ihre letzten Strahlen durch die Bäume am anderen Ufer des hier etwas breiteren Flüsschens, als der junge Mann wenige Augenblicke später das Boot gegenüber dem Haupthaus des Erholungsheims geschickt auf den hölzernen Steg zulenkte. Gekonnt legte er an, band den Kahn an einen kleinen Poller und sprang hinaus. Dann half er seiner hübschen Gefährtin mit dem kleinen Hut auf der dunklen Knotenfrisur auf die Bretter des Stegs und holte nach, was ihm zuvor versagt gewesen war. Zuvor blickte er sich rasch um, ob ihnen auch niemand zuschaute. Er drückte Anna in einer heftigen Gefühlsbewegung für ein paar Momente an sich. »Werd ich sein der, der wird rausheiraten das hübsche Ännchen, wirst sehen, mein Reichtum, mein Gut«, flüsterte er ihr dabei ins Ohr. Seine Zukunft sah für ihn seit dieser Auskunft durchaus rosig aus. »Wird sein so – nach Gottes Willen«, ergänzte er noch und begann, die Melodie des »Ännchen von Tharau« zu summen. Er liebte dieses Lied und kannte es in- und auswendig.

»Mein Köfferchen, Emil Flemming«, hörte er die junge Frau sagen und kam sofort in die Wirklichkeit zurück. Die bot für weitere Romantik jetzt leider keine Zeit mehr. Anna Biemer wurde im Erholungsheim beim Abendessen erwartet, und er musste sie schnellstens im Gästehaus abliefern. Auf ihn selbst wartete außerdem die Arbeit im Stall. Er ließ seine Liebste also los, angelte ihr Köfferchen aus dem Kahn und brachte die junge Frau über die Straße, eher ein breiter, staubiger unbefestigter Weg, hinüber in ihr Quartier, damit sie sich dort anmelden und zum Essen gehen konnte. Emil hatte damit seinen Auftrag ausgeführt, das Fräulein aus Vandsburg vom Bahnhof Heiligenbeil abzuholen. Einen besseren hätte Herr Kmitta ihm für heute nicht geben können. Dabei wusste er doch gar nichts von der Beziehung der beiden jungen Leute.

Nun ja, er würde schon rechtzeitig davon erfahren. Jetzt waren die beiden sich jedenfalls für ein paar Tage sehr nahe, und das musste genutzt werden, so gut es ging. »Nach der Abendandacht am Steg. Aber zieh an den Mantel. Wird sein frisch. Aber auch hell, weil kommt der Mond«, raunte Emil Anna noch zu, ehe er zu den Wirtschaftsgebäuden des Erholungsheims hinüberging, um sich an seine Arbeit im Stall zu begeben.

Die junge Frau freute sich im Stillen sehr über die Worte von Emil, er werde sie aus dem Haushalt ihres Pastors Krawielitzki im Diakonissenhaus herausheiraten. Ob sie dann auch in dieser Einrichtung hier unter den Augen von Schwester Marie Schönsee arbeiten konnte? Schön wäre es, wenn sie beide eine kleine Wohnung in einem der Gesindehäuser, die hier Insthäuser genannt wurden, oder irgendwo anders im Dorf bekommen könnten. In Heiligenbeil gäbe es sicher eine Wohnung bei ihren Eltern oder bei denen von Emil. Schöner wäre es freilich, wenn sie zum Arbeiten nicht täglich zweieinhalb Kilometer von dort herüber kommen müssten.

Anna geriet ins Träumen über die Zukunft, die Emil ihr vorhin angekündigt hatte. Dabei hatte er recht gesprochen mit seiner Nachbemerkung: »Wird sein so nach Gottes Willen.« Der war ihnen beiden wichtig, waren sie doch gläubige junge Leute, »Kinder« der ostpreußischen Erweckungsbewegung, die vor wenigen Jahren durch Dörfer und Städte gegangen war und immer noch über das Land ging. Dann gelang es Anna aber doch, sich auf die Gedanken zu konzentrieren, die Herr Kmitta bei Tisch vor der Schar der Gäste und vor einigen Mitarbeitern des Hauses zu dem Wort aus dem 1. Petrusbrief entfaltete: »Alle eure Sorge werfet auf ihn, denn er sorget für euch.« Ja, die Sorge um ihre Zukunft wollte sie gerne ihrem himmlischen Gott und Vater überlassen. Und erst recht die um das geplante Brüderhaus auf dem Gelände des Gemeinschafts-Schwesternhauses im fernen Vandsburg. Diese Sorge musste ihre ja ohnehin nicht sein.

Die Wanduhr im Flur des Gästehauses schlug achtmal, als Anna Biemer das Haus verließ, um hinüber zum Bootssteg zu gehen. Es war tatsächlich frisch geworden, aber es war durch den bereits recht runden Mond auch angenehm hell. Hoffentlich hielt das klare Wetter an, ging es der jungen Frau durch den Kopf. Dann würden die Abende bis zu ihrer Rückreise noch heller sein. Anna liebte helle, stille Mondscheinabende. Und mit Emil an der Seite würden diese Abende noch schöner werden, auch wenn sie nicht lang sein durften. Um halb zehn wurde das Haus nämlich geschlossen, und bis dahin musste jeder Gast seine Stube aufgesucht haben. So wollte es die Hausordnung des Erholungsheims. Aber es blieben immerhin anderthalb Stunden an der Seite ihres Liebsten und das an drei, vielleicht auch an vier Abenden …

Momente später ließ sich Ännchen wieder von ihrem Emil in die Arme nehmen. Der küsste seine Liebste zärtlich und nahm sie dann bei der Hand. Die Zeit würde gerade reichen für einen Rundgang über die Dorfstraße, den Karbener Landweg und den Heiligenbeiler Weg. Das war ohnehin die einzige Möglichkeit, wenn man nicht auf demselben Weg zurückkommen wollte. Oder sollten sie doch die paar Meter auf den Buscherberg hinaufsteigen? Hell genug dazu war es. Nein, heute nicht, vielleicht morgen. Anna war der Spaziergang durchs Dorf heute auch recht.

Unterwegs sprachen die beiden kaum etwas miteinander. Sie freuten sich still an ihrer Nähe und lauschten den Geräuschen des Dorfes. Hier meldete ein Hund, dort rief ein Käuzchen, vom Fluss her ließen sich immer wieder Frösche hören, irgendwo draußen bellte ein Fuchs. Menschen waren nicht unterwegs. Erst auf dem Rückweg auf dem Heiligenbeiler Weg brach Anna das Schweigen, um die Frage zu stellen, die ihr im Moment die wichtigste war: »Wann wirst mich rausheiraten aus dem Haushalt von Pastor Krawielitzki?«

Emil brauchte eine Weile, um seine Antwort zu überlegen. Dann sagte er: »Wirst sehen, mein Ännchen. Wenn sein wird alles vorbereitet bei mir und bei dir und mit Eltern und mit Behörden.«

Die junge Frau gab sich für heute zufrieden, und auch bei den anderen Abendspaziergängen, zu denen die beiden sich trafen, fragte sie nicht weiter. Emil fragte dafür am letzten Abend: »Wirst deinem Pastorchen und seinem Frauchen erzählen von mir?«

»Werde ich erzählen von dir, wenn es wird recht sein und passen«, versicherte Anna, und damit gab sich der junge Mann dann auch zufrieden. Er hatte aber doch noch eine weitere Frage: »Wirst schreiben, was wird sein im Diakonissenhaus mit Brüdern bei Schwestern?«

»Werde ich schreiben, wenn du schreibst zurück, wie sich entwickelt deine Vorbereitung für die Hochzeit.«

Diese Bedingung in Annas Antwort bereitete Emil wohl Unbehagen. Er versuchte, dieser Aufgabe zu entgehen: »Musst wissen, mein Ännchen, dass ich nicht schreibe sehr gerne. Kann ich melken eine Kuh und schwingen eine Sense oder eine Axt. Und kann ich führen ein Pferd vor dem Pflug und unterscheiden Kartoffeln von Rüben. Aber kann ich nicht gut halten einen Stift, zu schreiben auf Papier schwierige Wörter.«

»Dann wirst üben, halten den Stift und schreiben deinem Ännchen. Kannst schreiben einfache Wörter«, beharrte Anna auf ihrer Bedingung und erntete damit einen deutlichen Seufzer ihres Liebsten.

»Na gut«, meinte der. »Werd ich suchen einfache Wörter und üben, halten den Stift und schreiben.«

Leider war die gemeinsame Zeit nur kurz und ging wie im Flug vorbei. Der Kuss, den Emil seiner Anna gab, ehe die beiden sich am Abend des 1. Mai 1906 für eine unbekannte Zeit voneinander trennten, war wesentlich inniger als der Begrüßungskuss ein paar Tage zuvor. Leider hatte der junge Mann für den Transport der Gäste zum Bahnhof Heiligenbeil keinen Auftrag bekommen. Emil musste zur Frühjahrsbestellung aufs Feld, das Pferd vor dem Pflug führen. Schade! So war der alte Bauer Moritz vom Hof schräg gegenüber mit der Fahrt beauftragt worden, und er hatte sie gerne übernommen. Seine Wirtschaft versorgten seine Söhne, und er war gerne bereit, seine Kutsche wieder einmal anzuspannen.

Briefe hin und her

Mehrere Wochen später hielt Emil Flemming den ersten Brief seiner Anna in den Händen. Die wenigen Worte der jungen Frau machten ihn glücklich und nachdenklich zugleich. Er las sie gleich mehrfach. Sie versicherten ihn ihrer tiefen Zuneigung; sie fragten aber auch danach, ob er die Vorbereitungen der Hochzeit bereits in Angriff genommen habe, und sie baten darum, doch bald über den Stand der Dinge zu berichten.

Nun ja, viel Vorbereitung war noch nicht geschehen, musste Emil zugeben. Genau genommen noch gar keine. Er beschloss zum wiederholten Male, dass er die Sache bedenken und dann in Angriff nehmen würde. Noch wusste nämlich hier in Preußisch Bahnau niemand etwas von seiner Liebe zu Anna Biemer und von seinen Absichten, dieses liebe Mädchen aus seiner Arbeit im westpreußischen Vandsburg herauszuheiraten und in die ostpreußische Heimat zurückzuholen. Auch Annas Eltern in Heiligenbeil wussten noch nichts davon. Er musste doch auch wirklich nichts überstürzen.

Für den Moment war es sowieso wichtiger zu lesen, was in dem Artikel aus der Zeitschrift »Evangelischer Brüderbote Jahrg. 18 Nr. 18 vom 2. Mai 1906 Seite 72« stand, den sein Ännchen dem Brief beigelegt hatte.»Aufruf zur Gründung eines Gemeinschafts-Brüderhauses«, las Emil als Überschrift, mit großen, dicken Buchstaben geschrieben. Unten standen die Namen der Pastoren Regehly, Krawielitzki und Lange mit ihren Dienstorten. Emil fiel ein, dass das die Pastorchen waren, von denen Anna erzählt hatte, sie hätten im Schwesternhaus in Vandsburg so inbrünstig wegen eines neuen Brüderhauses gebetet. Er begann, den langen Artikel zu studieren. Das war für ihn gar nicht einfach. Er war im Lesen leider ebenso wenig geübt wie im Schreiben, und im Verstehen schwerer Sachen war er manchmal etwas langsam. So las er gründlich, Wort für Wort und Satz für Satz, um auch alles richtig aufzunehmen und zu verstehen:

»Die brennende Not nach Reichsgottesarbeitern hat vielen die Frage nach einem Gemeinschafts-Brüderhause aufs Herz gelegt. Die Unterzeichneten sind durch die vereinigten Brüderräte der östlichen Provinzen Deutschlands beauftragt worden, die geeigneten Schritte zur Gründung desselben zu tun. Indem wir nun an die uns gestellte Aufgabe herantreten, erklären wir ausdrücklich, dass wir keine Konkurrenzarbeit gegenüber der Arbeit der vorhandenen Brüderhäuser im Sinne haben, sondern dass wir allein von dem Verlangen erfüllt sind, das Reich Gottes bauen zu helfen. Im Folgenden geben wir einige Grundlinien, nach denen sich die Arbeit in unserem Brüderhause richten wird.

1. Zweck und Ziel des Brüderhauses ist die Zubereitung von Brüdern für den Dienst im Reiche Gottes. Wir erkennen, dass diese Zubereitung in erster Linie eine Ausrüstung durch den Heiligen Geist sein muss und dass die lehrhafte Seite der Zubereitung erst da Frucht bringen kann, wo jene Geistesausrüstung vorhanden ist. Daher finden nur bekehrte Brüder Aufnahme.

2. Es sollen in unserm Brüderhause Brüder für die verschiedensten Dienste des Reiches Gottes zubereitet werden (Kranken-, Krüppel-, Waisen-, Armen-, Kinderpflege, Rettungsarbeit, Kolportage, Stadtmission, Gemeinschaftspflege und Wortverkündigung im In- und Ausland).

3. Die Arbeit und die Unterhaltung der Arbeiter geht aus dem Glauben. Doch halten wir es nicht für einen Widerspruch mit diesem Glaubensprinzip, vorhandene Nöte zur Kenntnis der Geschwisterkreise zu bringen.

Wir bitten herzlich alle, welche mit uns in diesen Grundlinien übereinstimmen, für die Sache des Gemeinschafts-Brüderhauses in ernstlicher Fürbitte einzustehen. Wir vertrauen dem Herrn, dass er die Schwierigkeiten, welche dieser Arbeit zurzeit noch entgegenstehen, heben wird, insbesondere dass er uns zunächst die Summe von 50 000 Mk. darreichen wird, die zum Bau und zur ersten Instandsetzung eines Brüderhauses binnen kurzem erforderlich sind.

Aufnahmegesuche, Geld- und andre Sendungen sind zu richten an Pastor Lange-Jeschewo i. Westpr. Anfragen beantwortet gerne jeder der Unterzeichneten.«

Ganz schön mutig, diese Pastörchen, ging es Emil Flemming durch den Kopf. Dass es genügend bekehrte Brüder in den Ostprovinzen Deutschlands gab, daran zweifelte er nicht. Er hatte schon viele von ihnen kennengelernt, wenn in den Räumen des Erholungsheims Bibelkurse veranstaltet worden waren. Dabei fiel ihm ein, dass er dem Pastor Carl Lange aus Jeschewo beim letzten Kurs Ende Januar begegnet sein musste. Richtig, dieser Mann mit der hohen Stirn, der Nickelbrille in einem klugen Gesicht und dem dichten Vollbart hatte den Kurs damals geleitet. Der hatte erzählt, dass der allmächtige und heilige Gott ihm als Vierzigjährigem bereits sein Frauchen genommen habe und seinen drei kleinen Jungchen das Mütterchen. Eine tragische Geschichte!

Nun ja, der würde das Brüderhaus sicher trotzdem leiten können, wenn er von der entsprechenden Berufung dazu sagen konnte. Und vielleicht gab ihm Gott ja auch ein neues Frauchen. Aber ob die 50 000 Mark so rasch wie gewünscht zusammenkämen, das schien Emil doch fraglich. Nun ja, die Männer hatten wohl einen stärkeren Glauben als er, und Gott würde ihr Vertrauen sicher belohnen. Ännchen würde ihm weiter berichten. Er wollte ihr in den nächsten Tagen antworten und sie darum bitten. Nur, was sollte er von seinen Hochzeitsvorbereitungen schreiben? Nun ja, er würde schreiben, dass er dabei sei, einen Plan zu überlegen, den er später und jeweils bei passender Gelegenheit ausführen wollte.

Anfang September kam ein neuer Brief aus Vandsburg. Anna schrieb wieder sehr lieb und freute sich, dass Emil wenigstens schon einen Plan zur Vorbereitung der Hochzeit gefasst hatte. Sie bat ihn, er möchte bitte nicht zu lange warten, den Plan umzusetzen. Er solle auch aufmerksam auf Gelegenheiten achten und sie nutzen. Sie sehne sich danach, zurück nach Ostpreußen zu kommen, um mit ihm dort zu leben.

Auch diesem Brief hatte Anna einen Artikel beigelegt, auf dem allerdings nicht zu lesen war, aus welcher christlichen Zeitschrift er stammte. Es stand nur handschriftlich »Philadelphia« am Rand. Mochte das bedeuten, was es wollte, der Artikel mit der Überschrift »Bitte« war interessant. Emil las:

»In Vandsburg (Westpreußen) soll neben dem dort schon bestehenden Schwesternhaus ein ›Gemeinschaftsbrüderhaus‹ am 16. Oktober d.J. eröffnet werden. Die Leitung wird Herr Pfarrer Lange, bisher Jeschewo, haben. Diese neue Anstalt ist ein Glaubenswerk, das auf des Herrn Hilfe und die Liebe der Geschwister rechnet. Erwünscht und erbeten sind neben Gaben in Geld auch folgende Gegenstände: Betten, Matratzen, Bettwäsche, Bett- und Steppdecken, Leinenzeug, Fenstervorhänge. Für Küchen- und Waschkücheneinrichtung: Messer, Gabel, Löffel, Abwaschzuber, Küchenhandtücher, Besen, Bürsten, Kochtöpfe, Wringmaschine, Zuber, Wannen u.a. An Arbeitsgeräten: Spaten, Hacken, Bickel, Äxte, Harken u.a. Besonders wertvoll sind uns neue oder gebrauchte Harmoniums zur musikalischen Ausbildung der Brüder. Sehr dankbar sind wir auch für Kleiderstoffe für die Brüder, Strümpfe, Leinenzeug aller Art und andere Kleidungsgegenstände.

Adresse für solche Sendungen: Herr Evangelist Otto Hoff, Vandsburg, Westpreußen – mit der Bemerkung: ›Für das Brüderhaus‹.«

Der Artikel brachte Emil zum Staunen. Was konnte dieses neue Brüderhaus nicht alles gebrauchen? Offenkundig sollten die Brüder sich wenigstens ein Stück weit selbst versorgen. Wozu sonst wurden die Werkzeuge erbeten? Und wohnen mussten die ja auch. Dass die ein Harmonium brauchten, war klar. Sie mussten ja lernen, in den Versammlungen und Bibelstunden die herrlichen Glaubenslieder zu begleiten, wenn sie zur Ausübung ihres Verkündigungsdienstes in den kleinen Kreisen und großen Gemeinschaften des ostpreußischen Landes waren. Aber wozu die Wringmaschine? Konnten nicht die Schwestern sich um die Wäsche kümmern? Waschen war doch Frauenarbeit. Ob die 50 000 Mark schon zusammengelegt waren? In diesem Artikel stand keine Zahl, wie viel Geld zur Gründung des neuen Glaubenswerkes gebraucht würde. Nun ja, vielleicht hatte Gott in seiner Treue die Summe bereits geschenkt und sie wurde deshalb hier nicht erwähnt.

Emil Flemming machte sich noch viele Gedanken um die Dinge des neuen Brüderhauses auf dem Gelände des bestehenden Schwesternhauses. Vielleicht konnte ja das Christliche Erholungsheim Preußisch Bahnau aus seinen Beständen einiges an Werkzeug zur Verfügung stellen. Gerne wäre er bereit, es persönlich nach Vandsburg zu bringen. Natürlich auch, um sein Ännchen wiederzusehen, nach dem er sich ebenso sehnte wie sie sich nach ihm. Er würde mit Herrn Kmitta gelegentlich darüber reden und diese Absicht seiner Liebsten schreiben. Vielleicht konnte er mit Herrn Kmitta ja auch schon über ihre Zukunftspläne sprechen …

Tatsächlich konnte der junge Mann seiner Liebsten im nächsten Brief mitteilen, dass es durchaus möglich sei, später einem Ehepaar Flemming Arbeit in der Landwirtschaft des Erholungsheims in Preußisch Bahnau zu geben. Die Frau müsste dann halt das Füttern und Melken der Kühe und das Ausmisten des Stalles lernen und auch den Umgang mit Schweinen und Federvieh.

Herr Kmitta hatte Emil sogar in Aussicht gestellt, dass er ihn zur Eröffnungsfeier des neuen Brüderhauses begleiten dürfe, wenn es die Arbeit zuließe. Freilich könne seine Einrichtung keine Werkzeuge oder Geräte für die Wirtschaft des Brüderhauses zur Verfügung stellen. Die Dinge würden alle selbst gebraucht. Er könne dem neuen Werk allerdings mit einem bescheidenen Geldbetrag helfen. Das sei aber auch schon etwas. Herr Kmitta war sich sicher, die gewünschten Sachspenden kämen auch ohne materielle Hilfe aus Preußisch Bahnau zustande.

Im nächsten Brief teilte Anna Biemer ihrem Emil mit, das Brüderhaus in Vandsburg werde am 15. Oktober eröffnet. Dann beginne für die Brüder die Arbeit in der Wirtschaft des Schwesternhauses und natürlich das Lernen. Es hätten sich zehn oder zwölf junge Männer angemeldet, die gerne zur Ausbildung nach Vandsburg kommen und ins Haus Hebron der Diakonissenanstalt einziehen wollten. Dieses Haus am Eingang zum Mutterhausgelände werde für die Arbeit frei gemacht und zur Verfügung gestellt.

Die Brüder seien auf die drei »b« geprüft und angenommen worden. Die drei »b« stünden für »bekehrt«, »bewährt« und »begehrt«. Mit »bekehrt« sei gemeint, dass einer um das Heil in Christo nicht nur in seinem Kopf etwas wisse, sondern dass er es im lebendigen Glauben persönlich ergriffen habe. »Bewährt« sei im Sinne eines gelebten Glaubens und entsprechenden Lebenswandels zu verstehen. Das »begehrt« heiße, dass Gott selbst deutlich zur Ausbildung und zum späteren Dienst »berufen« habe.

Hohe Ansprüche, ging es Emil beim Lesen und Bedenken durch den Kopf. Aber das musste ja auch wohl sein. Für den geistlichen Dienst konnten wirklich nur die besten taugen. Dann las er weiter.

Einen Gottesdienst und eine Feierstunde zur Eröffnung der

neuen Einrichtung gebe es am Sonntag, dem 21. Oktober. Es wäre doch schön, wenn er tatsächlich die Reise nach Vandsburg auf sich nehme, um dabei zu sein. Er solle bitte bei seinen Herrschaften bald um Urlaub ersuchen und sich bei Evangelist Bruder Otto Hoff in Vandsburg anmelden. Herr Hoff sorge dann sicher auch für ihn für ein gutes Quartier und die Verpflegung während seines Aufenthaltes. Vielleicht könne er sich auch mit allem Herrn Kmitta anschließen. Ob sie in den Tagen Zeit für ihn habe für vielleicht einen Spaziergang oder ein inniges Stündchen, das wisse sie allerdings nicht. Sie hoffe und wünsche es sehr, und wenn es sich so ergäbe, wäre das sehr schön. Wenn nicht, könne ihre Begegnung nur mit den Augen auch ihre Liebe fördern und festigen. Leider gebe es um die feierliche Eröffnung des Brüderhauses furchtbar viel Arbeit.

Am Samstag, dem 20. Oktober, machte sich Emil Flemming mit dem Leiter des Erholungsheims auf die etwa 300 Kilometer lange Bahnreise. Die viele Stunden lange Fahrt ging mit mehrmaligem Umsteigen von Heiligenbein in Ostpreußen über Braunsberg, Elbing, Marienburg, Dirschau, Bromberg und Nakel nach Vandsburg in Westpreußen. Noch nie zuvor in seinem Leben war der junge Mann so weit gereist, noch nie war er so lange von einem Ort zum anderen unterwegs gewesen. Gut, dass ihn die Sehnsucht nach seinem Ännchen zog und dass er die Reise nicht alleine machen musste. Allein unterwegs wäre er wohl sehr unsicher gewesen.

Herr Kmitta schloss sich im Zug gleich einer Gruppe von frommen Männern und Frauen aus verschiedenen Gemeinschaften Ostpreußens an, die er offenbar kannte und die ebenfalls die feierliche Eröffnung des Brüderhauses erleben wollten. Emil war das sehr recht, wobei er sich nicht unbedingt an der Seite seines Dienstherrn, aber doch in seiner Nähe hielt. Er war schließlich nur der Stallknecht. Aber die Leute gaben dem jungen Mann Sicherheit vor allem auf den fremden Bahnhöfen. Dazu war es sehr abwechslungsreich, ihre Gespräche zu verfolgen, ihren Berichten und Erzählungen zuzuhören und dabei so manches zu erfahren und zu lernen.

Da wusste ein Bruder aus Königsberg, der Leiter des Brüderhauses, der Herr Pastor Carl Lange, habe große Not darum gehabt, dass seine blühende Arbeit in Jeschewo im Kreis Schwetz auch den rechten gläubigen Nachfolger bekomme. Den habe Gott und das Konsistorium in Danzig ihm in der Person eines klar bekehrten Amtsbruders zugeführt. Die Organe der Gemeinde hätten sogar auf ihr Wahlrecht verzichtet und Herrn Pastor Wolter gerne als ihren neuen Prediger, Hirten und Seelsorger an- und aufgenommen.

Ein Bruder aus Zinten, der auch in Heiligenbeil in den Zug gestiegen war, wusste zu berichten, dass Pastor Lange eine Dreizimmerwohnung auf dem Mutterhausgelände erhalten habe, zwei Treppen hoch und unmittelbar an der Chaussee. Für seine mutterlosen Kinderchen habe er eine Privatlehrerin angestellt, da ihm selbst nur sehr wenig Zeit bliebe, sich um die drei Jungchens zu kümmern. Das täte ihm sehr leid, aber das würde sicher von Gott bestätigt und gesegnet.

Wieder ein anderer, ein Bruder aus Brandenburg am Haff, wusste zu berichten, dass es bereits einen zweiten Lehrer des Brüderhauses gebe. Der Mann, ein gewisser Ernst Aeschlimann, sei ein junger christlicher Lehrer von fünfundzwanzig Jahren. Er sei zwar noch nicht da, aber er werde demnächst aus der Nähe von Bern in der Schweiz in die Tucheler Heide kommen. Er habe auf der Suche nach Weg und Ziel für sein junges Leben von einem Freund die Nachricht von der geplanten Neugründung des Gemeinschafts-Brüderhauses Vandsburg erhalten. Daraufhin habe er sich bei einer Rundreise durch verschiedene Provinzen des Reiches intensiv nach der deutschen Gemeinschaftsbewegung im »Gnadauer Verband«, dem »Deutschen Verband für Gemeinschaftspflege und Evangelisation«, erkundigt. Dabei habe er auch Herrn Pastor Lange in Jeschewo besucht. Nachdem er von seiner Reise in die Schweizer Heimat zurückgekehrt war, habe er bald den Ruf Gottes verspürt, seine sichere Existenz als Lehrer aufzugeben und nach Westpreußen zu gehen, um in der neuen Einrichtung als Lehrer zu arbeiten. Er bringe auch seine junge Frau mit.

Nach diesen Neuigkeiten waren sich die Reisenden darin einig, dass es sehr bedauerlich sei, diesen künftigen Mitstreiter in der Arbeit des Brüderhauses noch nicht kennenlernen zu können.

Herr Kmitta hatte ein Papier über das Arbeitsprogramm und die Ausbildung im Brüderhaus in seinem Besitz, aus dem er einige Abschnitte vorlas. Emil Flemming hörte dabei aufmerksam zu, wie die anderen Reisenden auch. Es interessierte ihn, was auf die Brüder zukam, die sich zum geistlichen Dienst zurüsten lassen wollten. Ein paar Sachen aus dem Papier kamen ihm bekannt vor. Er erinnerte sich, dass er die Worte in dem »Philadelphia«-Artikel gelesen hatte, den sein Ännchen ihm in einem ihrer Briefe geschickt hatte. Anderes klang neu, zum Beispiel das, was der Mann jetzt in einzelnen Abschnitten vorlas:

»Es ist uns überaus wichtig, dass wir unsere Brüder zu einer klaren inneren Stellung führen, weil von der inneren Stellung die ganze Fruchtbarkeit des Dienstes abhängt. Wir können andern niemals mehr dienen, als uns der Herr dienen konnte. Das Maß der Frucht, die wir bringen, hängt durchaus von dem Maß des Heiligen Geistes ab, den wir besitzen. Es liegt auf der Hand, dass uns von diesem Gesichtspunkte aus die geistliche Pflege unserer Brüder das Wichtigste sein muss ... Ebenso ist uns die Seelsorge an unseren Brüdern eine heilige Pflicht ... Wenn uns die geistliche Pflege auch die Hauptsache ist, so ist uns der Unterricht ganz und gar keine Nebensache. Unser Ziel ist, unsern Brüdern eine solche Ausbildung zu geben, die sie befähigt, das Evangelium in klarer und unanstößiger Weise zu verkündigen. Da ist uns zweierlei von großer Bedeutung, eine gründliche Einführung in die ganze Schrift Alten und Neuen Testamentes, der die Hauptarbeit im Brüderhause gehört, und die Beherrschung der deutschen Sprache. Ein besonderes Gewicht wird auch auf die musi-

kalische Ausbildung gelegt (Posaunen, Harmonium, Gesang); insbesondere hat der Gesangunterricht das Ziel, die Brüder zu einer selbstständigen Leitung von Gesangchören heranzubilden.«

Da hatte sich der Vorstand des Gemeinschafts-Brüderhauses ja einiges vorgenommen, ging es Emil durch den Sinn. Anderen Reisenden kamen wohl ähnliche Gedanken, denn es entwickelte sich eine lebhafte Unterhaltung über die Aussagen des Papiers, über die Gabe des Heiligen Geistes und davon abhängige Früchte, wie sie der Apostel Paulus zum Beispiel in seinem Brief an die Galater, im ersten Brief an die Korinther und an anderen Orten beschrieben hat. Es wurde auch erörtert, ob es biblische Bücher gebe, die wichtiger seien als andere, und ob das Alte Testament dieselbe Bedeutung habe wie das Neue. Unter den Männern im Zugabteil ging es zuweilen heftig hin und her.

Die wenigen mitreisenden Frauen hielten sich bei diesen theologischen Gesprächen sehr zurück. Bei der Frage, ob ein Prediger des Evangeliums Hochdeutsch beherrschen müsse, sagten sie dann aber auch ihre Meinung. Wo ohnehin nur Mundart gesprochen werde, dürfe auch der Verkündiger in seiner Predigt Mundart sprechen, meinte eine. Aber beim Beten müsse er Deutsch reden, wie er es beim Lesen des Bibeltextes ohnehin tun müsse, erwiderte eine andere. Warum denn das?, fragte eine Dritte. Der allmächtige Gott als der Schöpfer aller Völker und Zungen verstünde doch wohl alle Sprachen und also auch mundartlich gesprochene Predigten und Gebete. Eine Vierte gab zu bedenken, was denn wäre, wenn ein schwäbischer Bruder nach Ostpreußen gesandt würde oder ein Pommerscher nach Sachsen? Da würde es mit dem Reden und Hören wohl schwierig.

Etwas ganz anderes wurde dann auch noch ausführlich bedacht: Ob denn die Brüder während der Ausbildungszeit in Vandsburg verliebt, verlobt oder gar verheiratet sein dürften? In anderen Einrichtungen ähnlicher Art wie St. Chrischona bei Basel in der Schweiz, Liebenzell im Schwarzwald oder der Evangelistenschule Johanneum in Barmen gebe es strenge Regeln, die den Brüdern in der Ausbildung jeglichen Kontakt zum weiblichen Geschlecht untersagten.

»Brüder die armen«, entfuhr es Emil Flemming, womit er sich einige missbilligende Blicke und auch lauten Widerspruch einhandelte. Die Regel sei durchaus sehr in Ordnung. Liebschaften lenkten zu sehr von der Ausbildung ab und hinderten die Brüder nur an ihrer Arbeit, war die ziemlich einhellige Meinung in der Reisegruppe.

»Ist gut, reise ich nicht als Bruder nach Vandsburg zur Ausbildung«, meinte Emil mehr für sich selbst als für die anderen. Die hatten es dennoch gehört und wollten jetzt von dem jungen Mann wissen, was ihn da so sicher mache. Also erzählte er von seinem Ännchen, das in Vandsburg bei dem Herrn Pastor Krawielitzki und seiner Frau Gemahlin in guter Stellung sei und das er demnächst aus dieser Stellung herausheiraten werde, um mit ihr in der ostpreußischen Heimat in Preußisch Bahnau zu leben und zu arbeiten und Kinderchen zu bekommen und unendlich glücklich zu sein. Jetzt freue er sich darauf, bei den Versammlungen sein Ännchen zumindest zu sehen. Zu einer gemeinsamen Zeit werde es bei dem Trubel um die Eröffnung des Brüderhauses sicher nicht kommen. Das sei zwar schade, aber bei der wichtigen Sache, die es zu feiern gelte, sei das zu verschmerzen. Er sei sehr gespannt, wie sich die nächsten Tage gestalteten.

Bei Emils Rede musste sein Herr Kmitta doch tatsächlich ein wenig lächeln. So viele Worte unmittelbar hintereinander hatte er von seinem Landwirtschaftsgehilfen noch nie gehört, und er hoffte für ihn, dass sich sein Wunsch erfüllte.

In Nakel, eine gute halbe Stunde hinter Bromberg, mussten die Reisenden noch einmal umsteigen. Diesmal gelang es nicht, für die kleine Gruppe ein gemeinsames Abteil zu finden. Emil Flemming war es nicht böse. Ihm schwirrte ohnehin der Kopf von den vielen Dingen, die er gehört hatte und von denen er gerne erfahren würde, ob sein Ännchen sie auch alle wusste. Aber das würde sich zeigen. Jetzt wollte er gerne noch eine Weile Ruhe haben.

Draußen war es ohnehin bereits dunkel geworden, und von der Landschaft des südlichen Pommerellen war nichts mehr zu sehen. Also für den Rest der Fahrt die Augen geschlossen und von den kommenden Tagen geträumt. Der Zintener Bruder wollte ihn gerne rechtzeitig wecken, damit er das Aussteigen in Vandsburg nicht verpasste. Emil musste ein paar Mal kräftig gähnen, und schon war er eingeschlafen. Das gleichmäßige Taktak–taktak, Taktak–taktak der Räder auf den Schienen hatte sicher dabei nachgeholfen.

Vandsburger Festtage

Es wurde ein schöner und gesegneter Tag der feierlichen Eröffnung des Gemeinschafts-Brüderhauses. Ungezählte Gäste aus dem nahen und weiteren Umland von Vandsburg, aus Westpreußen und aus anderen deutschen Provinzen bevölkerten den Sonntag über die Räume des Gemeinschafts-Schwesternhauses und das Gelände, das seit einer Woche auch das Gelände des neuen Brüderhauses war. Vormittags gab es ernste Gebetsstunden in getrennten Räumen für Frauen und Männer. Sie dienten der geistlichen Vorbereitung der eigentlichen Festversammlung. Emil Flemming nahm gerne teil und war tief beeindruckt von den schönen Gebeten und der Gebetsfreudigkeit der vielen Männer unterschiedlichen Alters. Ob sein Ännchen bei den Frauen im anderen Saal dabei war?

Zu Mittag gab es eine gute, schmackhafte Konferenzsuppe aus der Mutterhausküche mit Brot dazu und für jeden einen Apfel zum Nachtisch. Schön, dass Anna bei der Essensausgabe Dienst hatte und sich durch die fehlende Haube bei gleicher Kleidung – weiße Schürze über dunklem Kleid – von den Schwestern unterschied. So wechselte Emil im Vorbeigehen wenigstens ein paar Blicke und einige kurze Sätze mit seiner Liebsten. Die konnte dabei ein Erröten ihres hübschen Gesichtes nicht verhindern, und ihre Hände gerieten für ein paar Momente ins Zittern. Sie hatte Mühe, mit der Kelle die angereichten Gefäße zu füllen, ohne zu kleckern. Ihr geliebtes Emilchen. Ob sie sich vielleicht morgen wenigstens für eine kurze Begegnung treffen könnten? Anna zuckte nur mit den Schultern: »Werden wir sehen.«

Am Nachmittag folgte dann die eigentliche Eröffnung des neuen Gemeinschafts-Brüderhauses unter der Leitung der beiden Pastoren Krawielitzki und Regehly, die beide zum Vorstand der neuen Einrichtung gehörten. Mehrere Vertreter verschiedener bestehender Brüderhäuser und weiterer Werke des »Gnadauer Verbandes« aus verschiedenen Gegenden des Deutschen Reiches sprachen Gruß- und Segensworte oder hielten kurze geistliche Ansprachen. Zwischendurch gab es herrlichen Gesang des Schwesternhaus-Chores und eines vereinigten Männerchores aus Gemeinschaften der umliegenden Orte. Auch der vielstimmige mächtige Gemeindegesang bewegte die Gemüter tief und trug dazu bei, der Veranstaltung eine geheiligte Atmosphäre zu geben. Die Versammlung war spürbar ergriffen von dem Geschehen.

>»Treuer Heiland, wir sind hier
in der Andacht Stille.
Unsre Sinne und Begier
lenke sanft dein Wille.
Deines Wortes heller Schein
strahl in unser Herz hinein.
Uns mit Licht erfülle!«

Die Hauptansprache hielt dann Pastor Lange, nachdem er feierlich durch die Brüder Krawielitzki, Regehly und Hoff in sein neues Amt eingeführt und unter Handauflegung gesegnet worden war, unter dem besonderen Zuspruch des Wortes: »Ich bin bei dir, spricht der Herr, dass ich dir helfe« (Jeremia 30,11).

Leider war dem erst vor wenigen Monaten gewählten neuen

Vorsitzenden des Gnadauer Verbandes, Pfarrer D. Walter Michaelis aus Bielefeld, die Reise nach Vandsburg nicht möglich gewesen. Er wäre gerne dabei gewesen, diesen jüngsten Spross seines Verbandes mit aus der Taufe zu heben. Dafür hatte er ein Grußwort geschickt, das denselben Gedanken enthielt wie das Segenswort der hiesigen Brüder: »Fürchte dich nicht, ich bin mit dir; weiche nicht, denn ich bin dein Gott. Ich stärke dich, ich helfe dir auch, ich erhalte dich durch die rechte Hand meiner Gerechtigkeit« (Jesaja 41,10).

Mit deutlicher innerer Bewegung und großer Freude – wohl auch über den »zufälligen« Gleichklang der beiden zugesprochenen Bibelworte – entfaltete Pastor Lange seine Gedanken zu einem Wort Jesu aus dem 6. Kapitel des Matthäusevangeliums, Vers 33, das er als Leitwort der begonnenen Arbeit des neuen Brüderhauses verstanden wissen wollte: »Trachtet am Ersten nach dem Reiche Gottes und seiner Gerechtigkeit, so wird euch solches alles zufallen.« Der Hauptgedanke der Predigt war, in der Arbeit für die Brüder und an und mit ihnen könne es nur darum gehen, alles, aber auch alles von Gott zu erwarten. Das gelte sowohl in materieller als auch in geistiger Hinsicht, sowohl in allen weltlichen als auch in allen geistlichen Fragen, selbst dann, wenn es sich um kleinste Beträge und um geringste Dinge handele. Diese Glaubenshaltung habe sich bereits bestens bewährt, und sie werde sich weiter bewähren.

Pastor Lange beendete seine Rede mit der dringlichen Einladung an seine ersten Schüler und ebenso an alle anderen Zuhörer, sich die deutliche Aufforderung Jesu an seine damaligen Jünger auch heute zu eigen zu machen und konsequent zu befolgen. »Gott will uns von Tag zu Tag seine Wunder sehen lassen. Ich will es glauben, und auch ihr könnt es glauben. Darum heißt es für heute und für alle Zukunft: ›Trachtet am Ersten nach dem Reiche Gottes und seiner Gerechtigkeit, so wird euch solches alles zufallen.‹ Ja, der Herr wird uns hindurchbringen durch alle Schwierigkeiten. Sein herrlicher Name sei gelobt! Amen!«

Welch ein Glaubensmut sprach aus den Worten des Herrn Pastors, ging es Emil Flemming durch den Sinn, und sicher nicht nur ihm. Das war schon beachtlich, ein solches Werk, wie es sich der Leiter und seine Mitbrüder in der Verantwortung vorstellten und anschickten aufzubauen, mit nahezu leeren Händen und Kassen zu beginnen. Aber hatte nicht Gott in seiner Treue die Grundlagen bereits gelegt und das Haus Hebron, die Kosten für seinen Umbau, die Einrichtung für die Wohn- und Unterrichtsräume der Brüder und manches mehr zur Verfügung gestellt? Derselbe Gott würde auch in Zukunft alles zur Verfügung stellen, was jeweils benötigt wurde. Und derselbe Gott würde sich sicher auch seiner vergleichsweise kleinen Anliegen annehmen und um sein Ännchen und die gemeinsame Zukunft kümmern, ging es Emil noch durch den Sinn, ehe er sich wieder auf das Geschehen in der Versammlung konzentrierte.

Hier wurden nämlich jetzt die ersten zwölf Brüder ebenfalls unter Handauflegung feierlich gesegnet und in die Ausbildung aufgenommen. Schön, dass diese jungen Männer sich hatten rufen lassen und jetzt hier vor der großen Gemeinde ihr Gelöbnis abgaben, in allen Dingen ihrer Lern- und Dienstjahre Treue zu halten und dem erkannten Willen Gottes und dem der leitenden Brüder des Werkes zu gehorchen. Mit spürbarer Bewegung sang die kleine Männerschar anschließend ein Lied, das hier wohl noch niemand gehört hatte. Einer der Brüder sagte, Pastor Lange habe das Lied von irgendwoher mitgebracht. Es sei wohl die Übertragung der Worte einer Amerikanerin ins Deutsche. Die Herkunft der Melodie sei ebenfalls ungewiss. Jedenfalls fasste der Text das Gelöbnis der Brüder in wunderbaren Worten zusammen:

»Sieh, hier bin ich, mein König, ich weihe mich dir, / nimm, gebrauche mich, Herr, wo du willst. / Ach, ich weiß, nichts, was Wert hat, ist irgend an mir, / nichts, wenn du mich nicht selber erfüllst.

Sieh, hier bin ich, mein König, mein Herze, das brennt, / dir zu dienen, wo du es begehrst, / gib, dass völlig dein Geist vom Verlangen mich trennt, / mir zu nehmen, was du nicht gewährst.

Sieh, hier bin ich, mein König, und ist meine Hand / nicht geschickt für den vordersten Streit, / so verzäune die Lücken und bessre das Land / doch durch mich, denn ich bin dir geweiht.

Sieh, hier bin ich, mein König, ob niemand es weiß, / wenn dein Auge nur über mir wacht, / wenn ich da, wo ich steh, tu nach deinem Geheiß, / bin ich glücklich bei Tag und bei Nacht.«

Auf jede Strophe folgte der Refrain:

»Mach, was klein dir, mir klein, / was dir groß ist, mir groß, / dass ich folge dir, Jesus, allein. / Mach vom eigenen Sinn, / von mir selber mich los, / lass ein brauchbares Werkzeug mich sein.«

Auch das andere Lied, das ihr Gelöbnis deutlich unterstrich – ein neuer Text auf die altbekannte Melodie von »Näher, mein Gott, zu dir« –, hatten die jungen Männer in der ersten Woche ihres Hierseins eigens für diesen Tag gelernt:

»Herr, lass uns leuchten dir, uns, die wir dein! / Leuchtend, o Herr, lass uns Wegweiser sein! / Gib uns das Licht von dir, / dass dir nur leuchten wir, / du gibst die Leuchtkraft hier, / du nur allein!

Herr, lass uns leuchten dir, uns, die wir dein! / Lege ein brennend Herz in uns hinein, / bis du, Herr Jesu Christ, / durch alles Dunkel brichst / und stets erkenne ich / dein Licht allein!

Herr, lass uns leuchten dir, uns, die wir dein! / In Wort und Werk lass uns Zeugnis dir sein! / Lichter verzehren sich, / lass uns nur sehn auf dich, / schweigend lass leuchten mich / durch dich allein!«

Beim Hören der beiden Lieder mochte es manchem Festbesucher durch den Kopf gegangen sein, ob diese jungen Männer das auch würden halten können, was sie hier musikalisch gelobten. Emil Flemming jedenfalls hatte leise Bedenken. Aber das lag ja alles in Gottes Hand. Er würde das wohl »zufallen« lassen.

Am Abend gab es dann noch eine weitere Versammlung für die Hausgemeinde, zu der bereits weit mehr als hundert Diakonissen gehörten, und für die auswärtigen Gäste, die noch dabei sein konnten. Auch die Christen von Vandsburg waren dazu eingeladen. Die erschien freilich nicht sehr zahlreich, gab es doch im Ort seit einiger Zeit eine starke Opposition gegen das Gemeinschafts-Schwesternhaus. Sie hatte erreicht, dass kirchliche Behörden sich nun darum bemühten, das Werk Vandsburg als GmbH zu zerschlagen. Kritiker und Gegner der pietistischen Bewegung hatten den Vorwurf der »eigenen Religionsgesellschaft« erhoben, die sich »außerhalb der Landeskirche« etabliert habe. Und jetzt wurde dem Bestehenden auch noch ein Gemeinschafts-Brüderhaus angegliedert. Das konnte nach Meinung der Gegner des christlichen Werkes nicht gut sein und nicht so ohne Weiteres hingenommen werden. Der erste Widerspruch war bereits laut geworden.

Den Vandsburgern blies also zurzeit der Wind ein wenig ins Gesicht, wenngleich es sich hoffnungsvoll andeutete, dass die Gegner des Werkes ihr Ansinnen nicht würden durchsetzen können. Die kirchenleitenden Gremien der letzten Instanz öffneten sich mehr und mehr für die Erkenntnis, dass das bereits bestehende Gerichtsurteil zur Auflösung der GmbH doch zu revidieren sei. Die pietistische Bewegung im »Deutschen Verband für Gemeinschaftspflege und Evangelisation (Gnadauer Verband)« sei als innerkirchliche Bewegung sogar willkommen, weil sie sich doch gerade auf die Fundamente der kirchlichen Bekenntnisse gründe und für die verfasste Kirche eine gute und nützliche Arbeit leiste.

Emil Flemming registrierte die Ausführungen dazu eher am Rande. War die Klärung dieser Frage entsprechend der Rede von Pastor Lange nicht auch Gottes Angelegenheit? Gott würde dem Gemeinschafts-Schwesternhaus schon die richtige Lösung des Problems »zufallen« lassen, war der junge Mann überzeugt. So war die Schilderung ja wohl auch zu verstehen. Ihm waren jetzt die Zeugnisse der jungen Brüder wichtiger. Die sprachen davon, was sie dazu gebracht hatte, die Arbeit in ihren gelernten Berufen dranzugeben und ihre Heimatorte zu verlassen, um sich hier in Vandsburg unter die strenge Ordnung der mehrjährigen Ausbildung zum Reichsgottesarbeiter zu stellen. Das wollten sie gerne tun unter dem Leitwort, das ihr »Herr Pastor« – so redeten sie den Leiter ihrer neuen Lebens-, Arbeits- und Lerngemeinschaft an – nachmittags entfaltet hatte. Gemeinsam fassten sie ihre Zeugnisse noch einmal zusammen mit zwei Strophen eines Gedichtes von Nikolaus Ludwig Graf von Zinzendorf, des bekannten Gründers der Brüdergemeine von Herrnhut:

»Wir wolln uns gerne wagen, / in unsern Tagen / der Ruhe abzusagen, / die's Tun vergisst. / Wir wolln nach Arbeit fragen, / wo welche ist, / nicht an dem Amt verzagen, / uns fröhlich plagen / und unsre Steine tragen / aufs Baugerüst.

Wir wollen Zion bauen, / dem Meister trauen, / ihm auf die Hände schauen, / er macht es gut! / Wir lassen uns nicht grauen / und fassen Mut. / Er mag zum Werk uns senden / mit willigen Händen, / gewiss wird er's vollenden / durch Christi Blut.«

Da hatte Gott sich prächtige Männer zu seinen Werkzeugen ausgesucht und berufen, ging es Emil durch den Kopf. Dabei war er innerlich dankbar, dass ihn ein solcher Ruf nicht getroffen hatte. Er würde mit seiner schweren ostpreußischen Zunge sicher nicht zum Verkündiger des Evangeliums taugen. Und außerdem: Sein Ännchen aus seinem Herzen verbannen und völlig vergessen, nein, das wollte und konnte er nicht. Dafür hatte ihm Gott mit diesem Mädchen einen zu prächtigen Menschen für seine grüne Seite geschaffen. Hoffentlich gab es morgen wenigstens einen kurzen Augenblick, wo er mit seiner Liebsten sprechen konnte.

Herr Kmitta fuhr nämlich erst am Dienstag nach Preußisch Bahnau zurück. Er wollte die Gelegenheit nutzen, noch einige Gespräche zu führen, in denen es auch um die eigene Zukunft und um die seines Hauses gehen sollte. Dadurch stand der Tag auch für ihn, Emil, noch zur Verfügung. Er wollte ihn gerne sinnvoll nutzen.

Am nächsten Morgen nahm Emil Flemming mit vielen anderen Männern an der Morgenandacht teil, die Pastor Lange für die verbliebenen männlichen Gäste und für die Brüder hielt. Für die begann anschließend ein ganz normaler Arbeits- und Studientag, während die meisten Gäste abreisten. Emil, der junge Mann aus Preußisch Bahnau, machte sich beim Aufräumen der Säle und Nebenräume und des Hofes nützlich. Das war für die Brüder nämlich zunächst dran. Hier konnte er sich mit ihnen über den gestrigen Tag und über dies und das unterhalten. Und dann konnte er zu seiner großen Freude auch seinem Ännchen zur Hand gehen, die von Frau Krawielitzki freigestellt war, um die Brüder bei den ungewohnten Reinigungsarbeiten anzuleiten. Die mussten das Putzen nämlich noch lernen, damit sie es künftig in den Räumen ihres Hauses Hebron selbstständig tun konnten. Schwestern in Tracht waren dazu nicht abgestellt, die waren auch nirgendwo zu sehen.

»Jeder Kontakt zwischen den Geschlechtern außerhalb besonderer Veranstaltungen oder Anordnungen ist untersagt«, erklärte Anna ihrem Emil, als die Brüder nach getaner Arbeit in den Versammlungsräumen des Gemeinschaftshauses kurz vor Mittag in ihr Haus verschwunden waren. »Wirst gleich erleben, wie das wird gehen, wenn die Küchenschwestern bereitstellen den Brüdern das Essen. Sind ein bisschen arm dran die Frauen, und Männer auch. Aber darf man so nicht laut sagen. Bin froh, dass diese strenge Ordnung nicht gilt für mich. – Außerdem, bin ich vergeben schon lange und werde bald geheiratet heraus aus dieser Anstalt zurück nach Ostpreußen, hoffentlich.« Damit schickte sie ihrem Emil einen verliebten und zugleich fragenden Blick zu.

Der junge Mann blickte etwas verlegen zurück. »Wirst müssen warten noch ein wenig und Geduld haben. Ist die Sache vorbereitet mit meinen Herrschaftchen, aber ist sie noch nicht klar mit deinen Eltern.«

»Und ist sie klar mit deinen Eltern?«, hakte Anna nach.

»Ist leider auch noch nicht, mein Ännchen«, musste Emil zugeben. »Werde ich aber klar machen noch vor Weihnachten mit meinen und mit deinen Eltern.«

»Dann wird sein Verlobung an Weihnachten?«

»Denke ich, wird sein, Ännchen«, bestätigte der junge Mann nach kurzem Überlegen. »Wird sein, wirst sehen. Werden wir fröhlich feiern ordentliche Verlobung.«

»Danach musst nicht lange warten mit Heiraten, Emilchen«, mahnte Anna ihren Liebsten und machte ihn dann aufmerksam auf das Geschehen draußen auf dem Hofgelände. Dort stellten gerade zwei Schwestern einen kleinen Tisch auf, zwei andere trugen einen großen Suppentopf und setzten ihn auf den Tisch, zwei weitere stellten ein Tablett mit Essgeschirr dazu. Eine fünfte brachte einen großen Korb Äpfel. Dann verschwanden die jungen Frauen eiligst wieder ins Haus.

»Jetzt schau, was wird sein im Augenblick, Emil«, sagte Anna. Der Freund hatte sich dicht neben sie ans Fenster gestellt, um den Hof im Blick zu haben – und um seine Hand um ihre Taille zu legen. Er genoss den Augenblick der Nähe zu seiner Liebsten.

Kaum hatte die ihren Satz gesprochen, als aus dem Haus Hebron fünf junge Männer kamen, die mit eiligen Schritten und ohne sich umzuschauen den Tisch erreichten, um den Suppentopf, das Tablett und den Obstkorb zu nehmen und damit sofort wieder in ihrem Haus zu verschwinden.

»Gut, dass ich nicht bin ein solcher Bruder«, meinte Emil und drückte seinem Ännchen die Hand. Einen Kuss wagte er nicht. »Könnte nicht ertragen solches Leben.« Nach einem Moment des Überlegens fügte er an: »Aber ist gut, dass Brüder sind, die können ertragen. Sollen sein gesegnet für das, was sie leiden und arbeiten und dienen.«

»Sollen sie«, bestätigte Anna. »Schwestern auch. Nachher wird alles gehen umgekehrt. Brüder bringen raus und gehen rein, Schwestern kommen raus und tragen rein. Und so bei jeder Mahlzeit.«

»Und wenn es wird regnen oder sein kalt im Winter?«, fragte

Emil. »Wird wohl sein wie heute, vielleicht Geschirr abgedeckt und alles noch schneller. Aber wird es gehen.«

»Und jetzt musst gehen, Ännchen«, bedauerte der junge Mann. »Sehe kommen deine Herrschaft. Wird dich brauchen. Musst gehen, schade.«

»Musst auch gehen, Emil. Sonst die Brüder lassen nichts übrig«, bestätigte Anna und hielt flüchtig ihre Wange hin für den Abschiedskuss. »Und nicht vergessen, ordnen die Dinge für Verlobung und Hochzeit.«

»Werde nicht vergessen, mein Ännchen. Wir werden alles sehr schön!« Diesen Satz rief Emil Flemming seiner Anna beim raschen Verlassen des Gebäudes noch über die Schulter zu. Gut, dass er Gast war. Nur deshalb konnte er sich seine Verspätung leisten. Er kam schließlich von einem Arbeitseinsatz, einem freiwilligen – und freute sich doch auch wieder auf seine Arbeit in den Ställen und Scheunen, auf den Feldern und Wiesen des Christlichen Erholungsheims im fernen Preußisch Bahnau. Ob im nächsten Sommer sein Ännchen auch …? Aber vorher wurde ja noch Weihnachten, und dann sollte Verlobung gefeiert werden.

Einzug ins Insthaus

Und wie gefeiert wurde! Die Eltern Flemming und Biemer hatten keine Bedenken gehabt gegen die Wahl ihrer Kinder, und sie hatten ihnen am zweiten Weihnachtsfeiertag eine zünftige Verlobungsfeier ausgerichtet. Leider musste danach aber gleich wieder geschieden werden, weil jeder an seinen Arbeitsplatz zurückzukehren hatte. Die Verbindung der Verlobten musste erneut vor allem durch den gelegentlichen Briefwechsel weitergeführt werden. Dabei vereinbarten sie, zu ihren Liebesbezeugungen auch immer wieder Nachrichten aus ihren Diensthäusern auszutauschen.

So erfuhr Emil in jedem Brief aus Vandsburg – von Anna direkt mitgeteilt oder aus beigelegten Artikeln christlicher Zeitschriften –, auf welche wunderbare Weise Gott dafür sorgte, dass die Brüderhauskasse immer wenigstens so viel Geld enthielt, wie für erforderliche Ausgaben gerade benötigt wurde. Sogar für die notwendige Anschaffung einer Wanduhr zur Einhaltung der Pünktlichkeit kam im richtigen Moment die Postanweisung eines Spenders mit dem Hinweis: »Für eine neue Uhr im Brüderhause 30 Mk.« Dabei konnte der Freund des Werkes gar nichts von dem Uhrenkauf wissen, der bereits in die Wege geleitet und für den genau der überwiesene Betrag vereinbart war.

Emil erfuhr auch, dass sich für den nächsten Brüderkurs bereits so viele junge Männer angemeldet hatten, dass die Aufstockung und Erweiterung des Hauses Hebron notwendig wurde, damit kein Bewerber abgewiesen werden musste und die Arbeit geordnet weitergehen konnte. Die Leitung des Schwesternhauses war zu dieser Baumaßnahme gerne bereit gewesen. Dennoch gebe es bereits Überlegungen, das Brüderhaus aus der räumlichen Abhängigkeit von Vandsburg herauszulösen und irgendwo neu anzusiedeln. Das Schwesternhaus wüchse ebenso rasch und brauche den Platz im Haus Hebron in absehbarer Zeit sicherlich für die eigene Arbeit. Übrigens werde mit dem nächsten Brüderkurs auch der junge Schweizer Lehrer Ernst Aeschlimann seine Arbeit beginnen. Das sei auch dringend nötig, denn »Herr Pastor« könne die Arbeit unmöglich allein fortführen. Pastor Krawielitzki könne wegen des schnellen Wachstums seiner Schwesternschaft auch kaum noch Zeit für die Hilfe im Unterricht bei den Brüdern zur Verfügung stellen. Der »Herr Lehrer« bringe auch tatsächlich seine junge Frau mit. Luise Aeschlimann täte sich sicher schwer, als Schweizerin aus den Bergen in der platten Tucheler Heide zurechtzukommen. Na ja, man werde sehen.

In die Gegenrichtung nach Westpreußen gingen nicht so viele Briefe, wie von dort nach Nordosten herüberkamen. Emil fiel es nach wie vor schwer, den Stift zum Schreiben in die Hand zu nehmen. Dennoch gab er sich Mühe, wenigstens jeden zweiten Brief seiner Anna zu beantworten. So schrieb er ihr, dass es mit seinen Vorbereitungen zur Hochzeit voranginge. Die notwendigen Papiere seien bald zusammen. Er wisse auch schon, in welchem Insthaus er mit ihr als seinem Frauchen eine kleine Wohnung beziehen könne. Die Wohnung werde aber erst nach dem Sommer frei. Solange müssten sie sich beide gedulden. Er müsse sich ja auch noch um wenigstens die notwendigsten Möbelchen kümmern, zum Beispiel um ein gutes Bett.

Leider aber gebe es eine böse Unsicherheit: Seine Herrschaft trage sich mit dem Gedanken, das Erholungsheim in Preußisch Bahnau aufzugeben und es irgendwo an einem günstigeren Ort weiterzuführen. Wenn das so sein würde, dann sähe es wohl nicht gut aus mit ihrem zukünftigen Leben in diesem Dorf, denn dann würde Herr Kmitta wohl Haus und Hof verkaufen, und dann stünde es schlecht mit Arbeit und mit der Wohnung im Insthaus. Aber die Sorge sollten sie wohl Gott überlassen, wie alle Sorge. So habe es Herr Pastor Lange in seiner eindrücklichen Predigt damals doch deutlich gemacht.

Dann lag es wohl in der himmlischen Planung, dass sich die Verlegung des Erholungsheims verzögerte und dass Ännchen und Emil sich im Herbst 1907 in Heiligenbeil mit dem Segen ihres Gottes und der Evangelisch-lutherischen Kirche Ostpreußens zum Ehepaar Flemming vereinigen und doch ins Insthaus zwischen Dorfstraße und Bahnau einziehen konnten. Die beiden jungen Leute waren selig. Jetzt hatten sie sich, einer den anderen, alle Werktage und alle Sonntage. Jetzt konnten sie gemeinsam auf der Landwirtschaft des Erholungsheims arbeiten, das Vieh versorgen, Felder und Gärten bestellen, Saatgut ausbringen und Ernte einfahren. Gemeinsam besuchten sie jetzt die Mitarbeiter- und Gästeandachten im Haus und die Bibelstunden und Gottesdienste des Dorfes. Dass sie dabei getrennt sitzen mussten, weil das so die Ordnung war, hinderte sie nicht daran, aufmerksam zuzuhören und durch das gesunde erweckliche Wort ihren noch immer jungen Glauben zu nähren und zu fördern. Für den Ehemann kam erfreulich dazu: Er brauchte künftig keine Briefe mehr zu schreiben.

Sie lebten sich ein und gewöhnten sich aneinander, die beiden Flemmings. Sie taten ihre Arbeit gerne und gewissenhaft und waren glücklich dabei, zumindest in den ersten Monaten ihres Zusammenlebens. Dann nistete sich bei ihnen eine stille Unruhe ein. Wenn es doch nur Klarheit gäbe, was mit dem Erholungsheim und der zugehörigen Wirtschaft würde! Herr Kmitta sprach immer wieder einmal davon, das ganze Anwesen zu verkaufen. Allerdings sprach er auch davon, dass es einen möglichen Interessenten für Haus und Wirtschaft gebe. Demnächst komme eine Kommission, um die Anlage in Augenschein zu nehmen, ob sie für ihre Zwecke dienlich sei. Wer der Interessent war, verriet der Hausherr nicht.

Im April 1908 brachte Anna Flemming dann eines Abends eine Ausgabe der Zeitschrift »Sabbathklänge« mit in die kleine Wohnung. »Hör, mein Lieberchen, was steht geschrieben hier mit vielen Wörtern. Wirst vielleicht auch eine Ahnung bekommen, wer kann sein gemeint.«

»Na gut, dann lies vor, Ännchen«, war Emil gespannt, was er jetzt für Neuigkeiten zu hören bekam.

Seine Frau setzte sich ans Fenster, um das bereits verblassende Tageslicht zu nutzen. Sie las:

»*Die Frage nach dem Erwerb oder Bau einer eigenen Anstalt für unsere Arbeit wird immer brennender. Verschiedene Gründe nötigen uns, dieser Frage jetzt näher zu treten.*

1. Das uns so freundlich bisher vom Schwesternhause zur Verfügung gestellte ›Hebron‹ hat nur noch für wenige Brüder Raum. Dann ist das Haus auch mit seinem neuen Anbau überfüllt. Wenn wir warten wollten, bis der letzte Platz besetzt ist, ehe wir an eine andere Unterkunft denken, dann kommt unsre Arbeit ins

Gedränge und wird in ihrer Entwickelung aufgehalten. So glauben wir, dass es jetzt die höchste Zeit ist, der Frage nach einem eigenen Hause, das die ungehinderte Fortsetzung unserer Arbeit möglich macht, näher zu treten.

2. Das Schwesternhaus wächst noch schneller wie das Brüderhaus, aber je mehr es wächst, umso nötiger braucht es die uns zur Verfügung gestellten Räume für sich selbst. Ebenso wird mit dem Wachsen des Brüder- und Schwesternhauses die wirtschaftliche Versorgung beider Häuser aus einer Küche immer schwieriger. So fordert die Entwickelung des Schwesternhauses dringend eine Entlastung durch Verlegung der Brüderhausarbeit.

3. Je größer die Zahl der Brüder wird, umso höher steigen die Kosten, die ihre Versorgung und der Unterhalt der Anstalt nötig haben. Es werden jetzt bei ca. 30 Brüdern die täglichen Unterhaltskosten einschließlich der Gehälter der beiden Lehrer nicht unter 30 Mk. sein, und mit jedem neuen Bruder werden diese Kosten höher. Da ist es hohe Zeit, der wachsenden Arbeit eine selbstständige Grundlage zu geben, aus der ein Teil ihres Unterhalts gewonnen werden kann. Wir glauben, dass ein Ackerbesitz von mehr als 50 Morgen guten Landes erforderlich ist. Bis heute sind wir noch immer mit allen unseren Bedürfnissen allein von dem abhängig, was uns der Herr aus Geschwisterkreisen darreichen lässt, ohne dass wir irgendeine Möglichkeit eines Erwerbes haben. Da erscheint es uns eine heilige Pflicht, der Arbeit eine geordnete Grundlage zu geben und zwar zur rechten Zeit.

Zum Schluss noch die Frage, wohin das Brüderhaus gebaut werden soll. Wir wissen es noch nicht, aber wir hoffen, dass der Herr in kürzester Frist uns den Platz zeigen wird, den er bestimmt hat. Vielleicht, dass diese Zeilen die Veranlassung dazu werden.

Diese Erklärung ist veröffentlicht, um allen Freunden des Reiches Gottes, denen es am Herzen liegt, dass dem Herrn Arbeiter für den Bau seines Reiches erzogen werden, unsere Lage bekannt zu geben. Ehe der Herr uns nicht Mittel in die Hand gibt, sind wir außerstande, Schritte zum Erwerb eines Grundstücks zu tun. Wir haben für diese Zwecke bisher 200 Mk. erhalten und brauchen wohl an 100 000 Mk. Wir bitten alle unsere Freunde, die Errichtung eines Gemeinschafts-Brüderhauses als täglichen Gebetsgegenstand in dieser Zeit auf ihr Herz zu nehmen. Der Vorstand des Gemeinschafts-Brüderhauses. P. Lange, Vandsburg (Westpr.)«

Anna ließ die Zeitschrift auf ihren Schoß sinken, schaute Emil erwartungsvoll an und fragte: »Ahnst, wer wird sein die Kommission?«

Ihr Mann brauchte einen Augenblick, um die Aussage des langen Textes richtig zu bedenken. Dann gab er zurück: »Ahne ich, wer wird kommen, mein Liebes«, antwortete Emil. »Wird kommen Herr Pastor und vielleicht Herr Lehrer, um anzuschauen unsere Anstalt.« Dann überlegte er laut weiter: »Und wenn er wird kaufen, wird er brauchen Leute für die Wirtschaft.«

»Wenn er wird kaufen, wird er uns mitkaufen?«

»Muss sein unser Gebet, Ännchen, dass er uns muss übernehmen. Übernehmen, nicht kaufen.«

»Weiß ich doch, Emil. Sind wir doch keine Sklaven, die jemand wird kaufen.«

»Aber sind wir beide gute Arbeiter. Werden wir sehen, was wird. Wird sein, wie Gott will. Wenn es wird sein, werden wir bitten Herrn Kmitta um ein gutes Wort bei Herrn Pastor Lange.«

»Werden wir, mein liebstes Emilchen, werden wir«, bestätigte Anna mit Nachdruck.

An diesem Abend legten sich die beiden Eheleute mit leichten und beschwingten Herzen in ihr Bett, als wüssten sie bereits, dass ihre Zukunft in Preußisch Bahnau gesichert war.

Wenige Wochen später bekam Emil den Auftrag, die Kutsche anzuspannen und die Herren Lange und Aeschlimann aus Vandsburg in Westpreußen vom Bahnhof in Heiligenbeil abzuholen. Sie würden einen Tag bleiben, um sich die Einrichtung und ihr näheres und weiteres Umfeld anzuschauen, ob es tauglich sei, das Brüderhaus aufzunehmen. Gerne führte der junge Mann den Auftrag aus, war er doch sehr gespannt, was der Herr Lehrer für ein Mann war und ob er den überhaupt verstehen konnte, wenn der vielleicht Schweizerisch sprach.

Emil Flemming war angenehm überrascht. Ein feiner Herr, der Herr Aeschlimann, gepflegter dunkler Bart, freundliche Augen in einem klugen Gesicht, vornehmes Auftreten, gar nicht so preußisch stramm wie der Herr Pastor. Nun ja, er war ja auch ein Schweizer. Innerlich betend, die Mission der beiden Herren möge einen guten Ausgang für ihn und sein Frauchen haben, kutschierte Emil die beiden Gäste vom Bahnhof der Stadt hinüber ins Dorf. Dabei spitzte er angestrengt die Ohren, um nichts von dem zu versäumen, worüber die Herren sprachen.

In dem Gespräch der beiden Männer ging es um ein Problem, das für das Gemeinschafts-Brüderhaus inzwischen ähnlich bestand wie für das Schwesternhaus. Irgendein königliches Amts- oder Landgericht beabsichtigte auf Betreiben des evangelischen Ortspfarrers von Vandsburg und einiger Mitglieder seines Gemeindekirchenrates, auch dem Brüderhaus die beantragte Anerkennung im Handelsregister als GmbH zu verweigern. Es gehöre zum »Brüderverein« in der sogenannten Gemeinschaftsbewegung und sei genauso wie die »Gesellschaft Evangelisches Gemeinschafts-Schwesternhaus« eine »besondere Religionsgemeinschaft«. Sie halte sich von der evangelischen Landeskirche getrennt, stehe ihr feindlich gegenüber und arbeite sogar gegen sie. Das habe zu erneuten Spannungen, Streit und Unfrieden in der Kirchengemeinde Vandsburg geführt.

Irgendein Martin Schian hatte den Gerichten wohl im Auftrag des königlichen Konsistoriums ein ausführliches Gutachten zur strittigen Sache erarbeitet und unter anderem festgestellt, die pietistischen Gemeinschaften seien »Fremdkörper im Leibe der Landeskirche« und müssten vollständig von ihr getrennt werden. Woher dieser Mensch wohl seinen Einblick in die Sache hatte?

Das Brüderhaus werde sich wohl an höhere Instanzen wenden, notfalls auch ein neutrales Gutachten einholen müssen, um seine Anerkennung als Gesellschaft mit beschränkter Haftung doch noch zu bekommen.

Als der Kutscher schließlich sein Ziel erreicht hatte, schwirrte ihm schier der Kopf vom angestrengten Hören auf das Gespräch seiner beiden Fahrgäste. Er hatte zwar nicht alles begriffen, wohl auch bei den Geräuschen der Kutsche auf der holprigen Straße nicht alles richtig verstanden, eins war ihm allerdings deutlich geworden: Wo es um das Evangelium von Jesus Christus ging und um seine Verkündigung, meldete sich bald der Widerspruch und der Widerstand. Dass der auch aus der Kirche und der christlichen Gemeinde kam, war schlimm und sehr bedauerlich. Er musste nachher mit seinem Ännchen über diese Sache reden. Und sie mussten mit dafür beten, dass die beteiligten Brüder weise handeln konnten und das Problem zur Ehre Gottes eine gute Lösung fand.

»Hast gefragt Herrn Pastor und Herrn Lehrer, ob sie werden kaufen unser Haus hier in Preußisch Bahnau?«, fragte zwei Tage später Anna ihren Emil, als der die beiden Gäste zum Bahnhof gebracht hatte und die Eheleute sich auf dem Hof trafen.

»Würden sie kaufen gerne, mein Ännchen, weil erscheint ihnen unsere Anstalt sehr gut für ihre Zwecke und Preis auch. Nur 52 000 Mark für zwei Häuser mit zwanzig oder so Zimmerchen und Saal im Zwischenbau und Stall und Scheune und viel Acker und Wiese und ein bisschen Wald und Fluss daneben. Aber muss ihnen Gott zuerst geben dazu Freiheit und Geld und notwendig Anerkennung als Gesellschaft«, wusste der Mann.

»Hat gesagt Herr Lehrer, wir sollen beten fleißig und erhörlich.«

»Und werden sie mit kaufen uns beide?«

»Habe nicht so genau gefragt, Ännchen«, antwortete Emil mit leichtem Bedauern. »Aber wissen sie, dass sie brauchen Leute für die Wirtschaft. Brüder werden müssen studieren und höchstens mitarbeiten, wenn wird sein viel Arbeit.«

»Also werden wir beten weiter darum, mein Emilchen. Sagt die Schrift: ›Bittet, so wird euch gegeben‹. Muss jetzt besuchen die Hühner. Schauen nach Eierchen.«

In den folgenden Monaten wurde viel gebetet in den frommen Gemeinschaftskreisen Deutschlands, denen die Zukunft des Vandsburger Brüderhauses am Herzen lag. Auch in der Schweizer Heimat von Lehrer Aeschlimann und seiner Frau wurde gebetet und in manchen Kreisen Österreichs, vor allem in Kärnten, wohin es durch die Gräfin Elvine de La Tour in Treffen nahe Villach inzwischen rege Verbindungen gab. Die Gräfin, eine tief gläubige und missionarisch gesinnte Frau, der das Heil ihrer Landsleute am Herzen lag, war sehr interessiert an guten Verkündigern des Evangeliums in ihrer Gebirgsheimat und hatte das Brüderhaus bereits um die Entsendung eines Bruders gebeten.

An einem Februartag 1909 kam Herr Kmitta dann von einer Reise zurück und erzählte in der Hausandacht eine erstaunliche Geschichte: Er habe in seinem Schnellzug nur einen Platz in einem Raucherabteil gefunden, was ihm zunächst gar nicht recht gewesen sei. Im Bahnhof von Nakel, etwa 30 Kilometer vor Bromberg, sei völlig überraschend Herr Pastor Lange mit seiner Frau auf der Fahrt in seine alte Heimat Jeschewo ausgerechnet zu ihm ins Abteil zugestiegen. Der Witwer habe 1908 wieder geheiratet, um mit der »prächtigen Pfarrerstochter«, wie Herr Kmitta sich ausdrückte, Maria Zahn aus Köslin, seinen drei Söhnen eine neue Mutter und dem Brüderhaus eine Hausmutter zu geben.

Dieses Zusammentreffen sei sicherlich kein »gemeiner Zufall« gewesen, sondern ein ausgesprochen göttlicher nach Matthäus 6 Vers 33, wo doch die Frage der möglichen Übersiedlung des Brüderhauses nach Preußisch Bahnau immer noch ungeklärt sei. Man habe auf der kurzen gemeinsamen Strecke ein gutes Gespräch geführt und die Bedingungen des Handels noch einmal abgewogen, zumal der Kaufpreis von 52 000 Mark um zwei Hypotheken von zusammen 13 000 Mark, die auf dem Grundstück bleiben könnten, verringert würde. Somit stünden die Dinge also gut, und Pastor Lange habe sich mit dem starken Eindruck verabschiedet, dass die Antwort Gottes auf die noch offene Frage bald erfolgen werde, vielleicht schon in den nächsten Tagen. Er werde sich umgehend melden, wenn sich sein Eindruck bestätigt hätte. Und er habe um weiteres Gebet ersucht. Dieser Bitte wolle man auch im Interesse der eigenen Umsiedlungspläne nach Barwiese im ostpreußischen Kreis Osterode gerne nachkommen, gemeinsam und jeder an seiner Stelle.

Wenige Tage nach diesem Bericht konnte Herr Kmitta der Hausversammlung eine neue erstaunliche Mitteilung machen: Die Fragen zur Neuorientierung des Vandsburger Brüderhauses seien ihrer Lösung bereits sehr nahe gekommen. Pastor Lange habe ihm einen ausführlichen Brief geschrieben, aus dem er gerne ein paar Passagen vorlesen wolle. Er bitte um Aufmerksamkeit. Die beiden Flemmings sperrten ihre Ohren wohl am weitesten auf. Vielleicht enthielt der Brief ja auch schon ein Stückchen Antwort auf ihre ganz persönliche Frage. Herr Kmitta las:

»… *Als wir am Montagabend zurückkehrten von unserer Reise, war unser Herz bewegt von allem, was wir unterwegs erlebt hatten. Von Anfang bis Ende dieser Reise hatte der Herr uns Mut gemacht zu handeln, so dass ich allen Ernstes damit rechnete, dass der Herr durch die Post der drei letzten Tage, die zu Hause auf uns wartete, noch besondere Bestätigung geben würde. Und wirklich, wir finden drei Briefe vor. Der erste Brief, den ich öffne, ist von einer mir persönlich unbekannten Schwester. Dieselbe schrieb, dass der Herr sie bestimmt habe, für den Ankauf eines Brüderhauses – 3 000 Mark zu geben … Ich öffne den zweiten Umschlag. Er ist von einem Freunde, der mir voller Freude schreibt, dass ihm jemand 1 000 Mark für den Bau eines Brüderhauses gegeben habe … Und nun der dritte Brief. Ein Bruder aus Schlesien schreibt mir kurz und knapp, dass er unter dem bestimmten Eindruck stehe, jetzt solle gehandelt werden. Mir klang dies Wort des Bruders nach jenen beiden Briefen, wie wenn Gott selber mir es sagte. Da kam die erste tiefe Gewissheit in mein Herz: Der Herr will es! Und was er will, das führt er durch ...«*

Herr Kmitta legte den Brief aus der Hand und schaute seine Zuhörer erwartungsvoll an. Zunächst herrschte aber eine ganze Weile erstauntes und wohl auch dankbares Schweigen. Dann fragte jemand: »Was hindert jetzt noch, den Kaufvertrag abzuschließen?«

»Der Bescheid des Landgerichts Konitz«, erklärte der Hausherr. »Dort ist die Sache wegen der Anerkennung des Brüderhauses als GmbH anhängig. Niemand weiß zurzeit, wie die Verhandlung steht.«

»Also müssen wir weiter beten darum, dass sie geht gut aus«, ließen sich die beiden Flemmings beinahe einstimmig hören. Herr Kmitta musste lächeln, kannte er doch den Wunsch der Eheleute, von den Nachbesitzern des Erholungsheims als Mitarbeiter übernommen zu werden. Auch deshalb griff er den Vorschlag der beiden auf und lud zum Gebet ein, Gott möge die noch offenen Fragen bald beantworten.

Nicht nur Anna und Emil Flemmings Geduld wurde noch auf eine harte Probe gestellt, sondern auch die aller anderen Beteiligten an den Fragen um die Zukunft des Brüderhauses und um die des Erholungsheims. Das konnte erst dann nach Barwiese verlegt werden, wenn die Liegenschaft hier verkauft war. Anfang April 1909 ließ Gott dann seinen Leuten in Vandsburg und in Preußisch Bahnau die Lösung »zufallen«: Das Brüderhaus gewann den Prozess um seine Anerkennung als GmbH. Das Landgericht von Konitz entschied zu seinen Gunsten, sogar ohne zur Urteilsfindung umfangreiche Zeugenvernehmungen zur Sache veranstaltet zu haben. Erstaunlich und kaum zu glauben, aber sehr zum Danken! Der Vorstand des Gemeinschafts-Brüderhauses konnte nun mit den Rechten einer juristischen Person das Erholungsheim Preußisch Bahnau kaufen.

Der Kaufvertrag wurde umgehend von einem Notar in Heiligenbeil zur Unterschrift vorbereitet. Die Gegenstände des Handels waren: die Grundstücke in Preußisch Bahnau und in der umliegenden Flur, die Wohn- und Wirtschaftsgebäude in ihrem derzeitigen Zustand, das Inventar der Gebäude nach gemeinsam erstellter Liste, der am 1. August vorhandene Viehbestand und die ausstehende Ernte, wie sie ab demselben Datum einzubringen war. Der Kaufpreis für alles einschließlich der anhängigen Gerichtskosten sollte 52 000 Mark betragen, abzüglich der beiden zu übernehmenden Hypotheken über zusammen 13 000 Mark. Bis Ende Juli sollte das Erholungsheim seinen Betrieb eingestellt haben und die Wohngebäude freigeben. Danach hatte die Brüderhaus GmbH das Recht, das Anwesen auf den Einzug der Lehrer und ihrer Schüler vorzubereiten. Zum 1. Oktober sollte die endgültige Übernahme erfolgen. Die Garten- und Landwirtschaft sollte mit den vorhandenen und verbleibenden Kräften weitergeführt werden zur Sicherung der Ernte und des Viehbestandes.

Mit diesen Vereinbarungen war die Lage für alle Beteiligten klar. Am Dienstag, dem 27. April, wurde der Vertrag von den zuständigen Männern aus Vandsburg und Preußisch Bahnau vor dem Notar in der Kreisstadt formell unterschrieben und mit einer geistlichen Feier im Saal des Erholungsheims besiegelt. Welch ein denkwürdiger Tag für beide Parteien und ihre jeweiligen Freunde und Gönner. Der allmächtige Gott hatte durch seine »Zufälle« die Dinge alle bestens geregelt. Die Leitung des Erholungsheims konnte nun den Umzug nach Barwiese in Angriff nehmen; die Leitung des Brüderhauses konnte den Auszug aus dem Schwesternhaus und die Übersiedlung nach Ostpreußen planen und vorbereiten. Und auch dabei würde Gott mit seinen »Zufällen« nicht sparen.

Die beiden Flemmings erhielten nach allem Warten und Beten dann die Zusage, sie als Mitarbeiter in der Landwirtschaft des neuen Eigentümers zu übernehmen. Sie konnten auch in ihrem Insthaus wohnen bleiben. Es sei gut, wenn es auf dem Gelände Leute gebe, die sich auskannten mit der Arbeit sowohl auf dem

Hof im Dorf als auch auf den Feldern und Wiesen in der zugehörigen Flur.

Herrlich und zum Danken! Wie hatte Emil Flemming immer wieder einmal gesagt? »Wird sein so nach Gottes Willen.« Das war jetzt offenbar Gottes Wille, den er und sein Ännchen dankbar annahmen. Den kommenden und sicherlich aufregenden Monaten konnten die beiden gelassen entgegensehen.

Die Bruderschaft zieht nach Ostpreußen

Bis Ende Juli standen die Gebäude in Preußisch Bahnau tatsächlich für die Vorbereitung des Einzugs seiner neuen Bewohner zur Verfügung. Die ersten, die von West- nach Ostpreußen herüberkamen, um die beiden Flemmings in der Arbeit zu unterstützen und eigene Aufträge auszuführen, waren sechs Brüder, deren Ausbildung freilich für eine Weile ruhen musste. Die jungen Männer waren allesamt entsprechend vorgebildet und fähig, die landwirtschaftliche Arbeit zu unterstützen, das künftige »Stammhaus« zu renovieren und für seine spätere Nutzung vorzubereiten. Auftrag, Weg und Verheißung dazu waren auf verschiedenen Stellen der Vorderfront des Gebäudes zu lesen. Die Schrift sollte allerdings ein wenig aufgefrischt werden, damit sie auch in den kommenden Jahren lesbar blieb: »Der Herr ist unser Meister.« – »Der Herr ist unser Richter.« – »Der Herr ist unser König.« »Der hilft uns!«

Anna Flemming bekam mit dem Einzug der Brüder eine neue Aufgabe. Die jetzt sieben Männer auf dem Gelände mussten versorgt werden. Also betrat die junge Frau Neuland und stand künftig hauptsächlich für sie in der Küche. Dafür wurde einer der Männer zum »Bauernbruder« und half ihrem Emil bei seiner Arbeit.

Morgens und abends gab es auch unter den neuen Bedingungen Andachten für die kleine Mitarbeiterschar, einmal in der Woche und am Sonntag eine Bibelstunde oder eine Gemeinschaftsstunde, zu der auch die alteingesessenen Bewohner des Dorfes eingeladen waren. Die Leitung übernahmen jeweils die Brüder im Wechsel – auch mit dem Hintergedanken, ihrem Haus und seiner Arbeit am neuen Ort den Boden zu bereiten und die Dorfbevölkerung schon einmal auf das Neue einzustimmen, das auf sie zukam. Sehr groß waren die Veränderungen freilich dabei nicht, hatten sich die Leute doch auch bisher immer wieder zu Veranstaltungen ins fromme Erholungsheim einladen lassen.

Die Vorbereitungsarbeiten der Brüder kamen gut voran, und sie gelangen bestens, so dass in der letzten Septemberwoche der Umzug des inzwischen auf erstaunliche Größe gewachsenen Haushalts des Vandsburger Brüderhauses durchgeführt werden konnte. Auf dem Gleis am Güterschuppen des Bahnhofs Heiligenbeil standen bald sechs Eisenbahnwaggons, beladen bis unters Dach mit Möbeln aller Art, auch mit den privaten Möbeln der Familien Lange und Aeschlimann, mit Hausrat in großer Menge und etlichen Kisten voller Bücher der bereits recht umfangreichen Bibliothek. Dazu gab es drei Klaviere, sechs Harmoniums und mehrere Kisten mit anderen Musikinstrumenten. Das ganze Gut musste über die Landstraße nach Preußisch Bahnau transportiert werden. Da wurde manche Fahrt notwendig, um alles sicher und unversehrt an sein Ziel zu bringen.

Emil mit seinen Pferden und dem großen Wagen war dabei allerdings hoffnungslos überfordert. Jetzt bewährte sich die Vorarbeit der Brüder unter den Menschen des Dorfes. Da war kein Bauer, der nicht seine Kartoffel- und Rübenernte für ein paar Stunden warten ließ und Pferd und Wagen und natürlich die eigene Zeit für eine oder mehrere Fuhren zur Verfügung stellte. Jede Fahrt zum Bahnhof und zurück brauchte mit dem Be- und Entladen etwa zwei Stunden. Dass das Herbstwetter an den beiden Umzugstagen sich sehr gnädig gestaltete, betrachteten die beteiligten Menschen als besonderes Gottesgeschenk und als »himmlischen Zufall«. Der Sandweg zur Stadt war vom letzten Regen noch feucht, aber nicht mehr verschlammt. Es gab ein gutes Durchkommen und dabei kaum Staub, der dem wertvollen Transportgut geschadet hätte. Dazu blieb es während aller Fahrten von oben her trocken. Der Regen der vergangenen Tage setzte erst wieder ein, als alle Möbelstücke, Kisten und Säcke unter den Dächern der Häuser in Sicherheit waren. Jetzt störte er auch nicht mehr.

Nachdem der letzte Möbelwagen entladen war, wurde die Einzugsarbeit für eine gute Stunde unterbrochen. Jetzt war zunächst eine würdige Lob- und Dankstunde notwendig, mit dem Bruder Hermann Gehrke am Rednerpult und dem Bruder Fritz Anders am Klavier und am Harmonium. Danach gab es eine gute und kräftige Fleischsuppe mit frischem Brot dazu, liebevoll und schmackhaft von Anna Flemming zubereitet. Die Arbeitspause tat gut, und alle Beteiligten hatten ihre Freude daran, denn das eine war so erquickend für die Seele wie das andere für den Leib, und beides förderte die junge Gemeinschaft.

Die zahlreichen großen und kleinen Möbel in ihre Räume zu stellen, die Bibliothek einzurichten, die vielen Musikinstrumente und den Hausrat unterzubringen und anschließend eine gründliche Reinigung der vielen Räume vorzunehmen, das alles war anschließend die Aufgabe der derzeit achtköpfigen Besatzung des »Schiffleins Brüderhaus Pr. Bahnau«. Bis zu dessen »Stapellauf« am kommenden Wochenende mit der vollzähligen Mannschaft mussten die Arbeiten erledigt sein. Dafür war die Zeit an den restlichen beiden Tagen sehr knapp, konnten doch nur die hellen Stunden dazu genutzt werden. Beim Licht der Kerzen und Petroleumlampen waren diese Arbeiten kaum noch zu leisten. Herr Pastor Lange, seine Frau und die Söhne, die beiden Aeschlimanns und auch die Brüder sollten an dem, was sie durch die Vorhut eingerichtet vorfanden, nichts zu kritisieren haben. Am Donnerstag, dem 30. September, wollten sie abends ankommen und ihre neuen Wohn- und Arbeitsplätze in Besitz nehmen. Am Samstagabend sollte es dann eine gemeinsame Dank- und Rüststunde für die neue Hausgemeinde geben. Für den folgenden Sonntag waren ein Gottesdienst und eine Festversammlung vorgesehen, zu denen auch überregional eingeladen worden war. Das würde eine erste Bewährungsprobe für die neuen Bahnauer werden. Aber Gott hatte bisher in allen Stücken geholfen, er würde auch durch diese Tage helfen.

So ging es vor allem Anna Flemming durch den Sinn, die noch nie in ihrem Leben für mehr als acht Personen das Essen gerichtet hatte, und das ja auch nur in den vergangenen Wochen. Dennoch hatte sie Bedenken, wie das wohl werden würde. Am Ende dieses zweiten aufregenden Einzugstages bekannte sie ihrem Emilchen ihre Zweifel. Dabei kuschelte sie sich Wärme suchend unter der Bettdecke an ihren Mann.

»Musst nicht haben Angst, Ännchen«, bemühte sich Emil, seine Frau zu beruhigen, und nahm sie fest in die Arme. »Werden da sein Frau Pastor und Frau Lehrer. Wird sicher eine von ihnen helfen, gut kochen. Soll auch kommen eine richtige Köchin.«

»Hast recht, mein Lieber«, seufzte Anna leise auf. »Soll kommen eine Frau Gerber, sagt Bruder Anders. Aber wann? Nun ja, werden wir erleben, wie es wird sein. Hast bereitet genug Holz für die Küche und die Stubenöfen? Werden müssen heizen am Abend.«

»Habe bereitet schon lange. Wird nur nicht reichen viele Tage. Herr Pastor wird müssen kaufen Brand vor dem Winter.«

»Werden sein auch andere Schwierigkeiten, bin ich sicher«, vermutete die junge Frau. »Werden fehlen viele Dinge. Ist zum Beispiel auch wenig Mehl für Brot.«

»Und sind neue Risse in der Hinterwand von Pferdestall. Wird nicht lange mehr halten. Werden sich die Herren Leitung wundern über manches, was muss sein.«

»Aber sind die Brüder gute Handwerker. Und sind die Freunde des Brüderhauses gute Geber. Werden sie beheben allen Mangel, wie es steht geschrieben in Galater 6, Vers 10«, gab sich Anna jetzt doch wieder zuversichtlich.

»Und ist über allem ein guter Gott, der lässt zufallen seinen Leuten, was nötig«, ergänzte Emil und drückte sein Ännchen noch einmal an sich.

»Wenn sie als Erstes trachten nach seinem Reich«, ergänzte die. »Steht so in Matthäus 6, Vers 33. So soll sein die Losung für Arbeit des Brüderhauses. Du erinnerst?«

»Habe ich auch gehört mit meinen Ohren, mein Ännchen«, bestätigte Emil, »damals, vor bald drei Jahr in Vandsburg. Denke, wird sich nicht ändern das in Zukunft, solange das Brüderhaus wird stehen. Und jetzt träum Gutes, mein liebes Frauchen. Müssen schlafen. Wird werden wieder ein voller Tag.«

Als die Vandsburger Brüderhäusler am übernächsten Abend singend auf dem Gelände an der Bahnau einzogen und die neue Heimat in Besitz nahmen, war das Erstaunen über die geleistete Arbeit der Vorhut groß, und Herr Pastor war voll des Lobes. Herr Lehrer war es auch, aber er überließ es dem Älteren, das in der kurzen Andacht zum Tagesabschluss auszudrücken. Bruder Fritz Anders hatte zuvor ausführlich Bericht erstattet und dabei auch die Leistung der Flemmings gewürdigt, was die beiden natürlich ein wenig stolz sein ließ.

Die Aufgabenverteilung für die nächsten Tage wurde nach der Morgenandacht des nächsten Tages vorgenommen. Bis dahin hatte sich Carl Lange tatsächlich schon einen groben Überblick verschafft, was bis zum Sonntag unbedingt noch zu erledigen war, um den erwarteten Gästen aus dem Dorf und aus den christlichen Gruppen und Kreisen der näheren und weiteren Umgebung gerecht werden zu können. Für Anna Flemming war es sehr tröstlich, dass Frau Aeschlimann, die nur wenig älter war als sie selbst, zunächst einmal das Kommando in der Küche übernahm und sie neben einem Küchenbruder nur noch Hilfe zu sein brauchte. Zudem sollte sie sich um Sauberkeit und Ordnung in den Gemeinschaftsräumen kümmern, sofern das nicht im besonderen Fall Aufgabe eines der Brüder war. Dankbar nahm die junge Frau diese Regelung an. Sie würde wohl auch später in der Küche bleiben können, wenn die angekündigte Köchin ihre Arbeit aufnehmen würde.

Emil Flemming behielt seine Verantwortung für die Landwirtschaft, und er behielt auch den »Bauernbruder«, seinen Helfer der vergangenen Wochen. In der Gartenarbeit wurde er künftig durch einen »Gärtnerbruder« entlastet. Der war ein Fachmann mit Blick und Händchen für seine Sache. Wie die übrigen Arbeitsbereiche geordnet wurden, kümmerte die Flemmings weniger. Das war Angelegenheit von »Herrn Pastor« und »Herrn Lehrer«, wie auch sie die Leiter des Hauses anredeten. Die beiden würden auch die Gesamtaufsicht führen und jeweils die nötigen Anweisungen geben.

Am Sonntagabend gab es das erste große Aufatmen in den Räumen des neuen Brüderhauses. Das Wochenende und besonders der Sonntag mit seinen beiden öffentlichen Veranstaltungen wurde von erstaunlich vielen Gästen besucht und durfte dankbar als gelungen und gesegnet bezeichnet werden. Alle Beteiligten waren zufrieden. Dass sich die ersten Mängel bereits gezeigt hatten, musste an diesem Abend noch niemand ansprechen. Das konnte in den kommenden Tagen fallweise nachgeholt werden.

Doch, ein Mangel erzeugte an diesem ersten Sonntagabend für einige Minuten Aufregung. Zum Abendessen hatten die beiden Küchenfrauen den Brüdern als Dank für ihren ersten besonderen Einsatz am neuen Ort eine Milchsuppe versprochen. Aber wo sollte die herkommen, wenn die große Kanne keine Milch hergab? Sie war leer! Die Milch befand sich noch in den Eutern der Kühe und musste erst herausgeholt werden. Aber wo war Emil? Er hätte doch zum Melken da sein müssen.

»Emil ist in meinem Auftrag mit der Kutsche zum Bahnhof unterwegs«, sagte Herr Pastor.

»Und woher nehme ich die Milch?«, fragte Frau Aeschlimann.

»Dann muss Anna melken!«, ordnete der Hausvater an.

Die junge Frau senkte erschrocken und verlegen den Blick, und eine deutliche Röte überzog ihr Gesicht. »Habe noch nie gemolken eine Kuh, Herr Pastor«, musste sie gestehen.

»Wer soll dann für die Milch sorgen?« Die Frage von Pastor Lange klang etwas ungehalten.

»Vielleicht kann einer der Brüder melken?«, überlegte Luise Aeschlimann. »Anna mag gehen und die Brüder fragen, ob einer von ihnen …«

»Wonach soll Anna die Brüder fragen?«, mischte sich Ernst Aeschlimann plötzlich ein. Die drei Menschen in der Küche hatten sein Kommen nicht bemerkt.

»Wir brauchen Milch für die Suppe, Ernst«, erklärte seine Frau. »Aber sie ist noch in den Eutern der Kühe.«

»Na und?«, gab der Mann trocken zurück. »Dann muss man sie herausmelken, liebe Luise. Wo ist da das Problem?«

»Beim fehlenden Schweizer, sprich Melker, lieber Bruder«, antwortete Herr Pastor.

»Dann ist das Problem bald gelöst, ihr Lieben«, gab der Mann mit hintergründigem Lächeln zurück. »Ich bin Schweizer, und ich sollte eigentlich das Melken noch nicht verlernt haben. Wo ist das Melkgeschirr?«

»Aber Ernst, du kannst doch nicht in diesem Anzug …«, entsetzte sich Frau Aeschlimann.

»Doch, meine Liebe, ich kann. Ich muss, wenn ihr beiden Frauen den Brüdern die versprochene Milchsuppe servieren wollt!«, bestätigte der Mann nachdrücklich seine Absicht, sich als fähiger Schweizer aus der Alpenrepublik zu zeigen. »Anna, führ mich bitte zu Eimer und Melkschemel.«

Nur zehn Minuten später lieferte Anna den ersten Eimer frischer Milch in der Küche ab. »Ist Milch von der Lina. Ist ein schwieriges Hornvieh. Aber ist Herr Lehrer ein guter Schweizer«, lobte sie den Aushilfsmelker. »Ist schon gleich fertig mit der Rosa, und Laura wird ihm sein auch kein Problem. Steht die Kuh am ruhigsten sowieso.«

»Und der gute Anzug?«, sorgte sich Luise Aeschlimann.

»Kann Herr Lehrer morgen wieder tragen im Unterricht. Ist schmutzig nur wenig«, beruhigte Anna und bot an: »Werde reinigen den Anzug. Muss nur werden gründlich gelüftet vom Stallduft.«

Auch Laura stand ruhig und ließ sich widerstandslos von ungewohnten Händen melken. Das Tier störte sich auch nicht daran, dass eine große Zahl von Augenpaaren dabei zuschauten, wie ihr Herr Lehrer der Milchnot in der Küche abzuhelfen verstand. Laura schlug ihm lediglich ein paar Mal den Schwanz um die Ohren, ganz zur Freude der brüderlichen Beobachter. Auch zum Schmunzeln für Emil Flemming, der inzwischen von seiner Fahrt zum Bahnhof zurückgekehrt war und sich seiner Sorge um die pünktliche Milchlieferung enthoben sah.

Sturz in die Jauchegrube

Sein Ännchen beschäftigte nach diesem Sonntag eine ganz besondere Frage. In der Brüderschar, die von Vandsburg nach hier übergesiedelt war, fehlten einige Männer, die sie aus ihrer Vandsburger Zeit kannte und die ihre Ausbildung eigentlich noch nicht beendet haben konnten. Ob sie Luise Aeschlimann, die auch für sie »Frau Lehrer« hieß, nach ihrem Verbleib fragen konnte, wenn sie beide gemeinsam in der Küche arbeiteten? Emil machte seiner Frau Mut dazu. Wenn sein Ännchen diese Brüder vermisste, dann konnte sie sich doch auch danach erkundigen, was aus ihnen geworden war.

Die Gelegenheit ergab sich, und Anna wandte sich an Frau Aeschlimann. »Darf ich wissen etwas, Frau Lehrer?«

»Frag nur, Anna«, gab diese zurück. »Wenn ich dir deine Frage beantworten kann, will ich es tun.«

»Vermisse ich ein paar Brüder, Frau Lehrer«, begann Anna. »Vermisse ich zum Beispiel Bruder Nolte. War so ein lustiger Mann.«

Luise Aeschlimann zögerte einen Moment mit ihrer Antwort. Dann gab sie die gewünschte Auskunft: »Bruder Nolte hat das Brüderhaus wieder verlassen. Er war leider dem Schwarmgeist der sogenannten Pfingstbewegung verfallen. Der Bruder hatte zuletzt mit seinen unnüchternen und ekstatischen Auftritten für viel Unruhe gesorgt. Er war des Glaubens, jeder Christ brauche eine besondere Taufe mit dem Heiligen Geist und jeder müsse in Zungen reden können. Schade für den lustigen Mann, wie du ihn genannt hast. Er hatte wohl mit vielen anderen gläubigen Menschen die biblische Lehre von den Geistesgaben ein wenig missverstanden. ›Welche der Geist Gottes treibt, die sind Gottes Kinder‹, sagt der Apostel Paulus im Römerbrief. Und umgekehrt: Wer ein wahres Kind Gottes ist, den treibt auch der Geist Gottes und führt ihn auf den Pfad der gesunden Lehre, die den gesunden Glauben zeugt.

Herr Pastor und Herr Lehrer mussten Bruder Nolte leider aus der Ausbildung entlassen. Dem Schwarmgeist soll kein Raum gegeben werden. Das Brüderhaus wird dagegen arbeiten, auch hier in Ostpreußen, wo dieser Ungeist sich auch bereits hier und da eingenistet hat.«

Nach einem Moment der Überlegung fuhr sie fort: »Übrigens hat die ganze Gnadauer Bewegung und auch die evangelische Allianz am 15. September in Berlin mit einer Erklärung eindeutig von der Pfingstbewegung Abstand genommen. Nun ja, nicht alle wichtigen Brüder haben das Papier unterschrieben. Einige wollen sich neutral halten und abwarten. Auch Herr Pastor hat noch nicht unterschrieben, noch nicht, auch wenn er es sehr deutlich sagt: Christen sollen nüchtern sein und wachen. ›Die Welt braucht nichts Aufregendes, Sensationelles, sondern Kinder

Gottes, die sich drangeben können‹, hat der Vorsitzende Bruder von Thümmler bei der vergangenen Allianzkonferenz in Blankenburg gesagt. Und er hat recht. Aber es ist leider so, wie es in der Schrift heißt: ›Der Widersacher, der Teufel, gehet umher wie ein brüllender Löwe und suchet, welchen er verschlinge.‹«

»›Dem widerstehet fest im Glauben‹«, ergänzte Anna, »so sagt es der Apostel Petrus in seinem ersten Brief.«

»So ist es richtig, Anna. Aber wen vermisst du noch?«, erinnerte sich Frau Aeschlimann daran, dass ihre Küchenhilfe in der Mehrzahl gesprochen hatte.

»Vermisse ich die Brüder Neumann und Hagenau«, antwortete Anna.

»Die sind beide in Kärnten in Österreich und dienen dort den Menschen im Gebirge mit dem Evangelium. Die Gräfin de La Tour aus dem Schloss Treffen bei Villach hatte um ihre Entsendung gebeten. Bruder Neumann wurde dort bald nach seiner Ankunft krank. Da wurde ihm der andere Bruder zur Hilfe nachgesandt. Bruder Hagenau soll später zurückkommen und dann ins Baltikum gesandt werden.«

»Bis nach Österreich dienen die Brüder?!«, staunte Anna. »Und dann auch bis hinauf ins Baltikum?«

»Es gibt bereits manche Anforderungen aus vielen Provinzen des Deutschen Reiches und deutschsprachigen Gebieten außerhalb, Brüder zu senden, die eine klare Verkündigung des Evangeliums geben und in biblischer Nüchternheit zum Glauben einladen. Die meisten werden sich aber wohl hier im ostpreußischen Erweckungsgebiet bewähren«, erklärte Luise Aeschlimann. »Die Gemeinschaften brauchen Verkündiger.«

»Ist Bruder Wenzel auch schon im Dienst?«, wollte Anna noch wissen.

Luise Aeschlimann seufzte leicht auf. »Nein, der Bruder ist nicht im Dienst. Zumindest ist er es nicht im Auftrag unseres Brüderhauses. Er hatte sich der Heiligungslehre von Jonathan Paul geöffnet und bezeichnete sich als sündlosen Menschen. Seine Sündennatur sei für alle Zeit mit Christus gekreuzigt und ihm völlig genommen. Er brauche die fünfte Bitte des Vaterunsers nicht mehr auszusprechen.«

»Aber hat doch unser Herr Jesus Christus selbst gelehrt diese Bitte seine Jünger: ›Und vergib uns unsere Schulden, wie wir unsern Schuldigern vergeben‹«, empörte sich Anna.

»Das hat er, Anna«, bestätigte Frau Lehrer, »kein Mensch hat das Recht, das Herrengebet zu ändern. Kein Bekehrter ist ohne Sünde, solange er auf dieser Erde lebt.«

»Außer unser Herr Jesus Christus«, fügte Anna ein. »Steht so bei den Aposteln. Ist nur ›für uns zur Sünde gemacht, auf dass wir würden in ihm die Gerechtigkeit, die vor Gott gilt‹.«

»Gut gelernt, Anna«, freute sich Luise Aeschlimann.

»Mit dem Herzen, Frau Lehrer, mit dem Herzen!«, betonte Anna und hakte noch einmal nach: »Das ist einzige Grund für Bruder Wenzels Ausscheiden aus dem Brüderhaus?«

»Es gibt noch einen zweiten. Der Bruder hatte sich auch der merkwürdigen und ungeistlichen Gebetsbewegung hingegeben, die das Seelische im Menschen ungezügelt überschäumen ließ. Der Geist Gottes hatte keinen Raum mehr. Er braucht die Stille, um die Gedanken zu lenken und um selbst zu reden. In dieser Gebetsbewegung ging es aber immer recht laut zu, als tobe ein Sturm, weil sie in ihren Versammlungen mehr oder weniger alle gleichzeitig und mit lauter Stimme und oft in Zungen beteten. Da verstand einer den andern nicht. Niemand konnte sein Amen zum Gebet des anderen sprechen. Nein, das war nicht gut. Ein ungezügelter Gefühlsüberschwang hatte die Gebetszucht verschlungen.

Bruder Wenzel ließ sich nicht belehren, dass solches seelisch bestimmtes Beten im Wort Gottes keine Begründung findet. ›Seid mäßig und nüchtern zum Gebet‹, sagt zum Beispiel der Apostel Petrus in seinem ersten Brief. Der Bruder hat schließlich von sich aus das Brüderhaus verlassen. Schade um den Mann. Er hatte eine gute Gabe der Verkündigung. Gott möge ihm begegnen und ihn wieder auf den Grund der gesunden biblischen Lehre von Sünde und Gnade und Heiligung stellen.«

Nach dieser Antwort mahnte Luise Aeschlimann dann aber doch weiteres Arbeiten an. Pünktlich um halb müsse das Essen auf den Tischen stehen. Bis dahin sei noch manches zu tun.

Anna Flemming gab sich gerne zufrieden und bedankte sich höflich für die Offenheit ihrer Frau Lehrer. »Oh, ich fürchte, die Milch brennt schon wieder an!«, rief diese mit einem Anflug von Ärger. »Das werden die Brüder später schmecken. Die Töpfe hier sind aber auch schlecht. Da hatten wir in der Schweiz ganz andere. Da konnte die Milch nicht anbrennen.«

»Wieso konnte nicht anbrennen die Milch?«, wunderte sich Anna.

»Unsere Töpfe hatten einen doppelten Boden und waren doppelwandig«, erklärte die Küchenleiterin. »Der Zwischenraum wurde mit Wasser gefüllt. Dadurch kam der jeweilige Topfinhalt auf dem Herd nur indirekt mit der Hitze in Berührung und konnte nie anbrennen.«

»Müssen wir beten um Geld, Frau Lehrer, zu kaufen solche Töpfe«, schlug Anna vor.

»Warum nicht, Anna«, griff Luise Aeschlimann das lächelnd auf. »Wir beten ja auch um die Hobelbank, die unser Schreinerbruder so dringend braucht.«

Gott ließ sich tatsächlich nicht lange bitten. Als Emil Flemming wenige Tage später von seiner Postfahrt aus Heiligenbeil zurückkam, brachte er auf der Kutsche eine große Kiste mit. Absendeort: Meiringen in der Schweiz. Inhalt der Kiste: doppelwandige Töpfe für die Brüderhausküche. Dazu hatte Emil eine Nachricht vom Güterschuppen des Bahnhofs: Dort stehe eine Hobelbank für das Gemeinschafts-Brüderhaus Preußisch Bahnau zur Abholung bereit. Wo das Stück herkomme, könne er allerdings nicht sagen. Das war schon merkwürdig. Wer irgendwo im Land konnte die beiden besonderen Gebetsanliegen eigentlich kennen? Nun ja, beide Geber hatten wohl im Auftrag Gottes gehandelt, der den

Mangel seiner Leute kennt, ehe sie ihn im Gebet vorgetragen haben: »Und soll geschehen, ehe sie rufen, will ich antworten; wenn sie noch reden, will ich hören« (Jesaja 65,24).

In den folgenden Monaten entwickelte sich im Brüderhaus am neuen Ort ein Zusammenleben und -arbeiten, das klare Regeln hatte. Sie hingen als »Hausordnung« und »Tagesplan« für jedermann nachlesbar im Lehrsaal. Sich daran zu halten und danach zu leben, war eine Selbstverständlichkeit, denn Lehrer, Schüler und auch die anderen Mitarbeiter waren sich darin einig, weshalb sie an diesem Ort gemeinschaftlich lebten, arbeiteten, beteten und lernten. Dass das nicht immer und in allen Dingen ohne Reibungen möglich war und ohne Spannungen verlief und dass Vergebung und Versöhnung immer wieder neu gelernt und gelebt werden mussten, lag in der Natur der Verhältnisse. Hier waren Menschen zusammengestellt, von denen jeder sein eigenes Wesen, seine eigene Prägung und Begabung und auch seine eigene Geschichte mitbrachte und nichts davon so ohne Weiteres abstreifen konnte.

Es galt für jeden Einzelnen – für die Brüder natürlich ganz besonders –, es immer wieder zu lernen, von sich selbst abzusehen, den anderen zu nehmen, wie er war, auf ihn einzugehen, notfalls dem ›Jude ein Jude und dem Griechen ein Grieche‹ zu werden, ganz nach dem Rat des Apostels Paulus in seinem Brief an die Philipper: »So erfüllet meine Freude, dass ihr eines Sinnes seid, gleiche Liebe habt, einmütig und einhellig seid, nichts tut durch Zank oder eitle Ehre, sondern durch Demut achtet euch untereinander einer den andern höher denn sich selbst. Und ein Jeglicher sehe nicht auf das Seine, sondern auf das, das des andern ist. Ein Jeglicher sei gesinnet, wie Jesus Christus auch war.« Dazu galt auch, was Petrus den Christen in Kleinasien schrieb: »Dienet einander, ein jeglicher mit der Gabe, die er empfangen hat, als die guten Haushalter der mancherlei Gnade Gottes« (1. Petrus 4,10).

Auf diesem Verständnis des Miteinanders und Aufeinander-gewiesen-Seins wuchsen die Brüder zu einer guten geistlichen und menschlichen Gemeinschaft zusammen, für die mehr und mehr die Bezeichnung »Bruderschaft« verwendet wurde. Bald war die Bezeichnung »Bahnauer Bruderschaft« ein feststehender Begriff, der dann auch in den anderen deutschen Provinzen verstanden und mit einer gewissen Hochachtung gebraucht wurde. Die Christen in den Gemeinschaftskreisen Deutschlands, Österreichs und der Schweiz und auch viele Christen im Bereich der Landeskirchen brachten mit wachsendem Bekanntheitsgrad des Brüderhauses in Preußisch Bahnau die dort ausgebildeten Prediger, Evangelisten und Diakone mit drei anderen »b« in Verbindung, an denen auch in Bahnau selbst die Zugehörigkeit zur Bruderschaft gemessen wurde: »b« für »von Gott *berufen* zum Dienst«, »b« für »von Gott *begabt* zum Dienst« und »b« für »von Gott *bestätigt* im Dienst«.

Freilich waren sich auch Pastor Carl Lange, Lehrer Ernst Aeschlimann und die jungen Männer selbst darüber im Klaren, dass die Gültigkeit dieser drei »b« niemandem an seiner Stirn abzulesen war und dass kein Mann darin »fertig« war, auch nicht nach Beendigung seiner dreijährigen Ausbildung. Folglich musste es Bestandteil der Bruderschaft sein, dass einer den anderen auf seinem Weg und in seiner Entwicklung sachlich, fachlich und seelsorgerlich begleitete, ihm Korrektur bot und Orientierung leistete. So hatte es zum Beispiel der Apostel Paulus im 12. Kapitel seines Briefes an die Gemeinde in Rom vorgegeben, in dem er das christliche Zusammenleben in guter Weise als Leib mit vielen Gliedern beschrieben und geistlich ausgerichtet hatte.

Es verstand sich von selbst, dass das Thema »Bruderschaft« immer wieder im Unterricht der Männer oder auch bei anderen Gelegenheiten bedacht wurde. Die Bruderschaft sollte auch über die Ausbildungsjahre in Preußisch Bahnau hinaus und über möglicherweise weite Entfernungen der Einsatz- und Dienstorte weiter bestehen können. Dann musste es sich zeigen, ob es möglich war, dass einer für den anderen da war und für ihn einstand. Dann musste sich ganz anders bewähren, was im 6. Kapitel des Paulusbriefes an die Galater zu lesen war: »Einer trage des andern Last, so werdet ihr das Gesetz Christi erfüllen.«

Aber diese Zeiten kamen ja erst. Noch waren wenige Brüder im auswärtigen Einsatz. Es galt, zunächst hier in Preußisch Bahnau und in seiner ostpreußischen Umgebung Fuß zu fassen. Das Miteinander des Brüderhauses und der Christenmenschen vornehmlich in den verschiedenen Kreisen des Ostpreußischen Gemeinschaftsbundes musste sich bewähren.

Nach der Hausordnung, die hier am neuen Ort ähnlich galt wie zuvor schon in Vandsburg, begann der Tag für die Brüder früh um halb sechs und endete am Abend um viertel vor zehn. Praktische Arbeiten in den Häusern und auf dem Gelände wechselten sich mit Unterrichtszeiten und solchen zur eigenen Vor- und Nacharbeit des Lernstoffes ab. Dazwischen gab es vier Mahlzeiten, für die jetzt Frau Gerber und Anna Flemming zuständig waren.

Vor allem Herr Pastor, der sich selbst strenger preußischer Disziplin unterwarf, wachte über die konsequente Einhaltung des Tagesablaufs. Sein Brüderhaus sollte als »Haus der Stille«, »Haus der Ordnung« und »Haus der Zucht« nicht nur nach innen in die Gestaltung seiner Lebens-, Wohn-, Arbeits- und Lerngemeinschaft hineinwirken, sondern auch nach außen in die nähere und weitere Umgebung vorbildhaft ausstrahlen. Es sollte ausstrahlen vor allem auch in die christlichen Familien und frommen Kreise, die seit den Jahren der geistlichen Erweckung im Nordosten des Deutschen Reiches in ganz Ostpreußen auch außerhalb des Gemeinschaftsbundes recht zahlreich anzutreffen waren. Unter dem großen Dach des »Deutschen Verbandes für Gemeinschaftspflege und Evangelisation (Gnadauer Verband)« gab es ja auch Gemeinden der Schweizer »Pilgermission St. Chrischona« und der »Reichsbrüder«. Dazu gab es Gemeinden des

»Ostpreußischen evangelischen Gebetsvereins« und eine ganze Menge freikirchlicher Kreise. Sie alle sollten ihren Nutzen durch das Brüderhaus in Preußisch Bahnau haben.

Immer wieder einmal gab es natürlich auch unvorhergesehene Ereignisse, die diesen Tagesplan über den Haufen warfen. Einmal war es Pastor Lange selbst, der den Zeitplan spektakulär außer Kraft setzte.

Es geschah an einem Nachmittag, als Herr Pastor während der Arbeitszeit einen Rundgang über das Gelände und durch die Wirtschaftsgebäude machte, wie meistens begleitet von seinem treuen Hirtenhund, »Bruder Waldmann«. Emil Flemming und der zugeteilte Stallbruder – unter seinen Mitbrüdern hieß er der »jauchzende Mistiker« – waren damit beschäftigt, die Jauchegrube zu entleeren und den stinkenden Flüssigdünger per Fasswagen auf ein nahes Wiesenstück zu fahren. Die beiden kamen gerade mit Pferd und Wagen auf den Hof zurück, als Herr Pastor im üblichen dunklen Anzug durch die Hintertür aus dem Stall ins Freie trat. Warum musste der würdige Mann auch diesen Weg nehmen?! Und warum musste er gerade jetzt zum Himmel schauen, ob es nicht wieder beginnen wollte zu regnen?! Der gute Mann nahm nicht wahr, dass seine Landwirte die Öffnung der Jauchegrube nur notdürftig mit ein paar Brettern abgedeckt hatten, die vom Regen auch noch nass und von aus den Schöpfkellen geschwappter Jauche glitschig waren.

Die beiden Männer sahen das Unglück kommen und konnten es doch nicht mehr verhindern. Emils lauter Warnruf: »Nicht weitergehen, Herr Pastor! Bleiben Sie stehen! Gehen Sie zurück!« kam zu spät. Der Leiter des Hauses trat bereits auf eins der Bretter, rutschte sofort aus und verlor den Halt. Mit einem kurzen Aufschrei »Waldmann!« – als ob der Hund ihm hätte helfen können – und wild mit den Armen fuchtelnd verschwand er in der Jauchegrube.

Zum Glück war die Grube nicht mehr so hoch gefüllt, dass der Mann darin hätte untergehen können. Immerhin stand er bis zur

Brust in der Jauche und rief den Brüdern zu, sie möchten ihm bitte heraushelfen. Emil holte rasch eine kleine Leiter aus der Scheune, stellte sie in die Grube und reichte seinem Herrn Pastor die Hand. Die war zum Glück trocken und sauber geblieben. Na ja, seine eigene war dafür nicht gerade sauber, aber das machte ja hier auch nichts mehr aus.

Welch eine peinliche Situation! Herr Pastor stand wieder auf festem Boden, triefte vor stinkender Jauche und wusste wohl nicht, ob er über sein Missgeschick schimpfen oder lachen sollte. Er schaute an sich herunter und zwang sich ein leichtes Lächeln ab, das sich sofort in deutliches Naserümpfen verwandelte. Was er dabei murmelte, konnten die beiden jungen Männer nicht verstehen. Die mussten sich ohnehin sehr beherrschen, um ihre wahren Empfindungen in diesem denkwürdigen Moment nicht zu zeigen. Es war ja auch einfach nur komisch: Der gestrenge Herr Pastor fällt in die Sch…! Der fasste sich endlich und bat darum, dass ihm umgehend ein Bad vorbereitet würde. So stinkend könne er ja wohl nicht zum Nachmittagskaffee gehen und danach auch keinen Unterricht halten.

In den folgenden Minuten überschlugen sich dann die Dinge. Viele Hände mussten zugreifen. Frau Gerber füllte den großen Wasserkessel und schürte unter ihm das Feuer. Emil Flemming richtete im Waschhaus die große Zinkwanne, und seine Anna musste zu Frau Lange ins Pastorenhaus hinüberlaufen, um frische Wäsche, ein Hemd, einen Anzug, neue Strümpfe und Schuhe und natürlich Handtücher zu holen. Ein einziges Bad würde wohl auch nicht reichen, den Hausherrn anschließend wieder ohne störende Gerüche im Lehrsaal seinen Unterricht halten zu lassen. Oder sollte Herr Lehrer ihn vielleicht vertreten? »Nein, sollte er nicht!«, grantelte der Unglücksrabe ärgerlich. Ausnahmsweise dürfe die Kaffeepause um eine halbe Stunde verlängert werden und der Unterricht solle später beginnen. Nur gut, dass Herr Pastor vom Baderaum aus die Gespräche der Brüder im Speisesaal nicht hören konnte …

Später hielt er seinen Unterricht, als wäre überhaupt nichts passiert. Er begann ihn lediglich mit einem besonderen Hinweis: »Es ging mir heute wohl ein wenig wie Hiob, der etwa sagt: ›Ich bin getunkt worden in den Kot, und standen mir meine Kleider scheußlich an.‹ So ähnlich steht es bereits in seinem Buch, Kapitel 9. Nun gilt, was David im Psalm 40 sagt: ›Er zog mich aus der grausigen Grube und aus dem Schlamm und stellte meine Füße auf einen Fels, dass ich gewiss treten kann.‹ Und vor dem genannten Hiobvers steht Ähnliches wie das: ›Ich wusch mich mit Schneewasser und reinigte meine Hände mit dem Brunnen.‹ Ihr seht, meine Brüder, ich stehe gewaschen und gereinigt wieder auf festem Boden und kann gewiss treten. Und Bruder Waldmann blieb vom Unglück verschont.«

Damit war für Pastor Lange diese Geschichte wohl abgeschlossen. Für die jungen Männer aber noch lange nicht. So bald sollte dies Ereignis nicht aus ihren Gesprächen verschwinden …

Im Frühjahr des nächsten Jahres gab es eines Tages eine ganz andere Aufregung. Emil Flemming hatte das Ereignis zwar schon lange vorausgeahnt und auch vor seinem Eintreffen gewarnt. Nun kam es für ihn dennoch plötzlich. Als er in der dunklen Frühe eines Freitagmorgens in den Pferdestall kam, schlug ihm innen die gleiche Kälte entgegen, die er draußen gespürt hatte. Sonst war es doch drinnen immer viel wärmer als draußen, schließlich heizten die Tiere den kleinen Raum selbst auf. Emil leuchtete mit seiner Lampe den Stall aus und – fand die gegenüberliegende Wand nicht mehr. Sie war auf einem großen Stück eingestürzt, zum Glück nach außen. Der Wechsel von Frost, Tauwetter und neuem Frost hatte an der morschen Wand sein Werk der Zerstörung getan. Aber hier musste möglichst rasch Abhilfe her. Die Pferde konnten nicht lange der Kälte ausgesetzt werden, wenn sie untätig im Stall standen.

Aber wie konnte die Abhilfe aussehen, wo draußen noch tiefer Schnee lag, einige Grade Frost herrschten und Baumaterial auf dem Hof nicht vorhanden war? Ob Geld vorhanden war, um das Material zu kaufen? Herr Pastor hatte davon gesprochen, dass die Kasse wieder einmal nahezu leer sei. Er hatte aber auch gesagt, dass Gott bisher immer gesorgt habe und er ihnen sicher das Notwendige auch diesmal zufallen lassen werde.

Emil hängte seine Lampe an den Haken und legte den Tieren zunächst einmal Decken auf. Dabei sprach er beruhigend auf die zitternden Braunen ein. Dann schüttete er ihnen ihren Hafer in den Trog, nahm wieder seine Lampe und eilte hinüber zum Pastorenhaus. Bis kurz vor sieben hielt der Hausvater und Pastor mit seiner Frau Maria in der Regel gemeinsame Besinnungs- und Gebetszeit über der Bibel und mit seinem ausführlichen Gebetszettel. Emil wusste, dass darauf neben vielen anderen auch die Namen aller Brüder und aller Mitarbeiter im neuen Werk standen.

Zu denen gehörte seit ein paar Tagen auch August Kohn. Der Junggeselle war zunächst mit seinem vorigen Dienstherrn Kmitta mit nach Barwiese umgesiedelt. Dort im bergigen Hockerland im Regierungsbezirk Königsberg hatte ihn das Heimweh in die niedere Haffregion gepackt. Er hatte bei der Brüderhausleitung nachgefragt, ob er nicht wieder wie früher als »Mädchen für alles« auf dem Gelände arbeiten könne, wo er sich doch in allen Dingen auskenne. Dieser Wunsch war ihm gewährt worden, konnte man einen weiteren Mitarbeiter in der Wirtschaft inzwischen doch gut gebrauchen.

Ob Herr Pastor Rat wusste, wie der Bauschaden wenigstens notdürftig behoben werden konnte? Vielleicht stellte er beim Frühstück bereits einen oder zwei Brüder ab, die dabei helfen konnten. Vielleicht verfügte er ja auch schon wieder über das notwendige Geld, das Material zu beschaffen, das dann mit dem Pferdeschlitten aus Rosenberg geholt werden musste. In dem Hafenstädtchen am Haff, etwa fünf Kilometer von Preußisch Bahnau entfernt, gab es eine Ziegelei und eine Zementfabrik. Emil Flemming war gespannt, wie der Hausvater die Nachricht aufnehmen würde. Herr Pastor erschrak zwar ein wenig, als er von dem Schaden hörte, fasste sich aber gleich wieder und war ganz gelassen. »Wir sehen uns beim Frühstück«, sagte er nur und ergänzte: »Es ist Freitag heute.«

Emil Flemming wusste, was der Hausvater damit andeuten wollte. Das hieß, er würde später etwas zur Sache sagen und darum bitten, um die rechte Lösung zu beten. Freitags fiel nämlich die frühe Hausarbeit aus. Dafür wurde das Frühstück um dreißig Minuten verlängert und bezog auch die Mitarbeiter ein, die sich dafür frei machen konnten. In dieser Zeit gaben der Pastor und der Lehrer Nachrichten weiter, die für alle Angehörigen des Brüderhauses von Bedeutung waren. Hier teilten sie auch mit, welcher Bruder an welchem Ort samstags oder sonntags einen Verkündigungsdienst wahrnehmen sollte. Hier konnten sich aber auch die Brüder und die Mitarbeiter über ihre Erfahrungen und Schwierigkeiten austauschen, die ihnen bei der praktischen Arbeit, beim Lernen des Stoffes der verschiedenen Fächer und bei der Vorbereitung eines Gruppen- oder Gemeindedienstes Mühe oder besondere Freude gemacht hatten. Hier konnten sie dann auch in großer Offenheit ganz persönliche Dinge mitteilen und ihre eigenen Gebetsanliegen nennen.

Der Ablauf danach war immer derselbe: Der Hausvater oder Lehrer Aeschlimann sprach ein paar zusammenfassende Worte und gab Hinweise auf biblische Verheißungen im Blick auf das Gebet und darauf, dass die Wendung aufwärts in die »fünfte Himmelsrichtung« für alle Arbeit im Reiche Gottes die wichtigste sei. Danach wurden an den Tischen die Hände gefaltet, um all das Gehörte aus der eigenen Sorge nach oben abzugeben und »auf Gott zu werfen«, damit er sich darum kümmere. Was dann aus den jeweiligen Dingen wurde, war immer das Richtige; es diente Gottes Ehre und dem Wohl seiner Leute und seiner ganzen Schöpfung.

An diesem Freitag ging es natürlich besonders um den Schaden am Pferdestall und um die Summe, die die Reparatur kosten würde. Das Geld sei nicht vorhanden, musste der Hausvater zu seinem Bedauern mitteilen. Dennoch müsse um der Kreatur willen die Reparatur schnellstens in Angriff genommen werden. Emil Flemming solle mit Herrn Kohn den Bedarf an Material feststellen und dann mit dem Schlitten nach Rosenberg hinüberfahren und das Notwendige einkaufen. Er möge den Hinweg über Heiligenbeil nehmen und die Post mitbringen.

Er sei sicher, dass Gott bereits vorgesorgt habe und die Rechnung bezahlt werden könne und dass es bei der Mittagsmahlzeit viel Grund zur Dankbarkeit geben werde.

»Was denkst du, Bruder Aeschlimann?«, fragte Carl Lange den Lehrer.

Der setzte sein bekanntes verschmitztes Lächeln auf und meinte nur trocken: »Wenn alle mit dir eines Glaubens sind, Bruder Lange, warum sollte ich dann daran zweifeln?! Nein, ich denke wie du. Wir werden die Rechnung bezahlen können.«

Woher nur nahmen Herr Pastor und Herr Lehrer immer wieder diesen Glauben, fragten sich Anna und Emil Flemming, als sie nach dem Frühstück und dem gemeinsamen Gebet hinausgingen.

»Haben sie Glauben nach der Bibel, wie steht geschrieben«, sagte Anna.

»Wie steht denn geschrieben?« Emil wusste nicht gleich, was seine Frau meinte.

»Na, Mannchen, steht in der Epistel an die Hebräer vom Glauben. Habe ich gut gelernt: ›Es ist aber der Glaube eine gewisse Zuversicht des, das man hoffet, und nicht zweifelt an dem, das man nicht siehet.‹ So musst auch glauben und fahren ohne Zweifel nach Rosenberg für Steine und Zement. Vergiss nicht, Geld zu bringen von der Post, zu bezahlen die Rechnung.« Ännchen klang sehr überzeugt bei dem, was sie da sagte.

Gegen Mittag waren Emil und August Kohn von ihrer Fahrt nach Heiligenbeil und Rosenberg zurück. Auf dem Schlitten hatten sie die Ladung Steine, die erforderlich war, um die Wand zu schließen. Dazu auch den Zement. Da die Temperaturen auf knapp über Null gestiegen waren, konnten sie nach dem Mittagessen ans Werk gehen. In der Tasche hatte Emil auch ein paar Briefe, die er bei Frau Pastor ablieferte. Ihr Mann war noch im Unterricht. Als der dann später in den Speiseraum kam, konnte jedermann bereits an seinem Gesicht abzulesen, dass er wieder einmal etwas Besonderes mitzuteilen hatte.

Und so war es auch. Gott hatte ihnen als Antwort auf das »Trachten nach seinem Reich« wieder einmal etwas »zufallen« lassen: Einer der Briefumschläge enthielt genau den Geldbetrag, der für die Zahlung der Materialrechnung erforderlich war. Auch der Zweck der Gabe des unbekannten Absenders war angegeben: »Für die Bedürfnisse des Brüderhauses, wo es Not tut.« Da mussten wieder einmal ein paar Minuten an die Essenszeit angehängt werden, um Gott für seine schnelle Hilfe zu loben und zu danken. Hätten sie es gekonnt, hätten sich die Pferde sicher diesem Dank durch ein kräftiges Wiehern angeschlossen.

Die Arbeit blüht

In den folgenden Jahren festigte sich die Arbeit des Brüderhauses mehr und mehr. Die Zahl der Männer, die sich aus allen Gegenden Deutschlands zur Ausbildung meldeten und den Anforderungen der »b« genügten, nahm stetig zu. Die Tatsache, dass Pastor Carl Lange 1910 zum Leiter des Ostpreußischen Gemeinschaftsbundes gewählt wurde, öffnete in Stadt und Land viele Türen und Herzen und erweiterte den Freundes- und Geberkreis des jungen Werkes erheblich. Die Brüder fanden dadurch auch ein weites Übungsfeld, ihre Berufung und Begabung in der praktischen Gemeinschafts- und Gemeindearbeit und bei Einsätzen der Ostpreußischen Zeltmission zu überprüfen oder auch bereits zu bewähren.

Dazu öffnete sich ein weites Arbeitsfeld für die Brüder, die ihre Bahnauer Ausbildung beendeten. Die ostpreußischen Gemeinschaftskreise standen ihnen offen. Auch manche Kirchengemeinde, die dem pietistisch geprägten Werk zugetan war, forderte Bahnauer Brüder zur Mitarbeit an. Die Verbindungen reichten bald hinauf zu den Deutschen in Litauen, Kurland, Livland und Estland. Hinunter nach Kärnten wurden sie vertieft, und die Schweizer Heimat Ernst Aeschlimanns im Kanton Bern öffnete sich ebenfalls für Absolventen der fernen ostpreußischen Ausbildungsstätte. Die wiederum gewann durch die gewachsenen Verbindungen neue Freunde und auch Gastlehrer aus anderen Verbänden Gnadaus und darüber hinaus, die gelegentlich den Unterricht bereicherten.

Auch die »Bruderschaft« gestaltete sich dadurch neu. Es gab im Brüderhaus Bahnau den »Kern«, in dem die Männer dicht beieinander waren, und es gab die Brüder auf den Stationen, die dort trotz ihrer Gemeindeumgebung manchmal recht einsam waren. Sie brauchten die regelmäßige Verbindung nach Preußisch Bahnau. Das machte neue Wege der Betreuung erforderlich. Das Postamt in Heiligenbeil bekam zunehmend mehr zu tun. Da waren in der einen Richtung die Briefe der Brüder aus dem weiten deutschsprachigen Raum mit den Berichten von ihrer Arbeit zur Abholung zu bündeln. Dadurch gab es im Brüderhaus freitags auch immer Neues aus irgendeiner nahen oder fernen Arbeit zu berichten und mit ins Gebet zu nehmen.

Da mussten in der Gegenrichtung die Postbeamten die »Brüderbriefe« abfertigen, die in unregelmäßigen Abständen auf die Stationen gingen. Diese Briefe stammten zumeist aus der Feder von Pastor Lange und enthielten wichtige Stellungnahmen zu theologischen Fragen, geistliche Impulse und Hinweise für die praktische Arbeit. Dazu enthielten sie immer wieder Nachrichten aus der »Heimat« und von den Stationen.

Dann gab es etwa viermal im Jahr die »Mitteilungen aus dem Evangel. Gemeinschafts-Brüderhause in Pr.=Bahnau bei Heiligenbeil«, die an den ständig wachsenden Freundeskreis im In- und Ausland versandt wurden. Dieses meist achtseitige Blatt erinnerte mit jeder Ausgabe schon auf seiner Titelseite an die Ausrichtung des Brüderhauses. »Wer nicht absagt allem, was er hat, kann nicht mein Jünger sein. Luk. 14,33« stand neben einer schönen Zeichnung des Bahnauer Stammhauses. Auf der anderen Seite war zu lesen: »Wo der Geist ist, da ist Freiheit. 2. Kor. 3,17« und: »Aus Glauben in Glauben. Röm. 1,17.« Der Inhalt des Blattes mit seinen erbaulichen Artikeln, vielfältigen Nachrichten und Hinweisen auf Veranstaltungen, auf christliche Literatur, auf eingegangene Spenden und manches andere entsprach diesen geistlichen Vorgaben.

Mit diesen Bibelworten hatte das Werk 1906 in Vandsburg begonnen. Mit ihnen wurde die Arbeit in Preußisch Bahnau fortgeführt. Um die Familien Lange und Aeschlimann und die wachsende Hauswirtschaft zu unterstützen, wurden nun mehrere Mitarbeiterinnen angestellt. Auch die Büroarbeit brauchte bald helfende Hände. So wurde der Bruder Fritz Anders nach seiner Ausbildung nicht auf eine Station gesandt, sondern im Haus behalten, damit er Hausvater und Lehrer bei deren Büroarbeit entlastete. Inzwischen wurde nämlich auch der Ostpreußische Gemeinschaftsbund von hier aus verwaltet, und das »Monatsblatt für das Arbeitsfeld des Ostpr. Brüderrates« wurde hier erstellt, herausgegeben und an seine Bezieher versandt.

Von seiner »Station« aus war der junge Prediger dann an manchen Abenden der Woche und an den Wochenenden auf dem benachbarten Gut Karben, in Rehfeld, in Schettnienen, in Rosenberg, Heiligenbeil, Bickenau und anderen umliegenden Orten unterwegs, um dort zu evangelisieren und Bibel- und Jugendstunden zu halten. Im Brüderhaus unterstützte Fritz Anders den Männerchor und den Posaunenchor, die beide unter der freundlich-strengen Leitung von Ernst Aeschlimann standen. Wegen ihres sauberen Klangs hatten die Chöre bald einen guten Ruf im Land. Sie wurden häufig eingeladen, um zur Ausgestaltung von

Festen und größeren Veranstaltungen beizutragen. Herr Lehrer brachte es allerdings auch fertig, einen Einzelvortrag oder gar ein ganzes Konzert abzubrechen, wenn der Bläserchor nach seinem Empfinden undiszipliniert spielte und der Klang nicht stimmte.

Fritz Anders bekam dann wie aus heiterem Himmel noch eine andere Aufgabe, die sein weiteres Leben maßgeblich bestimmen sollte. Von einer Postfahrt nach Heiligenbeil brachte Emil Flemming eines Tages gleich zehn Pakete mit, die adressiert waren an die »Buchhandlung des Bahnauer Brüderhauses«. Eine solche gab es bisher aber nicht. Was an Literatur für die Bibliothek oder für evangelistische Einsätze gebraucht wurde, kam aus Vandsburg oder aus einer Buchhandlung in Königsberg. Aber war nicht der »Zufall« dieser Bücher- und Schriftensendung ein Signal Gottes, tatsächlich künftig eine eigene Buchhandlung zu betreiben, wie andere Werke sie schon hatten? Vielleicht sogar einen eigenen Verlag zu gründen?

Herr Pastor und die Brüderhausleitung waren sich bald im Klaren, dass das Ereignis so verstanden werden musste, und so bekam Fritz Anders den Auftrag, eine hauseigene Buchhandlung zu eröffnen und aufzubauen. Zur Vorbereitung wurde er für einige Monate nach Westpreußen ins Diakonissenhaus geschickt, um dort die Organisation eines solchen Geschäftes zu lernen.

Den Schwestern in Vandsburg konnte der junge Mann nicht mehr »gefährlich« werden, hatte er doch bei einem Dienst für den Jugendkreis der Gemeinschaft im lettischen Libau sein Herz bereits verloren. Herr Pastor und Herr Lehrer hatten auch keine Einwände mehr gegen die Liebesbeziehung ihres Bürogehilfen, wie sie für seine Mitbrüder in der Ausbildung weiterhin streng untersagt blieb. Einzelne Zuwiderhandlungen – auch Bahnauer Brüder waren Männer und nicht grundsätzlich gegen die Angriffe Amors durch das schöne und anmutige Geschlecht gefeit – wurden durchweg mit Entlassung aus der Ausbildung geahndet.

Dem Büro- und Bücher-Bruder wurde geraten, er solle nur nicht zu lange mit der Hochzeit warten. Das sei nicht gut, und eine Frau sei ihm eine gute Hilfe bei seinen gewachsenen Aufgaben. Fritz Anders ließ sich das nicht zweimal sagen, war er sich mit Elsa Wichert doch bereits sicher, dass sie beide für ihr Leben zusammengefügt waren. Nach seiner Rückkehr aus Westpreußen holte er sie als seine Frau nach Preußisch Bahnau, um gemeinsam mit ihr den neuen Arbeitszweig des Brüderhauses aufzubauen und zu betreiben und die Region und die Stationen der Brüder mit christlicher Literatur zu versorgen.

Nicht nur wegen der Buchhandlung wurde es im Haus enger. Auch deshalb, weil die Zahl der Brüder weiter zunahm. 1911 wurde die Enge bedrängend, und die Brüderhausleitung begann, über schnelle Abhilfe nachzudenken. Es musste wohl gebaut werden. Hatte nicht die Missionsschule im fernen Liebenzell auch ein Haus gebaut, ohne vorab die Mittel verfügbar zu haben? Ihr Leiter, Pastor Heinrich Coerper, hatte auf einer Konferenz in Königsberg sehr bewegend davon berichtet, dass Gott den Glaubensmut der Brüder nicht enttäuscht und die Mittel nach den Erfordernissen zur Verfügung gestellt habe. Was im fernen Schwarzwald möglich war, sollte auch im »Land der dunklen Wälder« möglich sein, ging es Pastor Carl Lange durch den Sinn. Er besprach die Sache zunächst mit seinem himmlischen Herrn, dann mit Ernst Aeschlimann und danach mit den Brüdern. Alle waren sich einig, die Angelegenheit ganz Gott zu überlassen nach dem bewährten Grundsatz »aus Glauben in Glauben« oder auch im Vertrauen auf die »Zufälle« Gottes. Einig waren sie sich auch darin, im Sinne dieses Vertrauens nach außen über die Sache völlig zu schweigen und zu erwarten, wie Gott damit umging.

Innerhalb weniger Tage nach dieser Entscheidung kamen aus Tilsit, Thorn und aus Schlesien überraschende 9 000 Mark zusammen. Welch eine Bestätigung des Vorhabens! Und dieses Geld war nur der Grundstock. Die Spenden flossen in unterschiedlichsten Beträgen und füllten die Baukasse auf. Gespendete Naturalien entlasteten die Brüderhauskasse zugunsten des

Neubaus zusätzlich. Die Bahnauer kamen aus dem Staunen nicht heraus.

Dann benutzte Gott einen merkwürdigen Boten, um den Hausbau in die Gänge zu bringen. Ein Maulwurf hatte auf seiner Wiese an der Bahnau etwas unterhalb des Dorfes neue Gänge gegraben. Was er als Haufen nach oben geschoben hatte, war nicht irgendwelcher Wiesenboden, sondern Kies, richtiger, guter Kies, aus dem man vorzüglich Steine herstellen konnte. Emil Flemming kannte dieses Material aus den Gruben von Rosenberg, von wo er es schon ein paar Mal für kleinere Umbaumaßnahmen hatte holen müssen, zuletzt, als es um die Erweiterung der Küche gegangen war. Innerlich bereits begeistert von diesem Zeichen des Himmels, brachte der Mann diese überraschende Nachricht mit nach Hause. Dabei hatte er zunächst nur einen Gedanken, den er als Erstes mit seiner Anna bereden wollte.

Die war sofort ähnlich begeistert wie ihr Mann. »Musst gehen sofort zum Herrn Pastor und berichten«, schickte sie ihn auf den Weg. »Wirst sehen, Maulwurf ist Zufall Gottes, und wird sein mehr Kies im Boden.«

Emil befolgte umgehend den Auftrag seiner Frau. Noch am selben Tag nahmen die Männer der Hausleitung und ein paar fachkundige Brüder die frischen Maulwurfshügel und den Boden darunter in Augenschein. Dabei schlossen sie sich Emils Vermutung an. Wenn von diesem Material noch mehr im Boden war, lohnte es sich wirklich, Steine für den Hausbau daraus herzustellen.

Nach der Ortsbesichtigung nahm die Sache einen schnellen Fortgang. Nachdem sich zur Verwunderung und großen Freude aller erwiesen hatte, dass unter der Grasnarbe tatsächlich reichlich Flusskies vorhanden war, wurde umgehend mit dem Abbau des Materials begonnen. Mittels Zement aus Rosenberg, einer geliehenen Mischmaschine und mehrerer hölzerner Formen stellten die Brüder und einige freiwillige Hilfskräfte eine große Menge Steine her, die sie dann auch bald zum Bau des neuen Hauses verwendeten. In kürzester Zeit – der Unterricht wurde für einige Zeit stark verringert oder fiel tageweise ganz aus – waren die Baugrube ausgehoben, die Fundamente gelegt und die Mauern für zunächst ein Stockwerk hochgezogen. Die zinzendorfsche Strophe der ersten Brüder in Vandsburg bekam plötzlich eine ganz neue, durchaus gute irdische Bedeutung: »Wir wolln uns gerne wagen, / in unsern Tagen / der Ruhe abzusagen, / die's Tun vergisst. / Wir wolln nach Arbeit fragen, / wo welche ist, / nicht an dem Amt verzagen, / uns fröhlich plagen / und unsre Steine tragen / aufs Baugerüst.«

Mit der Genehmigung der Baubehörden in Heiligenbeil wurden dann auf die starken unteren Mauern ein weiteres Stockwerk und ein Dachgeschoss gesetzt. Danach erhielt der Bau ein schönes, ziegelgedecktes Walmdach. So war endlich Platz geschaffen für die Werkstätten der Handwerksbrüder, dazu für einen großen Lehrsaal und etliche Wohn- und Schlafräume für die Brüder.

Als das Haus schließlich fertiggestellt war, waren auf wunderbare Weise auch die letzten Rechnungen bezahlt. Der Glaube an die Hilfe und Fürsorge Gottes hatte sich wieder einmal bewährt. Zum Zeugnis dafür erhielt das »Brüderhaus« – so wurde dieses Gebäude künftig genannt, um es vom »Stammhaus« zu unterscheiden – die Wandaufschrift: »Keiner wird zuschanden, der dein harret. Psalm 35,3«.

Auf dem First des Hauses brachten die Brüder eine weithin sichtbare eiserne Windrose an mit dem Hinweis auf die vier Himmelsrichtungen und einer deutlichen Spitze, die zwar als Blitzableiter dienen, die aber viel mehr auf die fünfte Himmelsrichtung hinweisen sollte. Die Richtung nach oben war nun einmal die wichtigste. Auf dem Schaft drehte sich eine kunstvolle Windfahne, auf der »Matth. 6,33« deutlich zu lesen war. Das Leitwort der »Bahnauer Bruderschaft« sollte den Bewohnern des Geländes und des Dorfes wie auch den Gästen bei dem Blick nach oben stets vor Augen sein: »Trachtet am Ersten nach dem Reiche Gottes und seiner Gerechtigkeit, so wird euch solches alles zufallen.«

Übrigens erhielt das Werk durch den Bau des »Brüderhauses« im »Stammhaus« auch etliche Zimmer, die einem wachsenden Mangel abhalfen: Sie konnten fortan als Gästezimmer genutzt werden, nahm doch die Menge der Besucher, die die Arbeit kennenlernen oder für ein paar Tage begleiten wollten, stetig zu. Zudem brauchten die Brüder, die von ihren Einsatzorten in Urlaub kamen, einen Wohnplatz, der ihnen und bald auch ihren Familien gute Erholung bot. Platz wurde zunehmend ebenso gebraucht für die Teilnehmer an Bibelrüstkursen für ehrenamtliche Mitarbeiter aus den Gemeinschaften, den EC-Jugendbünden, der Blaukreuz-Arbeit und für die vielen auswärtigen Gäste bei den Brüderkonferenzen, die jeweils Ende August/Anfang September ihren Platz im Jahresablauf fanden.

So nahm die Arbeit des Gemeinschafts-Brüderhauses nach innen und außen einen guten und gesegneten Fortgang. Und wenn es doch gelegentlich einmal ein Gewitter gab, so zeigte sich danach immer wieder ein Regenbogen als Zeichen der Zusage Gottes, wie bereits an seinen Knecht Noah, dass nicht aufhören solle »Saat und Ernte, Frost und Hitze, Sommer und Winter, Tag und Nacht«. Und gab es einmal dunkle Tage, an denen Sorgen und Nöte die Bahnauer drückten und Glaube und Vertrauen auf eine harte Probe gestellt wurden, so schien doch danach auch immer wieder die Sonne, die Lob und Dank und neue Freude aufkommen ließ.

Preußisch Bahnau und der Krieg

Dann braute sich allerdings auch über Ostpreußen das Gewitter zusammen, das sich bereits über weite Teile Europas wie über das Deutsche Reich gelegt hatte und dessen furchtbare Entladung immer näher kam. Die schnell wachsenden Spannungen zwischen dem Deutschen Reich und seinem westlichen Nachbarn Frankreich, das seine Niederlage im Krieg 1870/71 nicht verwunden hatte, und die erheblichen Interessenkonflikte zwischen der k.u.k. Monarchie Österreich-Ungarn einerseits und Serbien und der panslawistischen Bewegung Russlands auf dem Balkan andererseits heizten das politische Klima in Europa unerträglich an. Als am 28. Juni 1914 der österreich-ungarische Thronfolger Erzherzog Franz Ferdinand im bosnischen Sarajewo von serbischen Nationalisten ermordet wurde, drohte das Pulverfass zu explodieren. Zwischen den Staaten Europas begann eine Phase hektischer diplomatischer Bemühungen, um die Katastrophe im letzten Moment zu verhindern. Vergeblich. Nachdem ein österreichisches Ultimatum an Serbien unbeachtet blieb, erklärte die k.u.k. Monarchie dem Nachbarn am 28. Juli 1914 den Krieg.

In den folgenden Tagen überschlugen sich die Ereignisse. Russland, das dem Deutschen Reich wegen dessen vertraglicher Bindungen an Österreich-Ungarn feind war – die beiden Staaten bildeten mit ihren Verbündeten Bulgarien und Osmanisches Reich die sogenannten Mittelmächte –, ordnete umgehend die Generalmobilmachung an. Die deutsche Reichsregierung reagierte mit der Kriegserklärung an den östlichen Nachbarn Russland. Weil Frankreich mit Russland verbündet war und auf eine Anfrage ausweichend geantwortet hatte, wie es sich jetzt verhalten würde, folgte am 3. August auch gegen den westlichen Nachbarn die deutsche Kriegserklärung. Nachdem einen Tag später die deutschen Truppen bereits in Belgien einmarschiert waren, trat auch England in den Krieg ein, und zwar auf der Seite Russlands und Frankreichs.

Das Pulverfass war explodiert. In Europa herrschte Krieg. Er erreichte Ostpreußen bereits nach wenigen Wochen. Im Süden der Provinz sammelte und formierte sich die 8. Armee unter dem Oberbefehl des Generals Paul von Hindenburg und seines Generalstabschefs General Erich Ludendorff. Die beiden hatten die Aufgabe, sich den von Osten her erwarteten Angriffen der russischen Armeen entgegenzustellen.

Die Not im Land wurde groß, und auch an Preußisch Bahnau ging sie nicht vorüber. Im Gegenteil. Mit der Mitteilung vom 1. August, dem Nachbarn Russland sei der Krieg erklärt, kamen auch die Einberufungsbefehle für die Männer der Bruderschaft an der Bahnau wie auf den Stationen. Beinahe alle waren aufgefordert, ihren Dienst »für Volk und Vaterland« zu leisten. Sie hatten sich umgehend in den angegebenen Kasernen einzufinden, um dort ihren Marschbefehl entgegenzunehmen und sich mit ihren Einheiten dem Feind entgegenzustellen. Für die Kärntner Brüder hieß es, in die Heimat abzureisen. Dort wartete auf sie wahrscheinlich auch der Kriegsdienst. Lediglich die Schweizer Brüder – und das galt auch für Ernst Aeschlimann – brauchten nicht mit Einberufungen zu rechnen, da ihr Land sich zwischen den Krieg führenden Staaten neutral verhielt. Dennoch reisten auch sie in ihre ferne Heimat. Dort war ihr Leben in Sicherheit.

Was aber war mit den Brüdern auf den baltischen Stationen, zum Beispiel mit Bruder Hagenau, der vor ein paar Jahren von Kärnten nach Pernau in Lettland versetzt worden war und jetzt in Libau in Kurland die Blaukreuz-Gemeinschaft und die EC-Jugendbundarbeit leitete? Ihm und den anderen dort im Norden war die Rückkehr ins Reich verwehrt. Zu vermuten war, dass die Russen sich der deutschen Bevölkerung bemächtigten und also auch die Brüder und ihre Familien in irgendeiner Weise in Gewahrsam nahmen, vielleicht irgendwohin deportierten oder auch kurzen Prozess mit ihnen machten. Nicht auszudenken, was sich jenseits der Grenze alles ereignen konnte.

Die Ungewissheit über das eigene künftige Schicksal, wie über das Geschick der Geschwister im Reich und im Baltikum lag schwer auf den Herzen der Männer, die sich am Abend des 1. August zu einem bewegenden Abschiedstreffen im Saal des Brüderhauses versammelten. Sie wollten gerne den Zuspruch des Hausvaters auf- und mitnehmen, den er aus dem Wort Gottes weitergab: »Und siehe, ich bin mit dir und will dich behüten, wo du hinziehest, und will dich wieder herbringen in dies Land.

Denn ich will dich nicht lassen, bis ich tue alles, was ich dir geredet habe« (1. Mose 28,15). Welch eine Verheißung an den Erzvater Jakob! Welch eine Verheißung an Gottes Leute in dieser schwierigen Zeit!

Nach der Predigt gingen die anwesenden Männer auf ihre Knie – die Frauen versammelten sich zu gleicher Zeit in einem anderen Raum ebenfalls zu einer Gebetsgemeinschaft, die Frau Pastor leitete –, um im gemeinsamen Gebet Gott das zu sagen, was ihnen in dieser besonderen Stunde auf der Seele brannte. Ewigkeitsluft füllte dabei den Raum, war sich doch jeder Beteiligte sicher, dass dieses Zusammensein das letzte in der Bruderschaft sein konnte. Niemand vermochte zu sagen, wie Gottes »Hut« aussah und ob »dies Land« auch wieder Preußisch Bahnau heißen würde. Das stand bei Gott. Jetzt galt es, sich mit Leib, Seele und Geist für Leben und Sterben dem Herrn über Leben und Tod ganz neu zu weihen und sich seiner Führung anzubefehlen, um dem Recht des Staates Genüge zu tun. An diesem Abend bekam das Lied, das seit jenem Anfang in Vandsburg vor acht Jahren jeweils am Beginn eines neuen Kurses gesungen wurde, eine ganz andere, völlig neue Bedeutung. Dabei war mit »König« auch heute nur der himmlische gemeint, wenngleich es galt, im grauen Rock dem irdischen zu dienen:

»Sieh, hier bin ich, mein König, ich weihe mich dir, / nimm, gebrauche mich, Herr, wo du willst ...

Sieh, hier bin ich, mein König, und ist meine Hand / nicht geschickt für den vordersten Streit, / so verzäune die Lücken und bessre das Land / doch durch mich, denn ich bin dir geweiht ...

Sieh, hier bin ich, mein König, ob niemand es weiß, / wenn dein Auge nur über mir wacht, / wenn ich da, wo ich steh, tu nach deinem Geheiß, / bin ich glücklich bei Tag und bei Nacht ...

Mach, was klein dir, mir klein, / was dir groß ist, mir groß, / dass ich folge dir, Jesus, allein. / Mach vom eigenen Sinn, / von mir selber mich los, / lass ein brauchbares Werkzeug mich sein.«

Nach der Feier des Heiligen Abendmahls – jetzt war die Hausgemeinde wieder zusammen – und dem gemeinsamen Beten des 121. Psalms: »Ich hebe meine Augen auf zu den Bergen, von welchen mir Hilfe kommt. Meine Hilfe kommt von dem Herrn, der Himmel und Erde gemacht hat ...«, ging die Versammlung still auseinander. Da hatte jetzt jeder mit sich und seinen eigenen Gedanken zu tun und mit der Frage, wie wohl die Gedanken Gottes zu verstehen seien.

Auch Anna und Emil Flemming verstanden die Gedanken Gottes nicht. Der Brüderhaus-Landwirt hatte sich bis zum Abend des 2. August in der Gneisenau-Kaserne in Heiligenbeil zu melden. Nur eine kurze Strecke von drei Kilometern. Doch welch ein schwerer Weg! Nein, warum nur musste auch er die Einberufung erhalten?, ging es dem Mann durch den Kopf. Und das ausgerechnet jetzt, wo sich endlich ein kleiner Flemming angemeldet hatte, auf den die beiden so viele Jahre hatten warten müssen.

»Musst nicht sein traurig, Emilchen«, versuchte Anna ihren Mann zu trösten, als die beiden vor dem Schlafengehen an diesem denkwürdigen ersten Augustabend noch für eine Weile dicht beieinander auf der Bank vor ihrem Häuschen saßen. »Wirst sehen dein Kind. Gott wird dich hüten und herbringen an diesen Ort. Ist meine Zuversicht und mein Glaube. Wird sein so nach Gottes Willen. Ist doch dein Spruch, Mannchen.«

»Hast recht, mein Ännchen«, bestätigte Emil mit einem tiefen Seufzer und streichelte ihr dabei mit der freien Hand ihren leicht gewölbten Bauch. »Ist mein Spruch. Spricht sich aber sehr schwer heute.«

»Gilt trotzdem, Emil. Wird sein so nach Gottes Willen«, wiederholte Anna ihre Überzeugung und kuschelte sich noch dichter an ihren Mann. Dann schwiegen die beiden eine ganze Weile. Sie hörten wohl jeder in sich hinein und befassten sich mit den eigenen Gedanken. Vielleicht hörten sie auch auf die Grillen, die die laue Abendluft erfüllten. Oder sie versuchten zu deuten, was die Käuzchenrufe sagen könnten, die von den Uferbäumen an der Bahnau zu hören waren. War es nicht eine verbreitete Volksmeinung, dass Käuzchenrufe am Abend Unheil verkündeten?, fragte sich Emil bang.

Als hätte sie seinen Gedanken gelesen, wiederholte Ännchen: »Musst nicht sein traurig, Emil. Wirst sehen unser Kind. Musst noch sagen, wie es soll heißen.«

»Heiß es Johann, wenn es ist ein Jungchen«, antwortete Emil nach einer Weile.

»Ist guter Name, Emil. Heißt ›Gott ist gnädig‹«, bestätigte die werdende Mutter. »Und wenn es wird sein ein Mädchen?«

»Dann heiß sie Johanna. Ist dasselbe«, gab Emil zurück und fügte nach einem kurzen Nachdenken an: »Wirst dem Kind erzählen von mir?«

Nach dieser schlimmen Frage löste sich Anna ruckartig aus Emils Arm. »Was sagst da? Was ist das?«, fragte sie mit deutlicher Empörung in der Stimme. »Willst bleiben im Krieg und dein Kind nicht sehen?«

Emil musste schlucken. Ein dicker Kloß hatte sich in seinen Hals gesetzt. Er antwortete nicht. In starker Erregung umfasste er sein Ännchen mit beiden Armen, zog sie an sich und verschloss ihr den Mund mit heftigen Küssen. Dann hatte er sich wieder gefasst. Und es klang fest und überzeugt, was er antwortete: »Hast recht, Ännchen. Wird sein so nach Gottes Willen. Werde ich sehen mein Kind. – Gehen wir ins Bett zusammen für jetzt noch einmal.« Damit stand der Mann auf, nahm sein Ännchen bei der Hand und zog sie hinter sich her, gewiss, dass diese Nacht für unbestimmte Zeit die letzte sein würde, dass es irgendwann aber weitere Nächte geben würde ...

Bis zum Nachmittag des folgenden Tages, einem Sonntag, hatte sich das Brüderhaus weitgehend geleert. Die jungen Männer und auch Fritz Anders waren unterwegs in eine unbekannte Zukunft, deren Ziel und Ende bei Gott stand. Für den Bücherbruder war es ausgerechnet am Tag nach der Geburt seiner zweiten Tochter.

Auch Herr und Frau Lehrer Aeschlimann waren bereits unterwegs, um mit ihrer kleinen Hannah in die Schweiz zurückzukehren. Ob es jemals ein Wiedersehen im Brüderhaus gab? Oder an einem anderen Ort?

Am Abend des 2. August 1914 war es nur noch eine kleine Schar von Leuten, denen Hausvater Carl Lange zum Tagesschluss tröstliche Worte zu sagen versuchte. Dabei hätte er doch selbst tröstende Worte nötig gehabt. Unter denen, die heute abgereist waren, befanden sich nämlich auch zwei seiner Söhne, beide noch nicht dreißig Jahre alt, die sich als Artilleristen bei den »Zweiundfünfzigern« in Königsberg melden mussten. Trotzdem bemühte sich der Hausvater um Festigkeit in der Stimme und um Zuversicht und Überzeugung in seiner Aussage: Gott würde es recht machen und die Brüder seine Wege führen. Und er würde auch für sie hier in Preußisch Bahnau alles recht machen und die Aufgaben zeigen, mit denen das Werk in der kommenden Zeit weitergehen sollte.

Schon bald gab es eine Menge zu tun für die Menschen im Dorf, denn Preußisch Bahnau füllte sich wie alle Ortschaften entlang dem Haff bereits wenige Tage später mit hunderten Flüchtlingen aus dem Osten der Provinz. Es waren überwiegend ältere Leute, Frauen und Kinder, die vor den mächtig anrückenden Russen ihre Heimatorte verlassen hatten in der Hoffnung, in den westlichen Landesteilen sicher zu sein. Die Männer der 8. Armee würden den Feind schon aufhalten und zurückdrängen, zumindest würden sie ihn am weiteren Vorrücken hinein ins Ermland hindern.

Auch die Häuser und das Gelände des Brüderhauses füllten sich mit Flüchtlingen, die nur mit dem Notdürftigsten auf dem Leib hier Quartier suchten. Ein paar hundert wollten versorgt werden, und ihre Pferde durften auch nicht hungern. Wie gut – die Keller, Kammern und Scheunen gaben so viel her, dass sie alle für eine gute Weile versorgt werden konnten. Es wurde zwar eng in den Räumen einschließlich der Säle, aber jeder bekam für die Nacht irgendwo seinen Schlafplatz. Tagsüber spielte sich das Leben ohnehin eher im Freien ab, und die Tiere waren an das Leben unter freiem Himmel gewohnt.

Das Feuer im Küchenherd ging in diesen Tagen nicht aus, und die Köchin, Frau Gerber, Anna Flemming und Frauen aus der Menge der »Gäste« legten Schäl- und Schneidmesser, Rühr- und Schöpflöffel tagsüber kaum aus der Hand. Gut, dass die Flüchtlinge sich nicht nur bedienen und versorgen ließen. Wer konnte, legte mit Hand an, so dass Garten- und Feldarbeit weitergingen. August Kohn, der Junggeselle, an dem die Einberufung wegen seines Alters – er war bereits 56 – vorbeigegangen war, brauchte die Arbeit nur sinnvoll einzuteilen. Sie wurde im Garten und auf den Wiesen und Feldern gerne und gut getan, waren doch die meisten der Flüchtlinge selbst vom Land.

Für Pastor Carl Lange ergaben sich mit der besonderen Situation besondere Möglichkeiten, die er gerne aufgriff. Die vielen Menschen aus dem Hockerland, aus der Gegend von Gumbinnen, von jenseits der masurischen Seen und aus der Rominter Heide sollten auch geistlich versorgt werden. So bot der Hausvater beinahe täglich an, vor Tagesschluss das Evangelium zu hören, den bereits vorhandenen Glauben zu stärken und auch sich ganz neu Glauben schenken zu lassen. Die meisten Leute waren dankbar für diesen Dienst, und sie kamen auch aus ihren Quartieren im Dorf, um zu hören, zu singen und zu beten. Die geistliche Gemeinschaft und der Zuspruch aus Gottes Wort war vielen Balsam für ihre Seele.

Seine Frau, Maria Lange, kümmerte sich um Frauen und Kinder, soweit ihr das gerade geborene Töchterchen Margret die Zeit dazu ließ, hielt für die Frauen erbauliche Stunden und Sonntagsschule für die Kleinen. Elsa Anders half ihrer Frau Pastor, soweit ihr das mit zwei kleinen Kindern möglich war. Auch andere Frauen ließen sich in diese Arbeit einbinden. So wurden die Kriegswochen trotz vieler Mühen und Einschränkungen für die

Menschen auf dem Brüderhaus-Gelände doch eine gute und gesegnete Zeit.

Bis Ende September waren die Reste der russischen Armee hinter die Grenzen des Reiches zurückgedrängt. In der Schlacht bei Tannenberg war es den deutschen Heeresverbänden in den Tagen vom 26. bis 31. August gelungen, die russische Narew-Armee zu vernichten. Die Njemen-Armee wurde in der zweiten Septemberwoche an den masurischen Seen besiegt. Damit war Ostpreußen wieder frei vom Feind. Gegen Ende September wagten es die ersten Flüchtlinge, in ihre Heimatorte zurückzukehren. Dort wartete noch die eigene Kartoffel- und Rübenernte, wenn das Schlachtgetümmel davon noch etwas übrig gelassen hatte. Die Ernte in Bahnau war eingebracht und half, die zunächst Zurückbleibenden weiter zu versorgen. Was danach an Vorräten übrig blieb, sollte ausreichen, die Stammbewohner des Brüderhauses nicht Not leiden zu lassen. Die hatten es ohnehin gelernt, mit wenigem auszukommen. Die Not, die sie litten, war eine innerliche – dann, wenn sie schlechte Nachrichten von den Kriegsschauplätzen erhielten.

Die erste schlechte Nachricht war die vom Tod des Bruders Franz Czameitat, der im September bei den masurischen Seen in der Nähe des Ortes Lötzen an den Folgen eines Bauchschusses gestorben war. Die Bahnauer Bruderschaft hatte ihren ersten Gefallenen zu beklagen.

Dieser junge Mann blieb leider nicht der einzige. Sieben weitere Brüder traf bei ihren Einsätzen an der Front und in der Etappe dasselbe Schicksal, zwei galten als vermisst. Nach Kriegsende wurde im Speisesaal eine Gedenktafel für die gefallenen Brüder aufgehängt, die die zehn Namen enthielt, unter einem Satz, der von Hebräer 11,16 abgeleitet war: »Nun aber begehren sie eines besseren Vaterlandes.« Auf der Liste stand auch der von Hermann Gehrke; er hatte damals zur Vorhut der Brüder gehört, die das neue Brüderhausgelände zum Einzug des Werkes vorbereitet hatten.

Im November 1918 gab es noch einmal einen schwarzen Tag im Brüderhaus. Gleich zwei Briefe lagen bei der Post, die schon von ihrer äußeren Aufmachung erkennen ließen, dass sie keine guten Nachrichten enthielten. Der eine Brief brachte Pastor Lange und seiner Frau die traurige Nachricht vom »Heldentod« ihres ältesten Sohnes Ulrich. Der Schmerz im Pastorenhaus war groß, und doch trat für Frau Pastor der eigene ein wenig zurück hinter den, der Ännchen Flemming erfasste, als sie noch bei ihr in der Stube mit zitternden Händen ihren Brief geöffnet und die schlimme Nachricht vom Tod ihres Emil gelesen hatte. Frau Pastor hatte das so eingerichtet. Die junge Mutter sollte beim Öffnen der Post nicht allein sein. Diese Fürsorge erwies sich auch als richtig, denn hätte Maria Lange Anna Flemming nicht fest in die Arme genommen, die Jüngere wäre vor ihr zusammengebrochen und zu Boden gesunken. So aber hielt die Ältere die Jüngere eine Weile in den Armen, um sich mit ihr still weinend der Trauer und dem Schmerz hinzugeben.

Nach einer Weile hatte Anna sich ein wenig gefasst und schluchzte: »Hat er nicht mehr können erleben seine Ruth. Ist furchtbarer Krieg.«

Maria Lange nahm ein Taschentuch und wischte erst Anna und dann sich selbst die Tränen ab. »Hast recht, Anna, Krieg ist furchtbar. Dass es dich nun auch noch treffen muss.«

»Hat es viele getroffen, Frau Pastor, auch Sie«, brachte Anna stockend hervor, holte dann ein paar Mal tief Luft und seufzte leise: »Meine armen Kinderchen ohne ein Väterchen. Aber ist heilig der Weg Gottes. Muss annehmen und tragen diesen schweren Weg.«

Frau Pastor wartete einige Momente mit einer Antwort. Dann sagte sie: »So ist es, Anna. So heißt es im Psalm 77. Aber du darfst auch so beten wie Asaph.«

»Sagen Sie mir, wie ich soll beten, Frau Pastor«, bat Anna und schaute die Ältere mit ihren tränenverschleierten Augen fragend an.

Die antwortete: »Du darfst mit Psalm 80 beten: Gott, tröste uns und lass leuchten dein Antlitz, so genesen wir. Herr Zebaoth, tröste uns; lass leuchten dein Antlitz, so genesen wir.«

Anna Flemming blieb einen Moment still, als prägte sie sich diese Worte ein. Dann sagte sie: »Will so beten, Frau Pastor. Wird gut sein für mich.« Die Witwe raffte sich jetzt auf. »Danke, Frau Pastor. Muss gehen zu den Kinderchen. Muss erzählen ihnen von ihrem Vater.«

Noch einmal umarmten sich die beiden ungleichen Frauen, um sich dann zu trennen und den Schmerz und die Trauer für heute allein zu tragen.

Wäre Emil Flemming ein »Bruder« gewesen, hätte sein Name auch auf der Gedenktafel gestanden. So aber blieb er lediglich eingetragen in die Herzen der Leute, die mit Anna um ihn trauerten. Die junge Frau und Mutter von zwei Kindern litt lange Zeit große Not um ihr Emilchen. Seinen kleinen Johann hatte er noch kennenlernen dürfen, sein Töchterchen Ruth nicht mehr. Der Mutter blieb zu den Kindern der Trost aus dem Wort Gottes und die Gewissheit, ihren Emil einst in Gottes ewiger Herrlichkeit wiederzusehen. Dazu blieb der Auftrag, den Kindern eines Tages von ihrem Vater zu erzählen. Schmerzlich stand diese Frage ihres Mannes Ännchen immer wieder vor der Seele: »Wirst dem Kind erzählen von mir?« Ja, sie würde erzählen, wenn sie alt genug waren, um zu verstehen ...

Der Name des ältesten Lange-Sohns fand auch keinen Platz auf der Gedächtnistafel. Er war nämlich ebenfalls kein »Bahnauer«. An Ulrich Lange erinnerte künftig ein Gedenkstein im Garten. Sein jüngerer Bruder galt lange als verschollen. Umso größer war später die Freude von Frau Pastor und ihrem Mann und all denen, die Anteil nahmen – mancher mit einem leichten Anflug von Neid –, als er sich als entlassener Kriegsgefangener aus Berlin meldete. Gnädige Führung Gottes! Warum anderen diese Gnade nicht zufallen durfte, blieb Gottes Geheimnis. Das Bekenntnis in Psalm 77 hieß nun einmal so: »Gott, dein Weg ist heilig. Wo ist so ein mächtiger Gott, als du, Gott, bist?« Ja, Gottes Wege waren heilig. Dass Gottes Gedanken andere waren als menschliche, war und blieb seine Sache, die in jeder Lebenslage neu gelernt und gelebt sein wollte. Dabei waren sie doch immer Gedanken des Friedens …

Leichter zu lernen war ein ganz anderes: Gottes Geheimnis blieb es nämlich auch, auf welche Weise er die Freunde des Brüderhauses in der Nähe und in der Ferne dazu bewegte, dem Werk selbst in den notvollen Kriegsjahren jeweils finanziell unter die Arme zu greifen, wenn das Geld knapp war. Pastor Lange und seine Leute erlebten immer wieder sonderbare »Zufälle«. Fehlendes Geld kam oft gerade dann von irgendwoher, wenn es dringend gebraucht wurde. Im Sommer 1916 reichte der Kassenbestand sogar dazu, den Wirtschaftsbetrieb einer benachbarten Bäuerin mit allen Gebäuden und rund 60 Morgen Äcker und Wiesen zu erwerben. Dazu gehörte auch ein Insthaus, dessen Bewohner gerne in die Dienste der neuen Eigentümer treten wollten. Das Ehepaar Pelz war froh, Wohnung und Arbeit behalten zu können, hatten die beiden doch schon lange in guter und auch geistlicher Nachbarschaft mit den Brüdern gelebt.

Durch diesen Zukauf war das Brüderhaus künftig leichter in der Lage, seine Bewohner und seine zahlreichen Gäste mit dem zu versorgen, was für den täglichen Bedarf nötig war. Die Erträge aus dem Verkauf der Ernteüberschüsse von Gärten und Feldern oder auch aus der Veräußerung von Tieren der gewachsenen Viehhaltung halfen zudem, andere Kosten zu decken, wie solche für Heizmaterial, Baumaterial oder Ähnliches. Wenn doch nur der Krieg bald ein Ende nähme!

Er nahm dann endlich auch ein Ende, ein für Deutschland sehr unrühmliches. Nicht allein, dass das Volk mehr als 1,8 Millionen Tote zu beklagen hatte und mehr als 4,2 Millionen Verwundete und dass dieser Krieg beinahe 200 Milliarden Goldmark verschlungen hatte, nein, dem Reich wurde auch noch in scharfer Form die alleinige Kriegsschuld zugewiesen als dem »größten Verbrechen gegen die Menschheit und gegen die Freiheit der Völker«. Das bedeutete, dass die Reichsregierung sich dem Diktat des Friedens durch die Siegermächte gemäß den Bestimmungen des Versailler Vertrags vom 28. Juni 1919 beugen musste. Für die Menschen in Ostpreußen hieß das, dass ihre Heimatprovinz vom übrigen Reichsgebiet abgetrennt wurde und Reisen künftig über fremdes Staatsgebiet führten. Denn die Reichsprovinzen Posen und Westpreußen und das Gebiet um Soldau im südlichen Ostpreußen gingen an die Republik Polen, die am 11. November 1918 ausgerufen worden war. Der neue Staat erhielt damit einen »Korridor« zur Ostsee und in Gdingen den gewünschten Hafen. Das benachbarte Danzig wurde zur Freien Stadt und mit seinem Hinterland zum Freistaat unter dem Schutz des Völkerbundes.

Bisher hatten Deutsche und Polen in den betroffenen Gebieten einigermaßen friedlich miteinander gelebt. Aber da waren die Polen auch die gewesen, die unter deutscher, also für sie fremder Herrschaft leben mussten. Mit der politisch-geografischen Neuordnung drehten sich die Verhältnisse. Wie das menschliche Zusammenleben in Zukunft aussah und ob die Bahnauer Arbeit davon beeinflusst würde, musste die Zeit lehren. Zunächst musste es sich überhaupt zeigen, ob die Brüderhaus-GmbH als Ausbildungsstätte und geistliches Zentrum überhaupt weiter bestehen und arbeiten konnte und nicht dauerhaft auf seinen Betrieb als Gäste- und Rüstzeithaus begrenzt wurde.

Schwere Tage, Bewahrung und ein großes Fest

Gott bestätigte jedoch sein Werk Bahnau. Es konnte tatsächlich »aus Glauben im Glauben« mit seiner Arbeit dort anknüpfen, wo es 1914 hatte aufhören müssen. Im Laufe des Jahres 1919 kehrten die Brüder, die den Krieg überlebt hatten, einer nach dem andern nach Preußisch Bahnau zurück. Auch der Büro- und Bücherbruder Fritz Anders konnte sich zurückmelden, zur Freude seiner Frau und seiner inzwischen vier Kinder. So konnte er seinen Herrn Pastor auch wieder in dessen Büro- und Verwaltungsarbeit entlasten.

Weitere Brüder kehrten ebenfalls zurück, nachdem sie aus der Gefangenschaft entlassen worden waren. Von anderen kam Nachricht, dass sie aus schwerer russischer Lagerhaft im fernen Sibirien ins Baltikum zurückgekehrt waren und wieder bei der Arbeit seien, wenngleich unter erschwerten Bedingungen. Auch die Hagenaus waren wieder in Libau, und das bereits seit dem 1. August 1918. Welch gnädige Führung Gottes! Der geplanten späteren Berufung dieses Bruders in die Blaukreuzarbeit nach Königsberg stand wohl nichts mehr im Wege. Aber das würde sich ergeben.

Auch Lehrer Ernst Aeschlimann kam mit seiner Familie aus der Schweiz an seinen alten Arbeitsplatz zurück, und er brachte gleich ein paar junge, ausbildungswillige Burschen mit. Herr Pastor und Herr Lehrer bekamen wieder ihre eigentlichen Aufgaben, junge Männer für die Reichsgottesarbeit zuzurüsten. Nach vierjähriger Pause konnte noch im selben Jahr der erste Rüstkurs für ausgebildete Prediger durchgeführt werden, die danach ihre alten Plätze wieder einnahmen oder an neue ausgesandt wurden.

Der erste reguläre Ausbildungskurs für die Brüder konnte für Oktober 1920 geplant werden. Bis dahin füllte sich das Haus wieder mit 35 Schülern, die ihre Ausbildung hatten unterbrechen müssen, oder mit solchen, die neu dazukamen und den von ihnen erwarteten »b« entsprachen. Herrlich! Zum Loben und Danken!

Der allmächtige Gott bekannte sich zur Arbeit in Preußisch Bahnau und zur Bruderschaft der hier ausgebildeten Männer. Er, der Herr, machte es möglich, dass nach dem bewährten Tagesplan des Hauses künftig wieder »Viehtreiber« und »jauchzende Mistiker«, »Haarspalter«, »Mehlwürmer«, »Stopfnadeln« und andere »Fachleute« bei der praktischen Arbeit waren. Er ermöglichte auch den Neubeginn der beliebten regelmäßigen unterhaltsamen »Gesellschaftsabende« mit ihren musikalischen, deklamatorischen, schauspielerischen und sonstigen ernsthaften und fröhlichen Darbietungen aus der Bruderschaft für die Bruderschaft. Möglich wurden auch wieder die gelegentlichen »leuchtenden Tage«. Das waren Brüderausflüge zum Sandburgenbauen und Baden ans Haff, zum Wandern und Picknicken auf die Nehrung, zum Angeln und Fischen an oder auf einem Fluss oder See im Hinterland oder auch zum Erleben und Bestaunen von Landesgeschichte und Kultur in Königsberg, Marienburg oder einem anderen geschichtsträchtigen Ort.

Neben das ungezwungene, fröhliche Miteinander der Brüder bei ihrem praktischen Tun in ihren Arbeitsbereichen und bei allen möglichen Freizeitunternehmungen trat notwendig aber auch wieder das ernste gemeinsame Mühen im Unterricht und Einzelstudium. Hier galt es, in den verschiedenen Fächern zu lernen, was ein Verkündiger des Wortes Gottes wissen musste, damit seine Predigt nach der ständig wiederholten Vorgabe von Herrn Pastor angelegt und gestaltet war: »1. biblisch, 2. anschaulich und 3. gewissenbewegend«.

Auch in Zukunft konnte dabei nicht darauf verzichtet werden, dass jeder Bruder vor den anderen seine Probepredigt hielt, die anschließend von Herrn Pastor oder Herrn Lehrer und den lieben Mitbrüdern untersucht, zerpflückt und abschließend beurteilt wurde. Es konnte und durfte nicht unwidersprochen bleiben, wenn Mose in die Löwengrube gesteckt wurde, Lots Frau zur Salzsäure erstarrte, Jona drei Tage im Fisch des Bauches war, Juden mit ungegessenen Füßen nicht waschen durften, Petrus zur

Pistole griff und ähnliches mehr, was dem jeweiligen »Delinquenten« in der Aufregung über die Lippen kam. Bei diesen »Hinrichtungen« durfte also auch künftig wieder gezittert und geschwitzt, allerdings auch die wahre brüderliche Liebe geübt werden. Die Brüder mussten es lernen und üben, Lob und Tadel einerseits dosiert abzugeben, andererseits aber auch anzunehmen, ohne die Beziehungen untereinander zu beeinträchtigen. Das »Trachten nach dem Reiche Gottes« mochte bei den jungen Männern ja bestens ausgeprägt sein, das Predigen aber gehörte für kaum einen zu den gnädigen »Zufällen« ihres Gottes. Das mussten sie sich hart erarbeiten. Ein ausgezeichnetes Lernfeld für die jährlich neu zusammengesetzte Brüderschar und eine gute Möglichkeit der Bestätigung der verschiedenen »b« für den Einzelnen.

Manches andere ließ der oberste Herr der Brüderhaus-GmbH in der Folgezeit der Werksleitung, ihrer Mitarbeiterschaft und ihren anbefohlenen jungen Männer »zufallen«. Er ließ die neu geschenkte Arbeit regelrecht aufblühen, nach innen und außen, im geistlichen ebenso wie im weltlichen Bereich. Als wollte er seine Leute in Preußisch Bahnau für die Mühsale und Verzichte der Kriegsjahre entschädigen. So bereicherten Gastredner aus den verschiedenen Gnadauer Werken des gesamten Reiches wie dem Blauen, dem Weißen und dem Schwarzen Kreuz den Unterricht. Führende Männer aus der Liebenzeller Mission und der Rheinischen in Barmen, der Deutschen Zeltmission in Geisweid bei Siegen und ebenso aus anderen Ausbildungsstätten und Brüderhäusern wie St. Chrischona bei Basel und dem Johanneum in Barmen fanden den Weg ins Brüderhaus. Allen voran war es der alte und seit 1919 wieder neue Vorsitzende des »Deutschen Verbandes für Gemeinschaftspflege und Evangelisation (Gnadauer Verband)«, Pfarrer D. Walter Michaelis, der innige Freundschaft mit dem Gemeinschafts-Brüderhaus schloss. Dadurch ebneten sich auch neue Wege im Verband für den späteren Einsatz der Brüder nach Abschluss ihrer Ausbildung.

Die in Pastor Lange weiterhin gegebene Personalunion mit dem Ostpreußischen Gemeinschaftsbund öffnete erneut die Türen in die wachsende Gemeinschaftsarbeit in Ostpreußen, so dass sich den Schülern wieder ein weites Feld der Erprobung und Bewährung auf den Gebieten der Predigtlehre, Diakonie, Jugendarbeit, Musik und des Religionsunterrichts auftat.

Auch das andere, das sogenannte Weltliche, blühte in der Nachkriegszeit besonders auf:

Die bewährten Arbeitskräfte in der gewachsenen Land- und Forstwirtschaft und ihre tüchtigen Hilfen konnten sich in den Ställen des Brüderhauses um bis zu zehn Kühe und vier Pferde kümmern. Bis zu zwanzig Schweine mussten gefüttert werden, bis sie verkauft oder selbst geschlachtet wurden, und eine große Zahl Federvieh sorgte für die Eier- und Fleischproduktion. Vier große Gärten wurden mit Gemüse aller Art bestellt – die Brüderhaus-GmbH wurde zum größten Gartenbaubetrieb der Region –, und weit mehr als 100 Morgen Ackerland, Wiese und Wald wurden bewirtschaftet. Ob die zahlreichen Obstbäume und die hunderte Beerensträucher jemand genau aufgelistet hat? Jedenfalls überstieg der Ernteertrag den Eigenbedarf des Brüderhauses bei Weitem und bedeutete deshalb eine gute zusätzliche Einnahmequelle. Welch ein Segen!

Das Brüderhausgelände erhielt als Erstes in Preußisch Bahnau elektrischen Strom. Ein Bruder vom Fach, der »Stromer«, wie er doppelsinnig genannt wurde, ließ in seinem Werk die moderne Zeit anbrechen. Fortan blieben die Kerzenhalter und Petroleumlampen in die Schränke verbannt und wurden nur für den Notfall in Reserve gehalten, wenn der Strom einmal ausfiel.

Nach dieser Installation gab es bald eine eigene elektrisch betriebene Mühle zum Schroten des Futtergetreides für das Vieh und zum Ausmahlen des Brotgetreides für die eigene Bäckerei. Dafür gab es das kleine Backhaus an der Furt durch die Bahnau. Ein Bäckermeister aus Pillau auf der Nehrung hatte den Backofen »als einen Dienst dem Herrn« gebaut.

Die Anlage einer elektrischen Wäscherei wurde von zwei Gutsbesitzern, die während einer Konferenz in Königsberg von der dringenden Notwendigkeit einer solchen Anlage auf dem Brüderhausgelände erfahren hatten, auf eigene Initiative beschafft und bezahlt. Sie beauftragten einen Ingenieur, im Waschhaus der Bruderschaft zwei große Waschmaschinen und einen Trockenapparat zu installieren. Welch ein »Zufall« Gottes, welch ein Fortschritt! Für die Brüder fiel künftig der sehr arbeitsintensive regelmäßige Waschtag aus. Sie konnten die gewonnene Zeit für ihre Studien nutzen.

Die Buchhandlung wuchs dermaßen schnell, dass sie noch im Jahr 1921 nach Rosenberg verlegt werden musste. Fritz Anders konnte mit seiner inzwischen siebenköpfigen Familie in der kleinen Hafenstadt eine werkseigene Wohnung beziehen, die es dort an der Hauptstraße nach Heiligenbeil bereits gab und in der für den Laden, das Büro und die Wohnräume eine Etage freigemacht wurde. (Die Brüderhaus-GmbH hatte nach Kriegsende am Stadtrand von Rosenberg eine aufgeschlossene Kiesgrube erstanden, die sie seitdem unter der Verwaltung eines Schweizer Bruders erfolgreich betrieb. Diesem Mann, ein stiller Mensch ohne Redegabe, lag diese Aufgabe besser als geistlicher Gemeindedienst.)

Mit dem Umzug nach Rosenberg war eine wesentliche Erleichterung des Schriftenversands verbunden, denn der Ort hatte ein eigenes Postamt. Die Bücherpakete mussten nicht mehr aus der Kreisstadt mit dem Pferdefuhrwerk über Land gefahren werden. Briefpost ließ sich auch mit dem Fahrrad oder zu Fuß transportieren. Und an jedem Tag war irgendjemand zwischen Rosenberg und Preußisch Bahnau unterwegs, der dann auch die leichte Post zum Versand mitnehmen und die fürs Haus angekommene mitbringen konnte.

War es nicht auch als eine besondere Gnade zu werten, dass Ostpreußen als Teil der neuen Deutschen Republik eine Art Inseldasein führte? Die politischen Wirren und Ereignisse der ersten

Nachkriegsjahre um die Münchener Räterepublik, den gescheiterten Berliner Kapp-Putsch, die kommunistischen Aufstände in Hamburg, im Ruhrgebiet und anderswo, die politischen Morde an Karl Liebknecht, Rosa Luxemburg, Kurt Eisner, Walter Rathenau und anderen, der versuchte Hitlerputsch in München und manche andere politisch-chaotische Erscheinung gingen an der östlichsten Region des Reiches weitgehend vorbei. Andere Entwicklungen freilich nicht. Die wachsende Teuerung, die das Reich erfasste, traf auch die Menschen in Ostpreußen und machte ihnen das Leben schwer. Sie führte auch hier zu Preisen, die schließlich nur noch in Billionen-Werten zu messen waren. Die Wirtschaftsgüter, die gekauft werden mussten, waren bald überall nur noch mit dicken Bündeln wertlosen Papiergelds zu bezahlen oder eben gar nicht mehr.

Auch hier empfanden die Menschen es dann als ein Wunder, wie das Deutsche Reich in den lediglich hundert Tagen der Kanzlerschaft Gustav Stresemanns aus Inflation und politischem Umsturz gerettet und auf einen neuen Weg gestellt wurde, nicht zuletzt auch durch die Öffnung der Rentenbank am 15. November 1923, die mit der Rentenmark eine neue und hilfreiche Übergangswährung schuf und den Weg zur späteren Einführung der Reichsmark ebnete.

Die Brüderhaus-GmbH in Preußisch Bahnau blieb in diesen wirren Jahren vor vielem verschont, was anderenorts auch für christliche Werke katastrophale Züge annahm. Ob das daran lag, dass die Blicke der Brüder und Schwestern auf dem Gelände immer wieder in die fünfte Himmelsrichtung hinaufgingen zur Wetterfahne mit der Erinnerung an »Matth. 6,33«: »Trachtet am Ersten nach dem Reiche Gottes und seiner Gerechtigkeit, so wird euch solches alles zufallen«? So wie der Glaube an diese Zusage des Herrn Jesus Christus immer wieder neu gefordert war, so trieb er auch immer wieder ins Gebet und bewährte sich im Festhalten an der Verheißung. Die Schweizer Freunde und die beiden Brüder, die als Prediger in Nordamerika im Einsatz waren, setzten gerade während der Inflationszeit in Deutschland ihre heimatlichen Fränkli und Dollar ein, um dem Werk zu helfen. Das musste wohl den »Zufällen« Gottes zuzurechnen sein als seine Antwort auf das Vertrauen der Bahnauer in seine Zusagen.

Im Sommer 1924 trat im Bahnauer Brüderhaus ein Ereignis ein, das sich für viele Monate wie ein dunkler Schatten über die Bewohner und die Arbeit legte. Frau Pastor Lange, die beliebte Hausmutter, wurde von einer tückischen, schmerzhaften Krankheit befallen. Ärztliches Bemühen verhalf ihr nicht zu einer Besserung. Sie wurde zunehmend schwach und bettlägerig und musste gepflegt werden. Anna Flemming bekam den Auftrag der besonderen Fürsorge. Die junge Witwe war selbstverständlich sofort bereit, ihre Aufgaben in der Hauswirtschaft abzugeben und den Dienst im Pastorenhaus zu übernehmen. Ihre beiden Kinder waren jetzt groß genug, dass sie täglich für einige Stunden allein sein konnten, wenn sie nicht ohnehin in der Schule waren.

Frau Pastor war Anna seit der gemeinsamen Trauer um ihre Gefallenen zu einer lieben mütterlichen Freundin geworden, ein Vorbild im Glauben und Handeln, im Dulden und Tragen und im angemessenen Umgang mit den Wechselfällen des Lebens. Jetzt konnte die Jüngere ein wenig ihren Dank abstatten für das, was ihr die Ältere geworden war. Über Monate war sie täglich einige Stunden bei ihr, um der noch nicht sechzigjährigen Frau notwendige Handreichungen zu tun oder um nur bei ihr zu sein, wenn Maria Lange einen Menschen in ihrer Nähe brauchte und ihr Mann nicht für sie da sein konnte.

Ännchen musste ihr dann einen Bibelabschnitt oder auch einmal eine Predigt vorlesen, einen Artikel ihres Mannes für den »Brüderbrief«, für die »Mitteilungen« oder das »Monatsblatt«. Sie musste sie auf dem Laufenden halten über das, was sich auf dem Brüderhausgelände gerade tat und welche besonderen Arbeiten anstanden. Sie musste die dringenden Gebetsanliegen der

Brüder ausforschen und mitbringen, wenn persönliche Begegnungen und Gespräche mit den jungen Männern nicht möglich waren. Frau Pastor machte diese Anliegen dann immer wieder zu ihren eigenen. Das vermochte sie nämlich noch: beten und die Anliegen des Werkes, dem sie nun nicht mehr so recht Hausmutter sein konnte, in kindlicher Weise vor Gott bringen.

»Weißt du, Ännchen«, sagte sie bei einer solchen Gelegenheit im Herbst 1925, als sie offenbar bereits fühlte, dass ihre Zeit zu Ende ging, »die Schrift sagt im Psalm 145, dass der Herr allen nahe ist, die ihn mit Ernst anrufen. Und ich möchte, dass er mir ganz nahe ist.«

Ännchen wusste zu antworten: »Sagt die Schrift auch bei Jakobus im fünften Kapitel: ›Des Gerechten Gebet vermag viel, wenn es ernstlich ist.‹«

»Sagt sie«, bestätigte die Kranke. »Jakobus schreibt es nach der Aufforderung zum Gebet um die Genesung von Kranken.« Sie atmete ein paar Mal schwer, weil sie wohl gerade wieder ein heftiger Schmerz durchfuhr. Dann fuhr sie fort: »Ich fühle, dass dieses Gebet für mich nicht mehr notwendig ist. Nein, ich weiß, ich soll nicht mehr gesund werden. Ich will es auch nicht mehr. Ich möchte brennend gern zum Heiland gehen.«

Ännchen hielt bei diesem Satz für einen Moment die Luft an. Dann sagte sie: »Wird sein gnädig unser Gott und tun nach seinem Willen.« Nach einigen Momenten des Schweigens fragte sie: »Hat Frau Pastor noch welchen Wunsch?«

»Nur noch einen«, antwortete Maria Lange. »Herr Pastor kennt ihn. Ich möchte noch einmal mit den Mitarbeitern und den Brüdern das Abendmahl feiern mit einer Andacht zu Römer 4, Vers 5. Lies mir bitte vor, was der Apostel Paulus da geschrieben hat.«

Ännchen schlug die Bibel auf und las: »Dem aber, der nicht mit Werken umgehet, glaubet aber an den, der die Gottlosen gerecht macht, dem wird sein Glaube gerechnet zur Gerechtigkeit.«

»Ist gutes Wort«, fügte die jüngere der beiden Frauen hinzu.

»Hat oft gepredigt Herr Pastor über Gerechtigkeit durch den Glauben.«

»Das war sein Thema und ist es noch«, bestätigte die Kranke, und mit deutlich ermüdeter Stimme fuhr sie fort: »Abraham war und ist sein großes Vorbild. Lies mir noch die letzten Verse aus Römer 4, Ännchen. Und dann möchte ich schlafen.« Sie tastete nach Annas Hand. »Danke, Ännchen. Gott segne dich!« Sie schloss die Augen.

Ob sie in diesem Moment schon eingeschlafen war? Ännchen las trotzdem, wobei ihr das Sprechen ein wenig Mühe machte. Ein Kloß hatte sich ihr in den Hals gesetzt. Sie las ab Vers 20: »Abraham zweifelte nicht an der Verheißung Gottes durch Unglauben, sondern ward stark im Glauben und gab Gott die Ehre; und wusste aufs Allergewisseste, dass, was Gott verheißt, das kann er auch tun. Darum ist es ihm auch zur Gerechtigkeit gerechnet. Das ist aber nicht geschrieben allein um seinetwillen, dass es ihm zugerechnet ist, sondern auch um unsertwillen, welchen es soll zugerechnet werden, so wir glauben an den, der unsern Herrn Jesum auferwecket hat von den Toten, welcher ist um unserer Sünde willen dahingegeben und um unserer Gerechtigkeit willen auferwecket.«

Welch eine heilige Stunde, ging es Anna Flemming durch den Sinn, und sie wischte sich eine Träne aus dem Augenwinkel. »Habe ich zu danken, Frau Pastor«, sagte sie leise und räumte ihren Platz für Carl Lange, der während der letzten Worte aus dem Römerbrief leise eingetreten war. »Wenn es möglich ist, feiern wir morgen das gewünschte Abendmahl«, sagte er ebenso leise und drückte Anna die Hand als Dank für ihren Dienst für seine Frau. »Und ich spreche über den Abschnitt aus Römer 4.«

Am Donnerstag, dem 1. Oktober 1925, ging Frau Pastor Maria Lange still und selig, »gerecht aus seiner Gnade« (Römer 3,24) zu ihrem Heiland. Das gewünschte Abendmahl hatte sie noch feiern können, wenn auch nur in ihrer Stube und in einem kleinen Kreis von Brüdern und engsten Mitarbeitern. Einige Tage später wurde sie unter bewegender Anteilnahme der großen Bruderschaft, der Bevölkerung des Dorfes und vieler Geschwister aus der Region auf dem Friedhof in Heiligenbeil beerdigt. Ein herber Verlust für den Hausvater und seine zwölfjährige Margret. Zum zweiten Mal musste Carl Lange seine Ehefrau und Mutter seines Kindes zu Grabe tragen. Für den Einundsechzigjährigen war es eine schwere Last, die ihm sein Gott auflegte. Der Mann hatte eine ganze Weile schwer daran zu tragen. Gut, dass er den kannte und ihm angehörte, der zwar Lasten auflegt, aber zugleich hilft, sie zu tragen. Auch durch das Mittragen der Brüder konnte er bald wieder zurückkehren zum täglichen Lob dieses Gottes.

Ein großer Verlust war es auch für Ännchen, fehlte ihr doch jetzt die mütterliche Freundin, und sie fehlte ihr sehr. Wem sollte sie nun ihre kleinen und großen Kümmernisse und ihre Freuden anvertrauen? Wer war ihren Kindern jetzt Großmutter, wo es die beiden Großmütter in Heiligenbeil nicht mehr gab?

Aber auch für die Bruderschaft war der Tod der Hausmutter ein schwerer Verlust, war Frau Pastor doch für manchen jungen Mann wirklich eine Mutter gewesen, die sich um seine persönlichen Wehwehchen und handfesten Sorgen gekümmert hatte. Auch um die Kleidung und Wäsche der jungen Männer, um ihre Geburtstage und ihre Weihnachten, an denen sie nicht nach Hause fahren konnten, hatte sie sich liebevoll gekümmert. Das Gemeinschafts-Brüderhaus war eben schon lange nicht mehr nur fromme Anstalt, sondern der Ort einer großen, glaubensernsten und doch fröhlichen Familie, in der die Freude nach dem Tod der Hausmutter für eine Weile gedämpft war, bis sie sich nach und nach wieder entfalten konnte. Für die jungen Männer galt es ebenso wie für ihren Hausvater, wie es Gott einmal durch Jeremia gesprochen hatte: »Alsdann werden die Jungfrauen fröhlich am Reigen sein, dazu die junge Mannschaft und die Alten miteinander. Denn ich will ihr Trauern in Freude verkehren und sie trösten und sie erfreuen nach ihrer Betrübnis« (Jeremia 31,13).

Besondere Freude gab es für die Brüderhaus-GmbH im Jahr ihres 25-jährigen Jubiläums. Die Bruderschaft, zu der inzwischen beinahe 150 Brüder gehörten, beendete 1931 die gewachsene Raumnot und schenkte sich ein neues Haus. Unter der fachkundigen Bauleitung des Königsberger Baumeisters Fritz Eisenblätter errichteten die 30 Männer, die sich zurzeit in der Ausbildung befanden, ein neues Gebäude und finanzierten es weitgehend selbst. Das mehrstöckige Gebäude enthielt verschiedene Unterrichtsräume, eine hübsche Kapelle, einen geräumigen Festsaal und neue Freizeit- und Mehrzweckräume. Den vorderen Giebel des stattlichen »Jubiläumsbaus« krönten die Brüder mit einem weithin sichtbaren, drei Meter hohen Kreuz als deutlichen Hinweis auf die »fünfte Himmelsrichtung«, der sie sich verpflichtet hatten.

Zum Fest des besonderen Geburtstages ihres Werkes und zur Einweihung des neuen Hauses machten sie das beschauliche Preußisch Bahnau zu einem Ort, »da man zusammenkam«, um unter der Inschrift über dem großen Kreuz an der Stirnseite des Festsaals die biblische Botschaft zu hören: »Das Wort vom Kreuz ist eine Gotteskraft.« Diese besondere Kraft würde wohl in den kommenden Zeiten besonders nötig werden, deuteten sie sich doch in allen Lebensbereichen als in besonderer Weise herausfordernd und schwierig an.

Sie selbst, die Brüder aus allen Teilen Deutschlands, aus der Schweiz, Österreich, Polen, Kurland und Lettland, trafen sich bereits am letzten Montag im August, um miteinander eine Woche lang das Jubiläum ihres Gemeinschafts-Brüderhauses zu feiern. Übrigens an zwei Tagen davon zugleich mit einer großen Zahl von Mitarbeitern aus den ostpreußischen Gemeinschaften. Sie taten es mit täglichen Bibelarbeiten ihres Hausvaters, der mit den Brüdern des ersten Kurses von 1906 zugleich sein eigenes Jubiläum feiern durfte. Sie taten es mit geistlichen Vorträgen des Gnadauer Präses Pastor D. Walter Michaelis und mit entsprechenden Anleitungen von Direktor Theophil Krawielitzki, die geistlichen Wahrheiten in der praktischen Arbeit umzusetzen.

Das durchgehende Thema der Woche lautete: »Gott ist Liebe!« Liebe, deren Weg besser ist als alle Gnadengaben; Liebe, die des Gesetzes Erfüllung ist; Liebe, die jeder Gesetzespredigt eine Absage erteilt, als könne das ewige Heil und die Seligkeit durch menschliche Leistung erworben werden.

Dann gab es eine Fülle von Berichten aus den Tätigkeiten der einzelnen Brüder und einen umfangreichen, gründlichen Erfahrungsaustausch über ihre Arbeiten unter Alten und Jungen in den Gemeinschaften, in den Jugendbünden für entschiedenes Christentum (EC), in der Zeltmission, über die schwierigen »Trinkerrettungsbemühungen« in den Blaukreuz-Gruppen usw. Auch für die Predigerfrauen gab es besondere Veranstaltungen und Erfahrungsaustausch zum Beispiel über »Die Predigerfrau – eine Hilfe für den Dienst des Mannes«. Alles, alles war nur zum Loben und Danken. Das tat Gott und erfüllte damit sein Versprechen aus »Matth. 6,33«!

Am Sonntag, dem 6. September 1931, kamen sie dann zu Hunderten von wer weiß woher zu Fuß, mit Fahrrädern und Motorrädern, mit Kutschen und Wagen, mit Personen- und Lastwagen und mit Omnibussen, Männer und Frauen, Alte und Junge. Sie kamen sogar mit Schiffen aus Groß Heydekrug und Pillau über das Haff nach Rosenberg und von dort zu Fuß herüber. Und etwa 1 000 kamen mit einem Sonderzug, der in Gumbinnen an der ostpreußischen Ostgrenze eingesetzt worden war und auf seiner Fahrt über Insterburg, Wehlau, Königsberg bis Heiligenbeil seine vielen Fahrgäste aufgenommen hatte. Vom Bahnhof her kam diese Menschenmenge in einer großen Kolonne herüber ins Dorf, begleitet von flotter geistlicher Marschmusik zahlreicher Posaunenchöre.

Pastor Carl Lange nahm am Eingang zur Festwiese mit dem großen Zelt der Ostpreußischen Zeltmission die »Parade« der vielen ab und winkte den Leuten zu. Anna Flemming hielt ihm zum Schutz gegen den leichten Regen – musste der denn ausgerechnet heute kommen? – den Schirm und kam ebenso wie ihr Hausvater aus dem Staunen nicht heraus, wie viele Menschen dem Brüderhaus und seinen Bewohnern und den Angehörigen der Bruderschaft zum Jubiläum ihre Aufwartung machen wollten. Herr Pastor kannte offenbar viele von ihnen, und er winkte oder nickte ihnen freundlich zu. Ihr, Anna, waren nur einzelne Menschen von früheren Begegnungen her bekannt, und auch sie winkte ihnen zu.

»Schauen Sie, Herr Pastor, ist ja in der Gruppe am Schluss des Zuges Bruder Max Fischer sogar von Tilsit«, freute sich Anna, die sich gerne an diesen Mann erinnerte. Max Fischer war in den frühen Zwanzigern als Schüler hier gewesen. Sie und ihr Emilchen hatten damals häufig mit dem jungen Mann zu tun gehabt. Ernst und fest im Glauben, dabei ein sehr fröhlicher Bruder, trotz seiner körperlichen Einschränkung. Er konnte nur seinen rechten Arm normal gebrauchen; der linke war in der Folge einer Poliomyelitis-Erkrankung gelähmt, und die Hand hielt nur das, was er ihr zu halten gab. Dennoch war er immer dann zur Stelle, wenn er gerufen wurde.

Carl Lange winkte sichtbar erfreut hinüber, wobei er seine Beschirmerin aufklärte: »Bruder Fischer ist nicht mehr in Tilsit, Anna. Der Ostpreußische Gemeinschaftsbund hat ihn vor einigen Monaten als Prediger in die Gemeinschaft Bethlehem in Königsberg berufen.«

»In die Knochenstraße? In diese große Gemeinschaft?!«, staunte Anna. »Dann er muss sein ein besonders begabter und gesegneter Mann, Herr Pastor«, stellte sie fest.

»Das ist er wirklich«, bestätigte der Hausvater, »ein begnadeter Evangelist und hervorragender Lehrer. Auf seinen bisherigen Stationen hat er in großem Segen gearbeitet. Einen besseren konnte Bethlehem nicht bekommen. Man wird von ihm sicher noch manches hören. Er war übrigens die Woche über schon hier und hat nur noch einmal nach Hause gemusst. Er wird bei der Weihe des Neubaus nachher das Wort für die Brüder sprechen.«

»Bin gespannt darauf, Herr Pastor«, gab Anna zurück, während die letzten Marschierer des Zuges das Gelände betraten. Dann fügte sie an: »Wenn hätte können sehen Frau Pastor diese vielen Menschen alt und jung und trotz Regen alle so fröhlich.«

»Sie sieht es, Anna«, gab Pastor Lange zurück, während er noch für einen Moment an seinem Platz stand und ein wenig nachdenklich dem großen Bläserchor nachblickte, der den langen Menschenzug abschloss. Dann sah er ein wenig bedenklich nach oben, wo sich am Himmel die grauen Wolken nur so jagten. Vielleicht ging sein Blick dabei aber auch durch die Wolkendecke hindurch, denn er meinte: »Sie schaut zu aus ihrer himmlischen Wohnung und sieht, dass die Menschen gar nicht alle Platz finden im Zelt und im Konferenzsaal und dass die Konferenzsuppe knapp werden könnte.«

»Und wird haben ebenso große Freude wie alle hier.«

»Die wird sie sicher haben, Anna. Und jetzt kannst du den Schirm schließen. Es hat aufgehört zu regnen. Danke für den Regenschutz.«

»Hab doch gehalten gerne den Schirm, Herr Pastor«, wehrte Anna ab. »Wenn Gott wird geben Segen so viel wie Regen, dann wird heute sein guter Tag, Herr Pastor.«

»Auf den Regen würden wir gerne verzichten«, gab der zurück, »schon um der vielen Leute willen, die keinen Unterstand haben. Ich befürchte, dass es bald wieder anfängt. Dann werden leider viele nass. Aber wir nehmen den Regen wie den Segen, denn beides kommt von oben.«

»Ist so, kommt alles von Gott. Und keiner wird zuschanden, welcher auf ihn harret. Steht so auf der Hauswand und ist auch so«, bestätigte Ännchen und blickte ihrem Herrn Pastor nach, der nun auch zum Zelt hinüberging, um selbst zu erleben, wie die Gäste versorgt wurden. Dabei war er sicher, dass Bruder Hagenau – der tat seinen Dienst inzwischen auch in einer Königsberger Gemeinschaft – die Bewirtung der Vielen bestens organisiert hatte.

Anna wandte sich derweil zur Küche und ergänzte dabei mehr zu sich selbst: »Wird auch geben genug Konferenzsuppe für alle. Wird sein wie bei der großen Speisung. Muss gehen und schauen.« Auf dem Weg hinüber dachte sie für einen Moment daran, dass ihr Emil wohl auch seine besondere Freude an einem solchen Tag wie diesem gehabt hätte. Dann waren ihre Gedanken aber auch schon wieder bei ihrer Aufgabe für diesen besonderen Tag.

So viele Menschen wie an diesem 6. September 1931 – es waren insgesamt etwa 3 000 – hatte das sonst so stille und verträumte Preußisch Bahnau noch nie auf einmal gesehen. Alle wollten sie die Weihe des neuen Hauses und die Jubiläen des Werkes und seines Leiters mitfeiern und dazu gratulieren, frei nach Psalm 122: Wünschet der Bruderschaft Glück: Es müsse wohlgehen denen, die dich lieben. Es müsse Frieden sein inwendig in deinen Wohn- und Lebensräumen, und Glück in deinen Lehr- und Konferenzsälen. Um meiner Brüder und Freunde willen will ich dir Frieden wünschen. Um des Hauses willen, des Herrn, unsers Gottes, will ich dein Bestes suchen.

Das große Zelt der Ostpreußischen Zeltmission vermochte die Menschen nicht zu fassen, die den vielen Grußworten und Kurzansprachen der Gastredner aus verschiedenen befreundeten geistlichen Werken, den Festansprachen von Pastor D. Michaelis und Direktor Krawielitzki und den Liedern der vielen Chöre zuhören wollten. Wie gut, dass es am Vormittag trocken blieb. So konnten die Menschen, die sich mit Plätzen außerhalb des Zeltes zufrieden geben mussten, das Gesprochene und Musizierte unmittelbar mithören. Gut war es, dass während der Mittagspause, in der es wieder zu regnen begann, für den Nachmittag mehrere Parallelveranstaltungen in den Räumen des Brüderhauses und des Jubiläumsbaus organisiert werden konnten. So hatten wenigstens die meisten Gäste einen trockenen Platz zum Hören. Als besonders gnädig erwies es sich, dass der nachmittags aufgekommene Sturm das große Zelt wenigstens solange unbehelligt ließ, wie sich Menschen darin aufhielten. Danach erst warf er es um. Welch ein gnädiger »Zufall«!

Warum Gott das freundliche Herbstwetter der vergangenen Tage nicht andauern ließ und das Wetter dieses Tages nicht ebenso heiter gestaltete wie die Atmosphäre unter den Menschen, blieb sein Geheimnis. Viele Festgäste begaben sich gegen Abend völlig durchnässt auf den Heimweg. Die Bahnreisenden mussten im strömenden Regen nach Heiligenbeil zurückwandern. Die Schiffsreisenden überquerten das Haff bei schwerem Sturm. Aber das störte wohl niemanden wirklich. Dafür war dieser Tag für die Angehörigen der Bruderschaft und das zahlreiche fromme Volk Ostpreußens ein besonderer gewesen. Vielleicht war das stürmische Schauerwetter auch ein Zeichen dafür, dass Gott den reichen Segen seiner vielfältigen »Zufälle« aus der »fünften Himmelsrichtung« auch nicht schön gleichmäßig und gleich stark ausschüttete, sondern immer dann, wenn es gerade nötig war, und dann auch immer in der richtigen Dosierung. So hatte er es in der Vergangenheit getan, so würde es auch in Zukunft sein.

Insgesamt war die Jubiläumswoche, war der besondere Tag an ihrem Ende ein herrliches, fröhliches, gesegnetes Fest. Herr Pastor, Herr Lehrer und Ernst Krupka, ihr ehemaliger Schüler und jetziger Prediger und Evangelist bei der Deutschen Zeltmission in Geisweid bei Siegen, hatten dazu als besonderes Geschenk ein Büchlein geschrieben. Jeder, der wollte, konnte es zur Erinnerung an diesen Tag und zum Gedenken an fünfundzwanzig Jahre Gemeinschafts-Brüderhaus mit nach Hause nehmen: »Das tat Gott!« Wer denn auch sonst – siehe Matthäus 6,33!

Orientierung in brauner Zeit

Ganz andere Sorgen beschäftigten seit einiger Zeit die Gemüter in allen Gebieten des Deutschen Reiches. Sie kamen aber an diesem Tag in Preußisch Bahnau nur am Rande zur Sprache. In den folgenden Jahren wurden sie dafür in den christlichen Werken und besonders unter den leitenden Brüdern zuweilen sehr heftig diskutiert. Gott hatte diese Dinge wohl eher zugelassen, als dass er sie selbst in die Wege geleitet hätte. Wer wollte dazu schon Genaues sagen können?

Eine der Sorgen war die sogenannte Weltwirtschaftskrise, die mit dem fatalen Börsenkrach in New York am 25. Oktober 1929 ihren Anfang genommen hatte. In der Folge brachen in Deutschland die Finanzierung des Staates und die der Wirtschaft zusammen. Das Geld fehlte an allen Ecken und Enden, und immer mehr Firmen mussten ihre Arbeiterschaft entlassen und gingen pleite. Bis zum Frühjahr 1932 waren es rund 6,7 Millionen Menschen, die keine Arbeit mehr hatten und nur einige Monate Arbeitslosenunterstützung bekamen. Nie zuvor hatte Deutschland eine so hohe Arbeitslosigkeit gekannt wie in dieser Zeit, nie zuvor ein solches Elend der Massen, das zwangsläufig damit verbunden war. Wer noch Arbeit hatte, musste mit Lohnkürzungen leben und hatte auch kein ordentliches Auskommen mehr. Dort, wo Menschen auf Einnahmen durch den Verkauf landwirtschaftlicher Produkte angewiesen waren, litten sie unter dem schlimmen Preisverfall ihrer Produkte. Die Folge war auch hier vielfältiger Bankrott und notwendiger Verkauf von Grund und Boden zu Spottpreisen.

Allerorts herrschte bittere Not, die auch an den christlichen Gemeinden und Gemeinschaften nicht vorbeiging. Im Bahnauer Gemeinschafts-Brüderhaus häuften sich die Nachrichten von den Stationen der Prediger und Diakone, die davon berichteten, wie auch sie unter den Folgen der Deflation litten und darunter, dass die Staatsführung offenbar trotz mehrerer Notverordnungen kein Rezept besaß, dieser bösen Entwicklung entgegenzusteuern.

In Preußisch Bahnau selbst war die desolate Lage des Staates nur in einem deutlich geringeren Maße zu spüren als im ostpreußischen Umland und im Westen des Reiches. Das Brüderhaus war in seiner Versorgung weitgehend unabhängig. Seine Felder und Gärten gaben so viel her, dass die große Brüderhausfamilie im Ort keinen Mangel zu leiden brauchte. Dazu ergab der regelmäßige Verkauf aller möglichen Gartenprodukte samstags auf den Märkten in Braunsberg und Heiligenbeil trotz allem noch gute Einnahmen, die dem Haus sehr dienlich waren. Der »Allgemeine Wirtschaftsbericht für das Ev. Gemeinschaftsbrüderhaus G.m.b.H. Pr. Bahnau« konnte im Sommer 1932 unter anderem festhalten:

»Die Landwirtschaft des Brüderhauses, zerfallend in Feldwirtschaft, Gartenwirtschaft und Viehzucht, dient hauptsächlich der Lebensmittelversorgung des Hauses. Ein Komplex von ca. 160 Morgen wird unter Leitung des tüchtigen, unermüdlichen Inspektors Br. Thews mit Hilfe der Brüder bewirtschaftet. Für die Gartenarbeit stehen tüchtige Gärtner zur Verfügung, die ihrem früheren Beruf alle Ehre machen. Die Gartenerzeugnisse des Brüderhauses sind in der Nähe und Ferne begehrte Artikel. Der Ertrag deckt meistens den Brennmaterialbedarf. Neben der Feldwirtschaft wird auch Aufzucht von Vieh, hauptsächlich Schweinen, betrieben, um einen Teil des Fleischbedarfs zu decken. Ein Bestand von durchschnittlich 8 Kühen liefert Milch und Butter. 5 Pferde dienen der Ackerbewirtschaftung sowie dem Fahrdienst ... Eine Verbesserung der Landwirtschaft konnte dadurch vorgenommen werden, dass das in Rosenberg gelegene Land infolge Liquidation des Kieswerks verkauft wurde, und in Pr. Bahnau ein sehr schöner geschlossener Komplex von 60 Morgen zum Ankauf frei wurde ...«

Spiegelte dieser Bericht in schwieriger Zeit nicht auch die Wahrheit von Matthäus 6,33 wider, dass Gott ihnen alles zufallen ließ, was sie brauchten?

Eine andere große Sorge der Zeit betraf die politische Radikalisierung des Volkes. Das zunehmend stark und aggressiv verkündete Gedankengut der »Nationalsozialistischen Deutschen Arbeiterpartei« Adolf Hitlers auf der einen Seite und die Lehren des Kommunismus, der zugleich Nährboden und Zufluchtsstätte einer radikalen und zuweilen brutalen Gottlosenbewegung war, auf der anderen fiel bei der verarmten Bevölkerung auf fruchtbaren Boden. Die extremen Lager begegneten sich in erbitterter Feindschaft, die vielerorts ihre Opfer forderte. Im Deutschen Reich gab es derzeit offenbar keinen Staatsmann, der die Fähigkeit und die Kraft gehabt hätte, die gespannte Lage zu beruhigen und die Entwicklung in vernünftige Bahnen zurückzuführen. Für eine gute und gedeihliche Zukunft eines demokratischen Deutschlands standen die Zeichen alles andere als günstig. Die Weimarer Republik, ohnehin bei einem Großteil der Bevölkerung nicht sehr beliebt, stand vor ihrem Ende. Der Ruf nach einer starken Hand zur Änderung der Verhältnisse wurde immer lauter.

Wenngleich diese Entwicklung an Preußisch Bahnau noch weitgehend vorbeiging, machte man sich doch auch hier seine Gedanken darüber und lag bei großer Loyalität zum Staat mit den Sorgen um Volk und Vaterland Gott in den Ohren.

Aber noch etwas anderes beschäftigte die Gedanken und Gespräche in der Bruderschaft immer wieder. Seit einigen Jahren gab es im evangelischen Bereich die »Kirchenbewegung Deutsche Christen«. Diese Bewegung, die ihren Ursprung in den zwanziger Jahren in evangelischen Pfarrhäusern Thüringens hatte, war ein Versuch, die Kirche von innen heraus zu erneuern. Ihre Zielsetzung unter dem Motto: »Deutschland ist unsere Aufgabe, Christus ist unsere Kraft« klang gut und verheißungsvoll. Musste man dem nicht zustimmen und daher diese Bewegung unterstützen oder sich ihr gar anschließen? Wenn da nicht der immer stärker werdende programmatische Einfluss des Nationalsozialismus gewesen wäre. Durch dessen Gedankengut wurde diese Bewegung schließlich 1932 zur »Glaubensbewegung Deutsche Christen«. Deren Ziel war allerdings nicht mehr die geistliche Erneuerung der Kirche. Deren Ziel war die Unterordnung der Kirche mit allen ihren Gliederungen unter die kommende Herrschaft des »Führers« Adolf Hitler und seiner NSDAP.

Konnte dieser Weg noch mitgegangen werden, nachdem Hitler am 30. Januar 1933 zum Reichskanzler ernannt war und bald die volle und unbeschränkte Macht im Deutschen Reich in seinen Händen hielt? Oder war hier nicht Widerspruch gefordert? Sogar energischer Widerspruch? Wo war künftig der Platz für die Christen, die am Alten und Neuen Testament und an der Botschaft des Evangeliums von der Erlösung durch Christus festhielten und denen die reformatorischen Bekenntnisse der evangelischen Kirche Grundlage ihres Glaubens und Handelns waren? Wohin hatten sich die Gemeinschaftsbewegung und ihre Organisationen zu orientieren? Wo war in den Wirren der Zeit künftig der Ort Gnadaus? Wo der Ort der Bahnauer Bruderschaft, die doch zu Gnadau gehörte?

Galten die biblischen Vorgaben aus Römer 13 und 1. Petrus 2 nicht auch für die neue Regierung: »Jedermann sei untertan der Obrigkeit, die Gewalt über ihn hat ...« und: »Seid untertan aller menschlichen Ordnung, um des Herrn willen ...«? Hatte Adolf Hitler nicht eine christliche Grundeinstellung, auch wenn er statt von Gott von der »Vorsehung« sprach? Hatte er mit dieser Grundeinstellung nicht schon eine Menge Gutes für das Land auf den Weg gebracht? Las dieser Staatsmann nicht auch regelmäßig die Bibel und die täglichen Losungen der Herrnhuter Brüdergemeine? War er nicht ein Mann Gottes wie der greise Reichspräsident und Christ Paul von Hindenburg, der ihn zum Reichskanzler ernannt hatte? Dann konnte seine Regierung doch eigentlich nur einen guten Weg nehmen.

Oder war das alles nur Täuschung und Legende? Selbst Zeitschriften des Gnadauer Verbandes hatten doch solche Dinge berichtet, und auch Pastor Carl Lange schrieb darüber in den »Mitteilungen«. Das klang sogar überzeugt und begeistert. Sollten die Christen in Ostpreußen also auch dem Bemühen des Pfarrers Karl Jakupski folgen, der als Präses des Berliner Gemeinschaftsverbandes St. Michael zum Gnadauer Vorstand gehörte und zum »Reichsreferenten für Gemeinschaftsbewegung und Jugendbund für entschiedenes Christentum« ernannt war? Der gläubige Mann war von den Grundsätzen und Zielen des Nationalsozialismus überzeugt und von daher bestrebt, die Gemeinschaftsbewegung als Ganze den »Deutschen Christen« einzugliedern. Also ihm und seinem Bestreben folgen? Der Gnadauer Vorstand war lange Zeit mehrheitlich zweifelnd und unsicher, wie er sich verhalten sollte und welche Vorgaben zur Orientierung und Entscheidung er seinen angegliederten Teilverbänden machen sollte. Fragen über Fragen und große Verlegenheit, die richtigen Antworten zu finden.

Für die Bahnauer Bruderschaft führte die bestehende Unsicherheit dazu, eine eigene Entscheidung zu treffen. Der Brüderkurs, der im August 1933 stattfand und von etwa 100 Brüdern besucht war, beschloss einmütig, den »Deutschen Christen« beizutreten und deren angekündigte Möglichkeiten zu großzügiger volksmissionarischer Arbeit zu nutzen. Künftiger Schwerpunkt des Bemühens sollte sein, die bestehende Arbeit der Jugendbünde für entschiedenes Christentum (EC) der neuen Zeit anzupassen und dabei die jungen Menschen ganzheitlich in den Blick zu nehmen. Leib, Seele und Geist sollten bei der Arbeit in gleicher Weise beachtet werden. Spiel und Sport, Wandern und Singen, Vortragsangebote zur Förderung von Gemüt und Geist sollten künftig zum Programm gehören. Dabei sollte die vornehmste Arbeit jedoch die bleiben, das geistliche Leben zu pflegen, in enger Anbindung an das Evangelium, damit die Jugend sich zu Gott bekehrte und ein Leben mit Gott führte.

Der Beschluss der Bruderschaft fand auch die Zustimmung ihres Herrn Pastor, der erst später zu dem Kurs dazukam. Pastor

Carl Lange zitierte dabei aus einer Erklärung des Gnadauer Verbandes vom 8. Juni 1933 über seine Stellung zu dem Neuen in Staat und Kirche, die einigen Teilnehmern zwar schon bekannt war, die aber von allen gerne noch einmal gehört wurde.

Darin hieß es unter anderem: »*Gottes hohe Hand hat durch den nationalen Aufbruch gewaltig in unser Volk eingegriffen. Durch den Sturmwind der nationalen Bewegung hat er es von den glaubens- und vaterlandslosen Strömungen losgerissen und zurückgeführt zu den gottgegebenen Grundlagen in Ehe, Familie, Volk und Staat.*

Wir stehen vor der Tat der großen Hand Gottes dankbar anbetend, aber auch in tiefer Beugung, dass wir unserm Volk in der vergangenen Zeit nicht kraftvoller und überzeugender in Wort und Wandel das Evangelium nahe gebracht haben.

In dieser Zeitenwende hat uns der Herr große Gelegenheiten geschenkt, das alte Evangelium neu zu bezeugen in der gewaltigen Umschichtung unseres Volkes, unter den jetzt Erwachten und auch den Verbitterten. Wir besinnen uns als Gemeinschaftsleute mit Ernst auf den uns von Gott für unser Gemeinschaftswerk gegebenen Auftrag! ... Wir bezeugen, dass ein Volk ohne Gottesfurcht verdirbt. Wir sind darum dankbar, dass, wie unser Reichspräsident Generalfeldmarschall von Hindenburg, so nun auch der erwählte Führer des deutschen Volkes, Reichskanzler Adolf Hitler, sich für ihre Person und das ganze Volk bekennen zum lebendigen Gott und seinen Segen erbitten. Wir treten in Fürbitte für diese Männer und ihre Mitarbeiter ein. – Unser Ringen geht auf Bewährung des Glaubens im täglichen Leben, in Berufstreue, Gewissenhaftigkeit und Opfersinn, Wahrheit und Reinheit. Wir sind dankbar, dass die Reichsregierung diese Gesinnung als die unerlässliche Vorbedingung für den ersehnten Aufstieg unseres geliebten Volkes verkündigt.

Wir haben seit langem durch die Vielheit der deutschen Kirchen hindurch eine Einheit solcher gebildet, die mit Ernst Christen sein wollen. Darum begrüßen wir die Besinnung auf das gemeinsame Glaubensgut der reformatorischen Kirchen und ihre Zusammenfassung.

Wir sind bereit, die uns von Gott gegebene Aufgabe der Gemeinschaftspflege und Evangelisation unter jeder Verfassungsform der werdenden Kirche zu treiben, und sind eins mit der Kirche in dem Ziel, Werkzeug Gottes zu sein im Bau seines ewigen Reiches ... Wir stehen bereit zum Dienst – im Volk, dass es gesegnet werde durch die Lichtskräfte der göttlichen Wahrheit – in der Kirche, dass in ihr die Gemeinde Gottes zubereitet werde zum Licht- und Segensträger in unserm Volk.«

Die Erklärung wurde von den versammelten Brüdern noch einmal als Bestätigung ihres Beschlusses begeistert aufgenommen. Die alte Arbeit konnte auf neuen Wegen und in neuen Bindungen aufgenommen und weitergeführt werden.

Bei der Generalversammlung der Deutschen Christen des »Gaues Groß-Berlin« im November 1933 entlarvten sich die Deutschen Christen dann allerdings gründlich selbst. Hier zeigten sie ihr wahres Gesicht, das sie bisher weitgehend verborgen gehalten hatten. Dr. Reinhold Krause, der Hauptredner dieser Veranstaltung im Berliner Sportpalast, hielt vor 20 000 Menschen einen viel beachteten Vortrag über »Die völkische Sendung Martin Luthers«. Für das nationalsozialistisch gestimmte Kirchenvolk waren das begeisternde Worte. Für die Ohren bibelorientierter und christusgläubiger Menschen war das eine ungeheuerliche Rede. Sie öffnete den verunsicherten und unentschlossenen Christen gründlich die Augen, welcher Geist die »Glaubensbewegung Deutsche Christen« wirklich trieb. Da ging es überhaupt nicht um ein »aufrichtiges Zusammenleben zwischen Kirche und Staat«, von dem Adolf Hitler in seiner Regierungserklärung noch selbst gesprochen hatte. Es ging in Wahrheit um ganz anderes.

In seinen enthusiastisch vorgetragenen Ausführungen voller völkisch-religiöser Parolen forderte der Redner die Befreiung des Gottesdienstes von allem »Undeutschen«. Das Alte Testament »mit seiner jüdischen Lohnmoral und seinen Viehhändler- und

Zuhältergeschichten« müsse abgeschafft werden. Ein »artgemäßes Christentum« müsse eingeführt werden. Alle »judenblütigen Menschen« müssten aus der Kirche entfernt werden. Auf die »Sündenbock- und Minderwertigkeitstheologie des Rabbiners Paulus« müsse »im Sinne eines heldischen Jesusgeistes« verzichtet werden ...

Nach dieser sogenannten Sportpalast-Kundgebung lichteten sich für einen Teil der leitenden Brüder Gnadaus die Nebel der Unsicherheit; ihnen ging das Licht auf, das ihnen bisher für die richtige Sicht der Dinge gefehlt hatte. Sehr bald erging dann auch ein dringender Aufruf an die Leitungsgremien der Teilverbände mit der ausdrücklichen Aufforderung, sich klar von den Deutschen Christen zu trennen. Am 13./14. Dezember schuf der Vorstand unter der Leitung von Präses D. Walter Michaelis, derzeit Pfarrer an der Neustädter Marienkirche in Bielefeld und Dozent an der Theologischen Schule in Bethel, in einer bedeutsamen Sitzung in Bad Salzuflen Klarheit und versandte eine »Stellungnahme des Gnadauer Verbandes zu den ›Deutschen Christen‹« an die Gemeinschaften innerhalb des Verbandes.

Diese Stellungnahme machte unmissverständlich deutlich, *»dass in führenden Männern der ›Glaubensbewegung‹ ein anderer Geist waltet als im Evangelium. Diese Klärung ist vom Herrn geschehen, damit alle Nebel verschwänden. Wir halten daher den Zeitpunkt für gegeben, alle der ›Glaubensbewegung Deutsche Christen‹ noch angeschlossenen Gemeinschaftsglieder dringend zu bitten, sich aus dieser Verbindung zu lösen ...*

So rufen wir denn in dieser Entscheidungsstunde auf das Ernsteste zur Prüfung der Geister auf. Es ist keine Schwäche, sondern eine gesegnete Tat des Glaubens, von einer Sache zurückzutreten, die Berechtigtes in sich zu haben schien und viele ernste Christen in ihre Reihen gerufen hat, aber schließlich in ihrem vom Evangelium abführenden Charakter und Geist für alle ganz ans Tageslicht getreten ist.

Wir können aber diesen ernsten Mahnruf nicht hinausgehen

lassen, ohne uns zu beugen, dass uns der Geist der Unterscheidung, der Kraft und des Glaubens nicht so geschenkt war, dass wir von der ›Glaubensbewegung Deutsche Christen‹ an uns gestellte Forderungen nicht sofort widerstanden haben. Wir bitten unsere Brüder im Lande hin und her, sich mit uns über solcher Schuld zu beugen.«

In der Folgezeit wurde die Gnadauer Position immer klarer, die schließlich besagte, dass es für die verantwortlichen Leute aller Gremien in den Teilverbänden und Werken und auch in den Vorständen der örtlichen Gemeinschaften und Kreise in der Beziehung zu den Deutschen Christen nur die beiden Wege gab, dass sie »sich von ihnen lösen oder ihr Amt zur Verfügung stellen«. Freilich dauerte es noch eine Weile, bis die letzten Teilverbände und Einzelglieder sich wirklich »gelöst oder ihr Amt zur Verfügung« gestellt hatten und die deutsche Gemeinschaftsbewegung wieder mit einer Stimme sprechen konnte.

Jetzt hatten auch die ostpreußischen Brüder Klarheit, wie sie sich zu orientieren und zu entscheiden hatten. Das galt auch für Carl Lange, der erkennen musste – und das sicher nicht ohne Schmerzen –, dass der Bonner Professor Karl Barth mit seiner Feststellung recht hatte, die neue Bewegung sei tatsächlich »ein Produkt menschlicher Agitation« und »ein Gebilde, das im Unterschied von der biblischen Pfingstgemeinde geistesarm, ja geistesleer« sei. Er musste auch erkennen: Die Deutschen Christen hatten vergessen, dass das Alte Testament die Bibel Jesu war und dass die Sichtweise des Volkes Gottes durch die Nationalsozialisten völlig falsch und dazu äußerst verwerflich war. Nein, das alles war eine grausame und schmerzliche Irreführung, der auch Pastor Lange auf den Leim gegangen war. Umkehr tat not.

Das galt ebenso für viele Angehörige seiner Bruderschaft. Sie beugten sich alle unter ihrer Schuld, die Lage gründlich verkannt zu haben. Ihre Beschlüsse zum Anschluss an die Deutschen Christen machten sie umgehend rückgängig und widerstanden fortan allen weiteren Versuchungen, sich auf die Seite dieser Bewegung ziehen zu lassen. Sie taten sogar das ganz andere: Sie wandten sich dem Pfarrernotbund zu, den Martin Niemöller, ein rühriger Pfarrer in Berlin-Dahlem, im September 1933 gegründet hatte – als kirchliche Erneuerungs- und Widerstandsbewegung gegen die antikirchlichen Bestrebungen des Nationalsozialismus und der von ihm gestützten Deutschen Christen.

Der Ostpreußische Gemeinschaftsbund bekräftigte seine von den Vätern überkommene innerkirchliche Position und stellte sich an die Seite der aus diesem Notbund erwachsenen »Bekennenden Kirche«, getreu dem Motto, das Carl Lange beim Festgottesdienst zum 25-jährigen Jubiläum des Bahnauer Werkes betont hatte: »Treu unserm Heiland und treu unserer Kirche, treu bis in den Tod.« Jetzt freilich wussten alle wieder, welche Kirche damit gemeint sein musste und wie der Satz wirklich zu verstehen war. Die Reichskirche konnte es jedenfalls nicht sein. Jetzt kehrten sie gerne zurück zur evangelischen Wahrheit und stellten sich hinter die Thesen der sogenannten Barmer Theologischen Erklärung, die auf einen Entwurf von Prof. Karl Barth zurückgingen: »*Jesus Christus, wie er uns in der Heiligen Schrift bezeugt wird, ist das eine Wort Gottes, das wir zu hören, dem wir im Leben und Sterben zu vertrauen und zu gehorchen haben. Wir verwerfen die falsche Lehre, als könne und müsse die Kirche als Quelle ihrer Verkündigung außer und neben diesem einen Wort Gottes auch noch andere Ereignisse und Mächte, Gestalten und Wahrheiten als Gottes Offenbarung anerkennen.« (These I)*

Die erste große Kundgebung der Bekennenden Kirche in Ostpreußen gegen die Deutschen Christen und gegen den deutschchristlichen Bischof wurde für September 1934 vorbereitet. Allerdings stand der Versammlung keine der Königsberger Kirchen zur Verfügung. Die Mehrheitsverhältnisse in den Gremien der Gemeinden standen dagegen. Den verantwortlichen Brüdern der großen Gemeinschaft »Bethlehem« in Königsberg um ihren Vorsitzenden Karl Lange, dem Prokuristen einer Baufirma, und um ihren Prediger Max Fischer, der bereits seit einigen Jahren zum Bahnauer Vorstand gehörte, war es keine Frage, ihren großen Saal mit seinen 1 200 Plätzen zur Verfügung zu stellen. Dass sie damit den Zorn der Nazi-Behörden auf sich zogen und Repressionen seitens des Staates riskierten, war ihnen dabei wohl bewusst. Mochte kommen, was wollte, die Verantwortlichen sahen dem gelassen entgegen. Es galt, ein deutliches Zeichen zu setzen, wobei sie den lebendigen Gott auf ihrer Seite wussten.

Das Haus der Gemeinschaft an der Knochenstraße war bis auf den letzten Stehplatz gefüllt, unter den Zuhörern eine große Zahl Studenten der Universität Königsberg mit ihren bekannten Professoren Julius Schniewind und Hans Joachim Iwand. Diese beiden waren schon länger Freunde der Pietisten Ostpreußens und wurden gerne zu Vorträgen in ihre Häuser – auch ins Bahnauer Brüderhaus – zur intensiven Förderung der Verbindung des Pietismus mit der Theologie eingeladen.

Gemeinschaftsprediger Max Fischer las zur Begrüßung der großen Zuhörerschaft den 46. Psalm. Die mächtigen Worte klangen wie ein programmatisches Trutzlied für die Auseinandersetzungen mit den Nazis und den Deutschen Christen, die mit großer Sicherheit auf diesen Tag folgen würden:

»Gott ist unsre Zuversicht und Stärke,
eine Hilfe in den großen Nöten, die uns getroffen haben.
Darum fürchten wir uns nicht, wenngleich die Welt unterginge
und die Berge mitten ins Meer sänken,
wenngleich das Meer wütete und wallte
und von seinem Ungestüm die Berge einfielen.
Dennoch soll die Stadt Gottes fein lustig bleiben
mit ihren Brünnlein,
da die heiligen Wohnungen des Höchsten sind.
Gott ist bei ihr drinnen, darum wird sie fest bleiben;

Gott hilft ihr früh am Morgen.
Die Heiden müssen verzagen und die Königreiche fallen;
das Erdreich muss vergehen, wenn er sich hören lässt.
Der Herr Zebaoth ist mit uns, der Gott Jakobs ist unser Schutz.
Kommet her und schauet die Werke des Herrn,
der auf Erden solch Zerstören anrichtet,
der den Kriegen steuert in aller Welt,
der Bogen zerbricht, Spieße zerschlägt und Wagen
mit Feuer verbrennt.
Seid stille und erkennt, dass ich Gott bin.
Ich will Ehre einlegen unter den Heiden,
ich will Ehre einlegen auf Erden.
Der Herr Zebaoth ist mit uns, der Gott Jakobs ist unser Schutz.«

Mehr als 1 000 Besucher erklärten bereits am Ende der Versammlung ihre Mitgliedschaft zur Bekennenden Kirche Ostpreußens, die fortan in der Knochenstraße ihr Zentrum hatte und natürlich künftig unter ständiger Beobachtung der Nazis und ihrer Gestapo stand. Von dort kamen dann auch bald die erwarteten Repressalien gegen Mitglieder der Bruderräte, gegen Redner bei Veranstaltungen, gegen bekenntnistreue Pfarrer und Gemeindemitarbeiter. Sie bekamen Redeverbot, wurden vom Bischof ihrer Ämter enthoben oder auch strafversetzt und gerieten unter Dauerbespitzelung. Die Professoren Schniewind und Iwand gehörten ebenso zu ihnen wie eine große Zahl von Pfarrern, Predigern und Mitarbeitern der ostpreußischen Bekenntnisgemeinden und Gemeinschaften.

Das Bahnauer Brüderhaus blieb in diesen turbulenten Jahren weitgehend von direkten Repressalien der Nazis und den Deutschen Christen verschont. Zwar stand das Werk unter ständiger Beobachtung, aber Pläne der Hitlerpartei, den frommen »Jünglingsverein« dort auf dem Land »auszuheben«, blieben in den Ansätzen stecken. Gerne wurden deshalb die Gäste- und Schulhäuser an der Bahnau für alle möglichen Unternehmungen der Bekennenden Kirche Ostpreußens geöffnet, wie Jugendfreizeiten, Mitarbeiterschulungen und Konferenzen für Studenten und kirchliche Prädikanten.

Mit der Ausweisung des bekenntnistreuen Superintendenten Bernecker aus Heiligenbeil hatte seine dortige Gemeinde keinen Versammlungsort mehr. Sie verlegte ihre Gottesdienste in den Saal des Jubiläumsbaus auf dem Brüderhausgelände. Die Gemeindeglieder nahmen gerne den Sandweg aus der Stadt herüber unter die Füße.

Auch die jährliche Konferenz des ostpreußischen EC-Verbandes fand jeweils am Himmelfahrtstag in Bahnau statt und blieb von den kontrollierenden Organen des Staates weitgehend unbehelligt. War nicht dieser Ort am Flüsschen ein Ort unter der Zusage von Matthäus 6,33, wie sie weiterhin von der Wetterfahne des Brüderhauses abzulesen war? Und verwies nicht auch das Kreuz auf dem Giebel des Jubiläumsbaus weithin auf die fünfte Himmelsrichtung, aus der Schutz und Segen zu erwarten und zu empfangen waren?

Leitungswechsel – Gott nimmt und Gott gibt

Anna Flemming hatte immer wieder den Eindruck, dass das wirklich so war. Erst recht jetzt, wo die Fronten sich geklärt hatten und die Ausrichtung der Arbeit wieder eindeutig war. Für die bedeutsamen Dinge der Politik interessierte sie sich allerdings wenig. Sie bekam sie mit, wenn sich andere darüber unterhielten und wenn sie gelegentlich in die Zeitung schaute. Dass sich Frauen für diesen Adolf Hitler begeistern konnten, vermochte sie nicht nachzuvollziehen. Für die zuweilen lauten und heftigen

Auseinandersetzungen des Kirchenkampfes interessierte sie sich nur insoweit, als sie das Gemeinschafts-Brüderhaus betrafen oder die Brüder auf ihren Stationen. Solche Erörterungen und Beschlüsse waren die Angelegenheit der Brüder, ihrer Lehrer und der vielen Gäste aus anderen Gnadauer Werken und Verbänden und aus anderen Regionen der Bekennenden Kirche, die immer wieder in den Lehrräumen Unterricht und Vorträge hielten. Sie wollte gerne dafür beten, dass die Gemeinde Jesu in dieser verworrenen Zeit auf dem richtigen Weg blieb und dass die verantwortlichen Leute immer das Richtige sagten und taten.

Annas eigentliche Aufgaben lagen weiterhin in den »weltlichen« Dingen der Hauswirtschaft des Brüderhauses an der Seite von Schwester Anna, die seit einigen Jahren dem Haus eine gute und sparsame Wirtschaftsleiterin war. Ihren Pflichten in der Küche, bei Herrn und Frau Pastor und in den Häusern – sie war vor allem für die Pflege der Pflanzen zuständig – kam Ännchen mit viel Liebe nach. Am liebsten sorgte sie für Gäste, die immer wieder aus den nahen und fernen Gebieten des Landes wie aus Kärnten und der Schweiz zur Erholung ins Haus kamen, um die Ruhe des stillen Dörfchens zu genießen, sich von den Mitarbeitern des Hauses verwöhnen zu lassen und sich zugleich geistlich aufzubauen und zu orientieren.

Ihre Kinder Johann und Ruth waren inzwischen erwachsen und hatten die Schule hinter sich. Tagsüber waren sie in der nahen Kreisstadt beschäftigt, um dort einen Beruf zu erlernen. In seiner Freizeit arbeitete Johann mal in den Ställen, mal auf den Feldern oder in den Gärten mit – je nachdem, was ihm Bruder Inspektor Thews zuwies. Dabei trug er sich längst mit dem Gedanken, nach der Beendigung seiner Lehrzeit die Ausbildung zum Prediger oder Diakon aufzunehmen, wenn er denn der Prüfung der verschiedenen »b« in seinem jungen Leben standhielt, woran er allerdings nicht zweifelte. Nach dem Abschluss seiner Ausbildung wollte er dann auch gerne in die Bruderschaft eintreten.

Ruth half wie ihre Freundin Hannah Aeschlimann in ihrer

freien Zeit gerne dem Bruder Missionssekretär, Johannes Wieder – ein Freund von Max Fischer –, und dessen Frau Gertrud bei ihrer Arbeit, das inzwischen sehr umfangreich gewordene Werk zu verwalten. Sie freute sich über jede Geldspende, die sie in die Bücher eintragen durfte, ob es nun lediglich um 1 Mark ging oder um eine große Summe. Genauso freute sie sich über jede Gabe an Naturalien, die sie vermerken konnte. Das waren Strümpfe, Hemden, Seife, Handtücher, Bettwäsche, Kohlepapier, Erbsen, Eier, Käse und hunderterlei andere Sachen. Es war schon erstaunlich, dass trotz der verbreiteten Armut viele Geschwister im Land gerne von dem, was sie hatten, abgaben, damit das Werk Gottes weitergehen konnte. Das musste mit der Grundausrichtung der Brüderhausarbeit nach Matthäus 6,33 zu tun haben, die sich mit den Jahren nicht geändert hatte: »Trachtet am Ersten nach dem Reiche Gottes ...« Dankschreiben zu kuvertieren und die Briefe postfertig zu machen, gehörte zu Ruths Lieblingsbeschäftigungen.

Anna Flemming hatte ihre Freude am Einsatz ihrer Kinder für die Bruderschaft, und sie war dankbar, dass sich die beiden der Botschaft des Evangeliums geöffnet hatten und treu ihren Glaubensweg gingen. Ebenso dankbar war die bald Fünfzigjährige dafür, dass das Werk seit dem Frühjahr 1932 wieder eine Hausmutter hatte. Herr Pastor Lange hatte nach sechsjähriger Witwerzeit noch einmal geheiratet. Fräulein Margarita Ziegler aus Leipzig stand ihm künftig als Frau Pastor und Hausmutter des Brüderhauses zur Seite. Sie war es freilich nur noch für vier Jahre.

Im Frühjahr 1935 traten bei Pastor Carl Lange erste Anzeichen einer geistigen Ermüdung auf, just in den Tagen, in denen die Bahnau gewaltig über ihre Ufer getreten war und große Flächen des Brüderhausgeländes überflutete. Der Siebzigjährige begann, unter merkwürdigen Schwindelattacken zu leiden, die ihm zeitweilig das Arbeiten sehr erschwerten oder auch unmöglich machten. Ein mehrwöchiger Erholungsaufenthalt im Frankenwald und an der Ostsee – mehrere Freunde des Werkes hatten ihn und seine Frau dazu eingeladen – brachte nur vorübergehende Besserung. Herr Pastor begann, darüber nachzudenken, ob seine Zeit in Preußisch Bahnau nicht zu Ende ging.

»Soll ich gehen hinaus?«, fragte Anna Flemming, als sie eines Nachmittags am Kaffeetisch bei Pastors bediente. Carl Lange und seine Frau hatten die beiden Aeschlimanns und die beiden Wieders zu einem vertraulichen Gespräch eingeladen.

»Nein, nein, Anna«, wies Frau Pastor die Frage zurück. »Du kannst bleiben. Ich weiß, dass du verschwiegen bist. Aber was wir hier reden, wird ohnehin bald öffentlich sein. Reich uns bitte neuen Kaffee.«

Während Anna Flemming dieser Aufforderung nachkam, wandte sich das Gespräch am Tisch seiner eigentlichen Sache zu.

»Bruder Aeschlimann, wie lange arbeiten wir jetzt schon zusammen?«, fragte Carl Lange.

»Es sind in diesem Herbst 28 Jahre«, antwortete der Schweizer.

»28 Jahre, mein Bruder«, bestätigte Carl Lange, »welch lange und gesegnete Zeit. Sie wird ihr Ende haben müssen.«

Ernst Aeschlimann, Johannes Wieder, mit seinen erst 37 Jahren vergleichsweise jung, ihre beiden Frauen am Tisch und auch Anna, die gerade Frau Lange ein Stück Kuchen reichte, hielten für einen Augenblick die Luft an. Was wollte Herr Pastor wohl damit andeuten?

Er selbst beantwortete die unausgesprochene Frage: »Meine Kraft lässt nach, ihr Lieben. Ihr wisst es, und ich will davor die Augen nicht verschließen. Ich denke, es ist an der Zeit, den Dienst der Leitung, den ich fast 30 Jahre tun durfte, in jüngere Hände zu geben.«

Herr Lehrer fasste sich als Erster: »Ist das zunächst eine Überlegung oder bereits ein Entschluss?«

»Es ist ein notwendiger Entschluss, mein lieber Bruder«, bekräftigte Herr Pastor.

»Und wie denkst du den Beschluss umzusetzen?«, fragte der um siebzehn Jahre jüngere Weggefährte nach.

»Ich denke, wir warten darauf, dass unser Herr einen Nachfolger beruft«, antwortete Carl Lange und fuhr nach einem Moment des Nachdenkens fort: »So gewiss der Herr einst mich berief, als ich in Jeschewo im Pfarrdienst stand, so gewiss glaube ich, dass der Herr auch jetzt, wo meine Kraft nicht mehr ausreicht, den berufen wird, den er für diesen Platz bestimmt hat.«

»Aber der Herr wird nicht jemanden herschicken, der kommt und sagt: ›Hier bin ich, räum deinen Platz, Herr Pastor. Ich bin der Richtige‹«, wandte Frau Lange vorsichtig ein.

»Das wird er sicher nicht, meine Liebe«, bestätigte ihr Mann. »Aber was ratet ihr, wie wir vorgehen sollen, damit wir Gott die Gelegenheit geben, jemanden zu berufen?«

Jetzt war es Johannes Wieder, der sich zu Wort meldete: »Wir müssen die Novemberausgabe der ›Mitteilungen‹ erstellen. Vielleicht sollten Sie in Ihrem Bericht aus dem Brüderhaus einen Hinweis geben, Herr Pastor.«

»Ich habe diesen Bericht schon angefangen«, überlegte der Angesprochene.

»Dann ist es doch gut, diesen Gedanken anzufügen«, meinte Margarita Lange.

»Dann hältst du zugleich einen kurzen Rückblick auf deine Berufung und auf deine Arbeit in der vergangenen Zeit«, schlug Ernst Aeschlimann vor.

»Das könnte einem möglichen Nachfolger Mut machen, auf die Stimme Gottes zu hören, ob nicht er …«, ergänzte Johannes Wieder, der junge Missionssekretär.

»Wann brauchst du den Text, Johannes?«, fragte seine Frau.

»Möglichst bald, Herr Pastor«, antwortete der gleich an die richtige Adresse. »Wir haben noch ein paar Tage Zeit und etwa eine Seite Platz.«

»Nun denn, dann sei es so. Ich werde schreiben«, fasste Carl Lange das Gespräch zusammen. Dabei schaute er zu Anna Flemming, die ihm gerade gegenüber auf der anderen Tischseite stand, die Kaffeekanne in der Hand, um nach Bedarf den Gästen auf ihrer Seite nachzuschenken. »Aber, Anna, warum Tränen und Händezittern?«, fragte er.

Aller Augen wandten sich Anna zu. Die hatte tatsächlich Tränen in den Augen und ihre Hand zitterte leicht. Sie musste schlucken, ehe sie antworten konnte. »Geht auch für mich eine Zeit zu Ende, Herr Pastor. War ich hier von Ihrem Anfang. War erste Frau Pastor wie Freundin. Ist Frau Margarita genauso. Werde müssen lernen, neue Zeit zu leben.«

»Ein Jegliches hat seine Zeit, Anna, sagt schon der Prediger Salomo«, versuchte Herr Pastor zu trösten. »Du wirst auch mit einem Nachfolger zu leben lernen und mit seiner Frau, wenn er eine mitbringt.«

»Werde ich lernen, Herr Pastor«, bestätigte Anna. »Werde ich danken für die alte Zeit – und beten um die richtigen Leute und gespannt sein, wen heiliger Gott wird berufen und schicken.«

»So ist es recht, Anna«, bestätigte Margarita Lange und fügte hinzu: »Wenn niemand mehr Kaffee möchte, mag Anna in die Küche gehen.«

Die verstand diesen Hinweis sofort, schenkte noch einmal nach, wo es gewünscht wurde, und verließ dann den Raum. Die sechs Personen hatten wohl noch etwas zu bereden, was nun doch nicht für ihre Ohren bestimmt war. Das war auch ganz natürlich so, fand sie.

Im Sommer 1936 gab es den erwarteten Wechsel. Gott hatte sich während der Gnadauer Pfingstkonferenz in Bad Salzuflen den neuen Leiter und theologischen Lehrer des Brüderhauses berufen: Pfarrer und Studienrat Otto Ruprecht, Jahrgang 1898, der zuletzt als Religionslehrer für die Evangelisch-Lutherische Kirche in Bayern in Hof an der Saale gearbeitet hatte, war bereit, der Berufung zu folgen.

Am 13. Juli durfte Anna Flemming den großen Saal des Jubiläumsbaus schmücken, damit die Verabschiedung des alten Leiters und Hausvaters und seiner Frau auch äußerlich einen würdigen Rahmen bekam. Es wurde eine unvergessliche Stunde für alle Beteiligten mit viel Musik der Brüder und manchem Wortbeitrag mit dankbarem Rückblick in die Arbeit von drei Jahrzehnten. Das durchgehende Thema war, wie der Titel der Festschrift zum 25-jährigen Jubiläum überschrieben gelautet hatte: »Das tat Gott.«

Herr Pastor war am Schluss vor innerer Bewegung kaum in der Lage, seinen Dank an die Brüder und Mitarbeiter für die gemeinsame Zeit und für diese besondere Stunde auszusprechen. Die letzten Worte seiner Rede galten dem künftigen Vorsteher des Brüderhauses und der Bruderschaft: »Es liegt mir auf dem Herzen, dass mein Nachfolger, Pfarrer Ruprecht, mit viel Liebe und Vertrauen empfangen wird. Macht ihm seinen Eingang leicht.«

Am 26. August durfte Anna den Saal erneut schmücken. Diesmal für die Begrüßungsfeier des neuen Leiters und seiner Frau Elfriede, geborene Dallmeyer. Auch bei dieser Feier gab es viel Musik und manchen Wortbeitrag. Diesmal war aber alles eher nach vorne ausgerichtet, auch in den ersten Worten Pfarrer Ruprechts an die Menschen seines neuen Arbeitsfeldes. Seine programmatische Dienstantrittserklärung ging dann mit den Oktober-Mitteilungen auch ins Land, so dass jeder Angehörige und jeder Freund des Werkes wusste, woran er mit seinem neuen Leiter war: »*Dass die gesamte Brüderschaft ›stehe in einem Geist und einer Seele und samt uns kämpfe für den Glauben des Evangeliums und sich in keinem Wege schrecken lasse von den Widersachern‹ (Phil. 1,27.28), dem gelte unsere Fürbitte! Dem gelte die Arbeit, die meine Frau und ich zusammen mit unsern lieben Mitarbeitern hier tun wollen! Dem gelte auch unsere Liebe im ganzen, weiten Freundeskreis unseres Hauses!*«

Eine schier unübersehbare Fülle von Arbeit kam in der folgenden Zeit auf Pfarrer Otto Ruprecht zu. Er musste das Werk und seine Arbeit gründlich kennenlernen, auch die Arbeit des umfangreichen landwirtschaftlichen Versorgungsbetriebes und die der Buchhandlung in Rosenberg. Die hatte übrigens ihr 25-jähriges Jubiläum auch bereits hinter sich und arbeitete immer noch unter der bewährten Leitung von Bruder Fritz Anders.

Dann musste Otto Ruprecht den Unterricht für die alten und neuen Schüler organisieren und seinen Anteil als Lehrer leisten. Da die bewährte Personalunion in der Leitung des Brüderhauses und des Ostpreußischen Gemeinschaftsbundes auch für den neuen Mann galt, wollten die ostpreußischen Gemeinschaften möglichst bald den neuen Vorsitzenden ihres Verbandes kennenlernen. Die Brüder im Dienst wollten gerne an ihren Orten besucht werden, andere Werke erbaten Vorträge für Konferenzen und Tagungen usw. Dazu kamen zwangsläufig die aufreibenden Auseinandersetzungen mit Staat und Kirche, in die Otto Ruprecht schon von seinen Ämtern her eingebunden war. Dabei bezog auch er klare Stellung für die Bekennende Kirche und gegen die Abgötterei der Nazizeit und zog so zwangsläufig die Feindschaft der Gestapo auf sich.

Natürlich konnte das alles nicht lange gut gehen. Otto Ruprecht musste schon nach wenigen Monaten seiner Arbeit erkennen, dass er dieser Aufgabenfülle nicht gewachsen war. Er hätte seine Kraft verdoppeln und verdreifachen müssen. Dazu hatte er immer wieder mit Migräneanfällen zu kämpfen. Bereits im Frühjahr 1938 musste er den Arzt aufsuchen. Der stellte einen allgemeinen Erschöpfungszustand mit nervösen Störungen des Herzen fest und überwies den Mann ins Krankenhaus.

Nach seiner vermeintlichen Genesung kaum wieder zu Hause, überfiel Otto Ruprecht ein einfacher Schnupfen, dem eine Angina mit hohem Fieber folgte. Die wiederum führte zu einer Blutvergiftung und sehr schnell zum völlig unerwarteten Tod des Vierzigjährigen. Welch ein Schock für Elfriede Ruprecht und ihre Kinder und welch ein Schock für die Brüder, die Mitarbeiterschaft des Brüderhauses und die weit verstreute Bruderschaft!

Es gehörte wohl zu den traurigsten Dingen, die Lehrer Ernst Aeschlimann in seiner Bahnauer Zeit zu tun hatte. Er musste die Bruderschaft und die Freunde nah und fern von dem tragischen Ereignis unterrichten: »*Dieser Brief bringt Euch die erschütternde Nachricht, dass unser lieber Herr Pfarrer Ruprecht heute Vormittag heimgegangen ist. Wir können es noch nicht fassen. Die gewaltige Hand Gottes hat uns hart geschlagen, und wir können nur im Glauben mit tränenden Augen sagen: Herr, du machst keine Fehler. Deine Wege sind höher denn unsere Wege … Der Verlust, den unser Werk mit dem Heimgang unseres geliebten Herrn Pfarrers Ruprecht erleidet, ist ein Aufruf an uns alle, desto treuer zu dem Werk zu stehen, dem er seine letzten Kräfte geopfert hat …*«

Auch Anna Flemming war von dem tragischen Ereignis dieses 24. Mai 1938 zutiefst betroffen. Sie wusste, was es bedeutete, den liebsten Menschen zu verlieren und plötzlich allein dazustehen. Gerne hätte sie der Familie in ihrem Schrecken und in ihrer Trauer beigestanden. Aber sie hatte in den ersten Tagen kaum Gelegenheit, die Witwe mit ihren vier kleinen Kindern zu trösten. Es gab zu viel vorzubereiten für die Jahrestagung des ostpreußischen EC-Verbandes, die wie alljährlich für den Himmelfahrtstag vorgesehen war und zu der Hunderte junger Leute erwartet wurden. Und bereits am Tag danach, also am Freitag, dem 27. Mai, sollte die Beerdigung sein. Auch dafür gab es eine Menge vorzubereiten. Es würde sicher eine große Beisetzung werden, mit vielen Teilnehmern aus Ostpreußen und dem Westen des Reiches. Zu allem war es auch noch so, als müsse der Himmel mit den Trauernden auf diesem Fleckchen Erde mitweinen. Seit Tagen lag Dauerregen über dem Land. Hoffentlich hörte der bald auf.

Es wurde eine große Beerdigung mit vielen Pfarrern und Brüdern aus dem Ostpreußischen, aber auch mit vielen Brüdern von ihren Stationen und Freunden aus anderen Werken. Ein langer Trauerzug bewegte sich von Preußisch Bahnau zum Friedhof in Heiligenbeil, wo das Brüderhaus einen eigenen Begräbnisbereich besaß. Hier hielt Pfarrer Schultz aus Tiefensee, Vorstandsmitglied des Werkes, die Trauerrede, Prediger Max Fischer sprach für die Bruderschaft, und auch Lehrer Ernst Aeschlimann hielt einen Nachruf auf den Verstorbenen. Er erinnerte dabei an die Strophen aus einem Lied von Valentin Ernst Löscher, die der Sterbende noch mit seiner Frau hatte beten können:

»Ich folge dir durch Tod und Leid, / o Herzog meiner Seligkeit, / nichts soll mich von dir trennen. / Du gehst den engen Weg voran. / Dein Kreuzestod macht offne Bahn / den Seelen, die dich kennen.

Ach Jesu, deine höchste Treu / macht, dass mir nichts unmöglich sei, / da du für mich gestorben. / Ich scheue nicht den bittern Tod / und bin gewiss in aller Not. / Wer glaubt, ist unverdorben.«

»Ja, wer so beten kann!«, fuhr Ernst Aeschlimann in seiner Rede fort. »Es ist doch etwas um eine lebendige Christenhoffnung. Wie viel tausend Menschen haben in ihr Trost und Ruhe gefunden! Wenn Jesus zu uns kommt, wenn wir ins Tal des Todes eintreten, dann ist uns geholfen. Hier erleben wir die Realität dessen, an das wir glauben. Wir sind als Glaubensmenschen keine Fantasten. Und so sicher, wie er uns hindurchgeleitet durch die Schatten des Todes, so sicher lässt er uns auch auferstehen in Herrlichkeit.«

Welch eine Botschaft zu solch einem Anlass! Anna Flemming sog sie auf wie ein trockener Schwamm, und sie war gewiss, dass diese Worte ebenso der jungen Witwe gut taten. Hatte doch auch der Himmel sein Weinen eingestellt und ein tröstliches, helles Strahlen über den Friedhof gelegt. Anna würde in den folgenden Tagen immer wieder die Gelegenheit suchen, mit Elfriede Ruprecht darüber zu sprechen, weil sie glaubte, dass sie diesen Zuspruch brauchte.

Jetzt erwies es sich übrigens als vorausschauende, weise Führung Gottes, dass Pfarrer Ruprecht und seine Frau im vergangenen Frühjahr die Hauselternschaft an das Ehepaar Aeschlimann abgegeben hatten. Die Belastung mit den Aufgaben der Hausmutter hätte Elfriede Ruprecht jetzt erst recht nicht tragen können. Sie blieb auch nicht mehr lange in Preußisch Bahnau. Bald zog sie mit ihren Kindern ins bayerische Dombühl in die Nähe einer ihrer Schwestern. Für Ännchen war es wieder ein Abschied von einer Frau, mit der sie sich tief verbunden fühlte.

Wie würde es in der Leitung des Brüderhauses nun weitergehen? Hatte Gott vielleicht bereits einen neuen Mann erwählt? Wer konnte das sein? Wo würde er ihn zeigen? Wann würde er kommen? Hatte er Familie? ... Fragen dieser Art beschäftigten Anna Flemming täglich, wie auch alle anderen Bewohner des Brüderhauses. »Die fünfte Himmelsrichtung« bekam für sie alle hier wie auch für die weit gestreute Bruderschaft wieder einmal größere Bedeutung als in den Tagen, an denen Arbeit und Leben seinen normalen Verlauf nahmen. Würde Gott ihnen auch jetzt wieder zufallen lassen, was sie brauchten? Welche Frage! Ja, er würde!

Anfang Oktober brachte Johann Flemming, der vor zwei Jahren die »b«-Prüfung bestanden hatte und seitdem Schüler des Werkes war, einen Brief von Herrn Lehrer mit in die Wohnung im Insthaus, wo er Mutter und Schwester am Tisch sitzend fand. »Jetzt ist es offiziell, ihr beiden«, freute er sich. »Der neue Leiter kommt. Der Besuch des Herrn Lizentiaten neulich hier im Brüderhaus hat wohl den Ausschlag gegeben. Wer liest vor?«

»Das ist der Brief, den ich vorhin in großer Menge kuvertieren und frankieren musste. Ich kenne seinen Inhalt«, sagte Ruth. »Magst du lesen, Mutter?«

Sichtlich erfreut über diese Botschaft nahm Anna den Brüderbrief und las, was Lehrer Aeschlimann unter dem Datum 4. Oktober 1938 geschrieben hatte: »*Liebe Brüder! Der Herr hat sein Wort in Erfüllung gehen lassen: ›Ich will dich nicht verlassen noch versäumen.‹ Wir können Euch nun mitteilen, dass uns der Herr einen Nachfolger geschenkt hat. Pfarrer Friedrich Busch, bisher theologischer Lehrer am kirchlichen Auslandsseminar in Ilsenburg/Harz, hat uns eine Zusage gegeben, und die Mitglieder des Hauptvorstandes haben ihn bereits gewählt. Er wird wahrscheinlich etwa am 20. Oktober zu uns übersiedeln ... P. Busch ist 29 Jahre alt und mit der Tochter eines Superintendenten in Rheydt verheiratet. Er hat ein Kind ... Er ist in erster Linie ein Schüler Professor Schniewinds, der ja ein warmer Freund Bahnaus ist ... waren wir einmütig der Überzeugung, dass der Herr uns mit ihm den rechten Mann für unser Werk schenkt. Mit Rücksicht auf sein Alter liegt die Leitung des Hauses zunächst weiter noch in den Händen des Hausvorstandes ... Der Brüderrat des Ostpr. Gemeinschaftsbundes hat in seiner gestrigen Sitzung der Berufung von P. Busch freudig zugestimmt ... Wir wollen alle beten, dass der Herr ihm einen gesegneten Eingang bei uns schenkt.«*

»Wollen wir wirklich tun, Kinder«, sagte Anna, nachdem sie den Brief bis hierhin gelesen hatte. »Wollen wir darum beten, dass Bruder Busch sich wird wohlfühlen mit seiner Familie in unserer Bruderschaft und dass er wird bleiben länger erhalten als sein Vorgänger.« Nach einem Moment des Nachdenkens ergänzte sie leise, als dürfe sie diesen Gedanken nicht laut aussprechen: »Stehen die Zeiten nicht gut, Johann. Weiß doch niemand, was noch alles wird einfallen den Nazileuten, zu schikanieren Bekennende Kirche und Fromme im Land und wo noch wird hinbringen braunes Reich uns und das Werk.«

»Immerhin hat es die Arbeitslosigkeit im Reich beseitigt, Mutter«, stellte Johann fest.

»Und unsere Kärntner Brüder arbeiten inzwischen auf deutschem Boden«, ergänzte Ruth.

»Habt recht, ihr beiden«, gestand die Mutter zu. »Dürft aber nicht vergessen, wie viele Christenmänner der Bekennenden Kirche wurden entfernt aus ihren Ämtern und müssen sitzen gar irgendwo in Gefängnissen, weil haben gewagt, widersprechen dem Staat und seiner Kirche.«

»Zum Beispiel der Gründer des Pfarrernotbundes Martin Niemöller«, wusste Ruth.

»Ist im Gefängnis und viele andere standhafte Brüder«, seufzte Anna ein wenig auf. »Wundere mich, dass sie noch nicht haben in Haft genommen Bruder Max Fischer von Königsberger Gemeinschaft Bethlehem. Hat der Mann viel Bedrängnis und schon manche Hausdurchsuchung. Ohne Erfolg. Hat neulich auch stark widersprochen in einer Sache wegen Überschuss im Jahresbericht trotz Kollektenverbot. Und hat sich auch geweigert zu geben Saal für Parteiveranstaltung.«

»Vielleicht weil er nur Gemeinschaftsbruder ist und nicht Kirchenmann? Was denkst du, Johann?«, fragte Ruth.

»Vielleicht?«, zuckte der mit den Schultern. »Max Fischer steht zwar unter ständiger Beobachtung der Gestapo. Aber er ist ihnen vielleicht trotz allem nicht wichtig genug.«

»Denke ich, lebt Bruder Fischer unter besonderem Schutz Gottes«, vermutete Anna. »Wird vielleicht gebraucht für andere Aufgaben? Wer kann wissen? Darf vielleicht auch deshalb nicht dienen in Wehrmacht, wie andere, und nicht nur, weil sein Arm ist gelähmt.«

»Die Brüder Gross und Kapitzke haben demnächst ihren Militärdienst beendet. Der eine geht dann zur Süddeutschen Vereinigung nach Heilbronn, der andere nach Parchim in Mecklenburg«, wusste die Schwester. »Das steht auf der Rückseite des Briefes.«

»Habe ich gelesen. Wird auch eingezogen zum Heeresdienst Bruder Bernecker«, ergänzte Anna. »Wird zunächst wohl nicht beginnen seinen Dienst irgendwo.«

»Dann wird er es später tun«, gab sich Johann überzeugt. »Ich werde ja wohl auch nach meinem Abschluss im nächsten Jahr erst den Dienst für Führer, Volk und Vaterland tun müssen.«

»Das klingt aber nicht sehr begeistert, Brüderchen«, stellte Ruth fest.

»Die Begeisterung wird dann schon kommen«, lachte der Bruder kurz auf und fuhr fort: »Im Augenblick bedauere ich viel mehr, dass wir in diesem Jahr keine neuen Schüler aufnehmen.«

»Wird Grund liegen in der Politik«, meinte die Mutter. »Macht mir mehr Sorge dieses Abkommen von München von voriger Woche. Habe gelesen in Zeitung.« Ihre beiden Kinder schauten die Mutter fragend an.

»Ja, macht mir große Sorge«, bestätigte Anna. »Ist nicht gut, was haben beschlossen der Führer und diese Staatsmänner in München wegen Sudetenland und Staat Tschechoslowakei. Wird sicher nicht erhalten den Frieden für unsere Zeit, wie stand geschrieben. Habe dazu keine gute Ahnung.«

»Dann gib deine schlechte Ahnung mit dem Gebet für den Herrn Lizentiaten mit in die fünfte Himmelsrichtung, Mutter«, schlug Johann vor, stand vom Tisch auf und verabschiedete sich. »Ich muss wieder rüber ins Brüderhaus. Lebt wohl, ihr beiden. Matthäus 6,33! Das mit München wird sich schon regeln, Mutter. Später eine gute Nacht!«

»›Matthäus 6,33‹ ist ein viel schönerer Gruß als der, den man draußen sagen muss«, bemerkte Ruth, als ihr Bruder den Raum bereits verlassen hatte.

»Ist wirklich so, mein Kind«, bestätigte Anna. »Kommt das Heil auch sicher nicht von Adolf Hitler. Ist ein teuflischer Mensch. Kommt das Heil von den Juden allein, sagt Evangelist Johannes und ist so. Und ist Heil allein in Christus und seinem Namen, sagt Lukas in Apostelgeschichte. Wird sich böse rächen Nazi-Umgang mit Juden und gläubigen Christen.« Nach einem Moment des Überlegens fügte sie an: »Aber haben sie verworfen diesen Eckstein, diese Nazis und ihre Kirche. Wird nehmen kein gutes Ende. Ist meine Ahnung, und ist keine gute Ahnung.«

»Aber die Bahnauer Bruderschaft steht auf diesem Eckstein, Mutter«, versuchte Ruth die Mutter zu beruhigen. »Und der neue Leiter wird sicher dieses Fundament stärken und unser Werk darauf weiter aufbauen.«

»Segne ihn dafür unser großer Gott!«, antwortete Anna und

beendete damit das Tischgespräch, um sich anderem zuzuwenden. Aber da fiel ihr doch noch etwas ein. »Hast gehört etwas von Bruder Anders und der Buchhandlung in Rosenberg?«

»Ja, habe ich, Mutter«, antwortete Ruth. »Die Buchhandlung gehört nicht mehr zum Brüderhaus. Die Nazis haben verboten, dass christliche Werke eigene Buchhandlungen haben.«

»Und was wird sein? Muss werden geschlossen?«

»Nein, Mutter, das muss nicht sein. Bruder Anders hat die Buchhandlung in seinen Privatbesitz übernommen, und er wird sie in seine Heimatstadt Spremberg in der Niederlausitz verlegen. Dort kann er sie wie bisher weiterführen. Und wenn sich die Zeiten später geändert haben, gibt er sie an die Bruderschaft zurück. Das ist im Stillen so vereinbart.«

»Dann segne ihn dafür auch unser großer Gott und seine Familie«, beendete Anna nun doch das Gespräch.

Pfarrer Lic. Friedrich Busch und seine Familie wurden von den Menschen des Brüderhauses herzlich begrüßt. Alle waren bemüht, dem jungen Mann das Einfinden ins Werk und in seine Arbeit leichtzumachen. Jedermann auf dem Gelände lernte bald seine unkomplizierte, freundliche und humorvolle Art zu schätzen. In seiner menschlichen Bescheidenheit und seiner persönlichen Wahrhaftigkeit wurde er ihnen bald zum großen Vorbild. Die Mitarbeiter hatten gerne mit ihm zu tun, die Schüler hingen an seinen Lippen, wenn er ihnen vor dem Hintergrund seines äußerst umfangreichen theologischen Wissens die Heilige Schrift erklärte und auslegte, wenn er ihnen das bewährte biblisch-reformatorische Erkenntnisgut vermittelte und wenn er seine persönlichen Glaubenserfahrungen – übrigens auch solche seiner beiden älteren Brüder Wilhelm und Johannes, die ebenfalls bekennende Theologen waren – in den Unterricht und die Vorträge einbaute.

Gerne gingen die jungen Männer in die Seelsorge zu ihm, wenn sie unter seinem vollmächtigen Wort irgendeinen Makel oder auch geistlichen Mangel in ihrem Leben entdeckt hatten und ihn beseitigt wissen wollten. Dabei war Pfarrer Busch doch kaum älter als die meisten von ihnen. Die Brüder schätzten seinen sanftmütigen, von tiefer brüderlicher Liebe geprägten Umgang mit ihnen, der niemals jemanden bloßstellte, sondern der in der schwierigsten Lage noch Mut machte, in Treue und Ergebenheit dranzubleiben – oder einen ganz anderen guten Weg außerhalb des Werkes zu gehen.

Und wieder Krieg

Auch in den ostpreußischen Gemeinschaften fand Friedrich Busch bald einen guten Eingang, und die Brüder der Bekennenden Kirche nahmen den jungen Theologen rasch als einen der Ihren an. Fanden sie in ihm doch einen Bruder, dem es ein tiefes Anliegen war, lebendigen Jesusglauben mit fundierter wissenschaftlicher Theologie zu verbinden. Sein Wort galt etwas und wurde in der gläubigen Pfarrerschaft ebenso gerne gehört wie in den ostpreußischen Gemeinschaftskreisen. Weniger gern wurde es bei der Gestapo gehört, die sofort ein scharfes Auge auf den Theologen hatte und ihn wie viele andere unliebsame Männer seines Fachs überwachte. Die staatlichen Behörden nahmen dann auch keine Rücksicht auf die besondere Position des Mannes, als sie im August 1939 die Einberufungsbescheide an alle deutschen jungen Männer des Brüderhauses verschickten.

Auch Friedrich Busch bekam seine Post. Er ahnte: Hitler wollte den Krieg im Osten. Es war nur eine Frage der Zeit, wann der »größte Führer aller Zeiten« den Anlass für den Befehl finden würde, im Osten loszuschlagen. Der polnische »Korridor« sollte zurück zum Reich, und der Freistaat Danzig erst recht. Das deutsche Volk brauche zur »Sicherstellung der Ernährung« dringend die »Erweiterung des Lebensraums im Osten«. Es musste folglich gegen Polen gehen, dessen slawische Bevölkerung gemäß Hitlers Ideologie ohnehin als »minderwertig« galt. Neben der germanischen »Herrenrasse« hatten Polen keine begründbare Daseinsberechtigung. Die nationalsozialistische Propagandamaschine lief seit langem auf Hochtouren, die Zeitungen berichteten, der Rundfunk meldete entsprechende Kriegsvorbereitungen.

Zu denen gehörte auch, dass Hitler mit Stalin, dem Führer seines verhassten Todfeindes Bolschewismus, gerade in diesen Tagen einen Pakt geschlossen hatte, in dem sich beide Diktatoren gelobten, sich gegenseitig nicht anzugreifen. Welch ein Irrwitz: Der Nationalsozialismus paktierte mit dem Bolschewismus, extrem Rechts mit extrem Links. Das sollte einer verstehen! Das polnische Volk lebte unglücklicherweise zwischen den beiden großen Mächten. Hitler wollte sich wohl zunächst nach Osten absichern, bevor er gegen Polen vorging.

Über das Brüderhaus legte sich die Trauer eines Abschieds für unbestimmte Zeit. Es galt für die wehrfähigen Männer, dem Ruf des »Führers« zu folgen und in den Wehrmachtsuniformen ihrer staatsbürgerlichen Pflicht nachzukommen. Unter den Brüdern waren allerdings wenige, die davon wirklich begeistert waren, aber nach dem christlichen Verständnis von Römer 13 und 1. Petrus 2 gab es aus ihrer Sicht keine Begründung, sich dem Staat zu verweigern und die Koffer und Tornister nicht zu packen.

Pfarrer Busch rief die Hausgemeinde noch einmal zusammen zu einer letzten gemeinsamen Andacht mit Feier des Heiligen Abendmahls, um den Scheidenden und den Bleibenden das Wort Gottes auszulegen, jeden Einzelnen für die kommenden ungewissen Monate geistlich zuzurüsten und mit Glaubenszuversicht zu stärken.

Es war eine zutiefst bewegende Stunde. Am Ende des Gottesdienstes fasste die Hausversammlung die Botschaft mit einem Lied des schwäbischen Dichterpfarrers Friedrich Hiller zusammen, in großer Zuversicht darauf, dass Gott jeden Einzelnen seinen guten Weg führen würde:

»Es jammre, wer nicht glaubt! / Ich will mich stillen; / mir fällt kein Haar vom Haupt / ohn Gottes Willen. / In Jesus hab ich hier / das beste Leben; / und sterb ich, wird er mir / ein bessres geben.«

Wenige Tage später waren alle einberufenen Brüder aus Bahnau abgereist. Auch Anna Flemming musste ihren Sohn ziehen lassen. Die Erinnerung an den letzten Abschied von ihrem Emil und an den Tag der Todesnachricht stand ihr wieder schmerzlich vor Augen. Welches Schicksal war Johann bestimmt? Der »Heldentod«, den sein Vater schon hatte sterben müssen? Das gnädige Überleben und Heimkehren, wie andere es erfahren hatten? Es war der Mutter nur ein geringer Trost, dass Johann ihr beim Abschied auf dem Heiligenbeiler Bahnhof noch einmal wiederholte, was sie selbst einige Abende zuvor mitgesungen hatte: »Nicht jammern, Mutter. Du glaubst doch. Es ist und bleibt so: ›Mir fällt kein Haar vom Haupt ohn Gottes Willen. In Jesus hab ich hier das beste Leben; und sterb ich, wird er mir ein bessres geben.‹«

Auch Pfarrer Friedrich Busch kam seinem Stellungsbefehl nach. Freilich ging er nur schweren Herzens, ließ er doch nicht nur Frau und Kind zurück, sondern auch eine Arbeit, die er kaum richtig in die Hände genommen und doch schon zutiefst ins Herz geschlossen hatte.

Die Leitung des Brüderhauses lag nun allein in den Händen von Lehrer Ernst Aeschlimann und seiner Frau. Unterricht gab es keinen mehr. Also blieb für jetzt und später nur, das Werk zu verwalten und den Kontakt zu den Brüdern aufrechtzuerhalten, ob sie zunächst in den Kasernen auf ihre Einsätze vorbereitet wurden oder ob sie nach dem Beginn des Krieges am 1. September irgendwo in Polen oder später an anderen Orten im Kampfeinsatz waren. Wenn sie von dort aus Lebenszeichen schickten, Front-Erfahrungen mitteilten und manchen seelsorgerlichen Rat erbaten, sollten sie Antwort bekommen.

Es galt auch, den Kontakt zu den Gemeinschaften im Land zu

halten, denen durch die Einberufung ihrer Prediger die geistliche Versorgung beschnitten worden war. Auch hier gingen viele Briefe ins Land mit Texten erbaulichen, Mut machenden und tröstenden Inhalts. Johannes Wieder hatte täglich eine Menge Post zu erledigen. Ruth Flemming stand ihm nicht mehr als Gehilfin zur Verfügung. Sie hatte inzwischen geheiratet und war zu ihrem Mann nach Königsberg gezogen. Später wurde der Sekretär dann auch eingezogen, um fern von seiner Familie und seiner Aufgabe im Oberkommando der Wehrmacht in der Berliner Bendlerstraße Dienst zu tun.

Jetzt lag auch seine Arbeit auf den beiden Aeschlimanns. Neben der Erledigung der umfangreichen Korrespondenz waren Freizeiten, Konferenzen und Tagungen zu organisieren und vorzubereiten, die trotz schwieriger Zeit noch durchgeführt werden konnten. Das durfte aber zumeist nur verdeckt und leise geschehen, damit die Gestapo keinen Wind davon bekam. Dabei war vieles möglich, trotz des Krieges, der sich rasch zum Weltkrieg ausgeweitet hatte, und trotz der andauernden Beobachtung durch die Geheime Staatspolizei, sicherlich dank der besonderen Bewahrung des Brüderhauses. Ostpreußen blieb ja auch noch lange friedlich und vom direkten Kampfgeschehen unerreicht. Ernst Aeschlimann und seine Helfer auf dem Brüderhaus-Gelände und in der Region – einer von ihnen war Max Fischer, der von Königsberg her häufig zur Hilfe nach Preußisch Bahnau kam – erlebten gerade deshalb segensreiche Zeiten für sich selbst und für viele andere.

In den ersten Kriegsjahren blieb die Bruderschaft von Verlusten verschont. Doch im Sommer 1941 musste eine neue Liste ihrer Opfer angelegt werden, in die mit dem Fortgang des unseligen Weltbrandes mehr und mehr Namen eingetragen werden würden. Trostbriefe an Mütter, Väter und Geschwister der Brüder zu schreiben, an Witwen und Waisen und an Gemeinden wurde für Ernst Aeschlimann zur traurigen Pflicht. Lieber jedoch schickte er die regelmäßigen Brüderbriefe weiter, die Friedrich Busch von seinen jeweiligen Einsatzorten nach Bahnau sandte, damit sie von hier aus die Angehörigen der Bruderschaft und ihre Familien erreichten.

Den Trostbrief an Anna Flemming brauchte Herr Lehrer freilich nicht zu schreiben. Der Mutter die Nachricht vom Tod ihres Sohnes zu überbringen, dazu reichte der Weg über den Hof. Seine Frau nahm ihm den ab. Ein wahrhaft schwerer Dienst für Luise Aeschlimann und doch von Frau zu Frau leichter als für den Mann. Der Lehrer kam mit seiner Anteilnahme erst dazu, als der erste Schrecken überwunden war und die ersten Tränen getrocknet waren. Dann waren es die Hauseltern, die in ihrem Mitleid von Annas Antwort getröstet wurden.

»Hat Johann zuletzt gesagt zu mir die Worte, die ich habe genau gemerkt: ›Nicht jammern, Mutter. Du glaubst doch. Es ist und bleibt so: Mir fällt kein Haar vom Haupt ohn Gottes Willen. In Jesus hab ich hier das beste Leben; und sterb ich, wird er mir ein bessres geben.‹« Anna Flemming wischte sich ein paar Tränen vom Gesicht und fuhr mit belegter Stimme fort: »Ist Johann gestorben so jung. Aber hat jetzt besseres Leben. Hat der Herr gegeben, hat der Herr genommen, sei der Name des Herrn gelobt. Amen.«

Erstaunlich und bewegend, mit welcher Kraft die Frau das Unbegreifliche zu fassen vermochte. Auch solche Kraft kam wohl aus der fünften Himmelsrichtung und gehörte zu den »Zufällen« Gottes.

Mit dem Fortgang des Krieges und den zunehmenden Bombardierungen deutscher Städte durch britische und dann auch amerikanische Bombergeschwader kamen bald eine große Zahl Menschen nach Ostpreußen, die aus ihren Heimatstädten evakuiert worden waren. Auch das Brüderhaus nahm viele solcher Menschen auf und bekam dadurch wieder eine ähnliche Aufgabe wie schon 1914. Wie gut war es da, dass seine Land- und Gartenwirtschaft weitergeführt wurde und die nötigen Erträge erbrachte, so dass die Menschen auch versorgt werden konnten. Für die geistliche Begleitung war ohnehin gesorgt. Als die Luftangriffe dann Ostpreußen erreichten und Königsberg die ersten Bombardements erlebte, die schwersten im August 1944 mit etwa 15 000 Toten, gingen auch von dort viele Überlebende zu ihrer Sicherheit aufs Land, zumeist Frauen, Kinder und alte Menschen.

Unter ihnen war auch die Familie von Max Fischer, die auf dem Brüderhausgelände das sogenannte Pastorhäuschen beziehen konnte. Dieses Haus war frei geworden, denn Friedrich Busch war 1944 in Russland gefallen und seine Witwe war mit ihrer Tochter Christiane ins Rheinland zu ihren Eltern gezogen. Das Bahnauer Werk hatte innerhalb weniger Jahre seinen dritten Leiter verloren. Tragisch und schlimm war das! Aber wer verstand schon die Wege Gottes? Sie waren und blieben bei allem Schweren, das sie enthielten, heilige Wege.

Der großen Familie Fischer kam dieser traurige Tatbestand zugute. Zu acht Personen teilten sie sich das Häuschen. Dora Fischer mit ihren vier Kindern zwischen 13 und knapp 5 Jahren, dazu ihre Eltern Schmidt, die Tilsit hatten verlassen müssen, und Fräulein Martha Kobalter, eine junge, gläubige Frau, die 1940 aus Kärnten nach Königsberg gekommen war und seitdem bei Fischers als Hausmädchen arbeitete. Max Fischer selbst, der seit einiger Zeit zu seinen Aufgaben als Prediger in der Knochenstraße auch zum Pfarrer an der Königsberger Luther-Kirche berufen war, kam jeweils sonntagabends nach Preußisch Bahnau, um den freien Montag mit seiner Familie zu verbringen und seinem ehemaligen Lehrer das ein oder andere an Arbeit abzunehmen.

Im Herbst 1944 überschritten die russischen Verbände die bisherige Frontlinie und drangen von Osten her ins Land ein. Die deutschen Truppen vermochten sie nicht aufzuhalten wie 1914 die Narew- und die Njemen-Armee. Vor der heranrückenden Roten Armee flüchteten Tausende Menschen in großen Trecks nach Westen Richtung Elbing und Danzig und gegen das Haff, um dem Brandschatzen, Morden und Vergewaltigen der Rotarmisten zu entgehen. Was diese Leute an Nachrichten mitbrachten, wie die russische Soldateska mit der deutschen Bevölkerung umging, vornehmlich mit den Frauen – im Dorf Nemmersdorf bei Gumbinnen mussten sie es besonders brutal getrieben haben –, ließ denen, die es hörten, das Blut in den Adern gefrieren. Es erschien ihnen, als sei die Hölle losgebrochen.

Auf dem Brüderhausgelände gab es unendlich viel zu tun, um den durchziehenden Flüchtlingen eine Ruhepause, eine warme Mahlzeit und einen Schlafplatz zu bieten und ihnen Gelegenheit zum Windelnwechseln, Wäschewaschen und Kleidertrocknen zu geben. Hauptsächlich die Frauen waren beinahe rund um die Uhr beschäftigt mit Kochen, Backen, Waschen und Richten. Anna Flemming mitten drin. Das war auch gut so. So blieb ihr keine Zeit für die Trauer um die Tochter und ihre Familie, die im Bombenhagel in Königsberg ums Leben gekommen waren. Oder vielleicht auch mit Gott zu hadern wegen des neuen Leids, das sie tragen musste. »Es jammre, wer nicht glaubt ...«

Im Januar 1945 wurde die Lage in der Region dann noch bedrängender. Die Russen standen schon tief im Land, kurz vor Königsberg und diesseits der masurischen Seen. Der Landweg nach Elbing und Danzig war auch bereits versperrt, so dass Flucht nur noch über das Frische Haff und die Nehrung möglich war. Die letzten Ordnungen menschlichen Miteinanders drohten zusammenzubrechen. Das galt auch für das Brüderhausgelände unter dem Kreuz auf dem Giebel des Jubiläumsbaus und unter der Wetterfahne mit der Erinnerung an Matthäus 6,33.

Aber hatte Gott nicht tatsächlich der bei den Nazis verhassten Einrichtung auch jetzt Besonderes »zufallen« lassen? Hatte nicht Gott allen boshaften Bemühungen der Gestapo gewehrt, sich das Gelände, seine Häuser und seine Wirtschaft anzueignen, um dort ein Lehrerinnen-Seminar einzurichten? Hatte nicht er dem Prediger und Pfarrer Max Fischer und dem befreundeten Konsistorialrat Karl Weder, Pfarrer der Burgkirchengemeinde in Königsberg, den Weg nach Heiligenbeil zum Chef der Luftwaffe in Ostpreußen gewiesen, damit dieser Mann das Brüderhaus zur Lagerstätte für wertvolle Apparaturen machte und so das Gelände vor dem weiteren Zugriff durch die Provinzregierung bewahrte? Es musste schon so gewesen sein. Die Orientierung auf die fünfte Himmelsrichtung hatte sich auch in dieser Zeit sichtbar bewährt.

Das kam dann auch der wachsenden Not der Zeit entgegen. Das Brüderhaus und seine Menschen konnten tausendfach helfen, und das nicht nur in äußeren Dingen, sondern auch durch geistlichen und seelsorgerlichen Zuspruch in den inneren. Der Flüchtlingsstrom wurde jedoch größer, und die Möglichkeiten zu helfen wurden geringer. Für Max Fischer und seine Familie, für Ernst Aeschlimann, seine kränkelnde Frau Luise und ihre Tochter Hannah Müller, deren Mann Karl irgendwo im Feld war, wurde das Fragen nach dem eigenen Weg immer drängender. Auch Gertrud Wieder mit ihrem Sohn Johannes und die wenigen verbliebenen Mitarbeiter fragten sich jeden Tag banger, was sie tun sollten: Bleiben, wie es ein älterer Predigerbruder forderte, weil er überzeugt war, dass Flucht ein Zeichen von Unglauben sei? Sich in irgendeinem Untergrund verbergen, bis die größte Gefahr vorbei war? Eigene Fluchtwagen herrichten, mit dem Nötigsten beladen und auch über das Haff …? Und wenn, dann als Leute des Brüderhauses zusammenbleiben oder getrennt als einzelne Familien den Versuch wagen? Oder sich dem befreundeten Gutsbesitzer Hinzmann anschließen oder Bauer Hennig, die beide zur Flucht rieten und bereits eigene Vorkehrungen trafen? Jetzt war guter Rat so teuer wie nie zuvor, und Max Fischer hätte gerne ein deutliches Zeichen vom Himmel bekommen, was das Richtige sei.

Als die Wehrmacht dann doch noch Wohnraum des Brüderhauses beschlagnahmte und einen Kommandostand einrichtete, glaubte er es zu wissen und stellte für die Brüderhaus-Familien und ihre Mitarbeiter einen kleinen Treck zusammen. Mehrere Wagen und Schlitten wurden mit dem Nötigsten für Mensch und Tier beladen. Dann ging es am 27. Januar bei klirrender Kälte unter stahlblauem Himmel auf den Weg in Richtung Haff. Der Fluchtversuch scheiterte jedoch. Sie konnten das Haff nicht überqueren. Der ostpreußische Gauleiter Koch hatte von einem Eisbrecher eine Fahrrinne brechen lassen. Wozu nur? Um die Zivilbevölkerung an der Flucht zu hindern? Um sich selbst einen Fluchtweg über das Wasser zu öffnen? Es war müßig, darüber nachzudenken. Die Bahnauer mussten umkehren, wie viele andere auch. Sie fanden sich am Abend im alten Zuhause unter Kreuz und Wetterfahne wieder.

Am 3. Februar machten sie einen zweiten Versuch, das Haff zu überqueren. Er scheiterte ebenso. Die Frage, die sich dadurch ergab, ob Gott anderes wollte als Flucht, musste nicht lange besprochen werden. Von der SS kam ein Erlass, der besagte, dass das Gebiet um Heiligenbeil zum Hauptkampfplatz werde und Bahnau bis zum 8. Februar von der Zivilbevölkerung zu räumen sei.

Diesmal wurden nur zwei Wagen bepackt mit Kisten, Koffern und Rucksäcken, Heuballen und Hafersäcken. Sie hängten den zweiten, kleineren an den ersten an. »Hella« und »Palme«, die beiden vorgespannten Pferde, würden ganz schön zu ziehen haben durch Schnee, Schneematsch und Schlamm. Die Menschen sollten Rücken und Hände frei behalten, um notfalls an den Fahrzeugen helfen zu können. Dabei würden sie es ohnehin schon schwer haben, sich selbst fortzubewegen.

An diesem denkwürdigen Donnerstagmorgen versammelte Max Fischer seine Leute, denen sich diesmal nur noch Bauer Hennig angeschlossen hatte, im strömenden Regen zu einer kurzen Andacht um sich. Er gab die Devise aus, sich auf keinen Fall zu trennen, sondern unter allen Umständen zusammenzubleiben.

Dann befahl er die Flüchtlingsgruppe und sich selbst der Gnade Gottes an und machte Großen und Kleinen Mut mit ein paar Paul-Gerhardt-Versen:

»Befiehl du deine Wege / und was dein Herze kränkt / der allertreusten Pflege / des, der den Himmel lenkt. / Der Wolken, Luft und Winden / gibt Wege, Lauf und Bahn, / der wird auch Wege finden, / da dein Fuß gehen kann …

Und ob gleich alle Teufel / hier wollten widerstehn, / so wird doch ohne Zweifel / Gott nicht zurücke gehn; / was er sich vorgenommen / und was er haben will, / das muss doch endlich kommen / zu seinem Zweck und Ziel …

Ihn, ihn lass tun und walten, / er ist ein weiser Fürst / und wird sich so verhalten, / dass du dich wundern wirst, / wenn er, wie ihm gebühret, / mit wunderbarem Rat / das Werk hinausgeführt, / das dich bekümmert hat.«

Auf diese Weise innerlich gestärkt und doch zutiefst aufgewühlt verteilte Max Fischer seine fünfzehn Leute auf und an die Wagen. Jeder bekam seinen Platz. Von Opa August Kohn musste er sich leider verabschieden. Er tat es schweren Herzens. Aber der Mann, der sein ganzes Leben auf dem Gelände des Brüderhauses verbracht hatte, wollte sein Bahnau auch angesichts des möglichen Verderbens und Todes nicht verlassen. Alt geworden und ohnehin vor den Toren der Ewigkeit habe er nichts zu verlieren. Nein, er wollte bleiben!

Anna Flemming wurde Bauer Hennig zugeteilt, der am hinteren Wagen gehen sollte. Max Fischer nahm die Frau, der dicke Tränen über das Gesicht liefen, einmal kurz in den Arm: »Musst nicht weinen, Anna. Auch du kannst nicht tiefer fallen als in die Hände Gottes.«

»Weiß ich«, gab die Frau leise zurück, »weiß ich, Bruder Fischer. Aber ist schwer, Heimat verlassen. Weiß ich auch, ›fällt mir kein Haar vom Haupt ohn Gottes Willen. In Jesus hab ich hier das beste Leben; und sterb ich, wird er mir ein bessres geben‹. Waren letzte Worte von Johann für mich.«

Max Fischer schnürte es die Kehle zu, fiel ihm der Abschied von Bahnau doch auch unsagbar schwer. Mit fast tonloser Stimme antwortete er: »Gut, dass du es so sagen kannst, Anna.« Mit einem letzten wehmütigen Blick hinauf zu Kreuz und Wetterfahne begab sich der Mann schweren Schrittes nach vorne zu den Pferden, um den kleinen Treck anzuführen. Sein eigenes Geschick und das seiner Leute, die er übers Haff führen wollte, lagen völlig in Gottes Hand. Das Geschick des geliebten Brüderhauses und seiner Bruderschaft ebenso, wie das der Heimat in diesem herrlichen Land und das des ganzen deutschen Volkes. Bei allem, was kommen würde – Max Fischer ballte für einen Moment seine gesunde Hand zur Faust –, dennoch blieb das Kreuz, und es blieb die Botschaft von Matthäus 6,33 …

Sie brauchten bis zum Abend, um den Strand des Haffs zu erreichen. Einen ganzen Tag für nur sieben Kilometer. Es war bei den vielen Flüchtenden einfach kein schnelleres Durchkommen. Dann brauchten sie die Nacht für zwölf Kilometer, um nach genauer Anweisung das knarrende und krachende Eis zu überqueren. In der Dunkelheit, bei Sturm und Regen und im knöcheltiefen Eismatsch ein schwieriges, waghalsiges und Kräfte raubendes Unterfangen. Wenige Positionslichter kennzeichneten die Spur. Im frühen Morgengrauen endlich drüben, ließ deutsches Militär die Flüchtlinge mit ihren Fahrzeugen nicht auf die Nehrung. Dort sei kein Platz zum Durchkommen. Die militärischen Nachschubwege müssten freigehalten werden. Schlimm für die Flüchtlinge! Der rettende feste Boden mit dem Ort Narmeln lag vor ihren Augen und war doch unendlich weit entfernt. Was sollte nur werden?

Waren die vierzehn Bahnauer bisher zusammengeblieben, so mussten sich die drei Aeschlimanns nun doch von der Gruppe trennen. Frau Lehrer hatte plötzlich Blut brechen müssen und hohes Fieber bekommen. Die drei wollten im Dorf nach Hilfe suchen, und als Fußgänger durften sie das Eis verlassen. Welch eine schmerzliche Trennung! Max Fischer hatte in seinem Leben noch nicht oft geweint. Aber bei diesem Abschied von seinem alten Lehrer konnte er die Tränen nicht zurückhalten. Dennoch: »Es jammre, wer nicht glaubt ...« Ein Wiedersehen lag in Gottes Hand.

Mit zunehmender Helligkeit wurde das Elend der Tausenden von Flüchtlingen erschreckend sichtbar. Überall herrenlose Gepäckstücke, zerbrochene Wagen, verendete Tiere. Überall fluchende Männer, weinende Frauen, schreiende Kinder – ratlose und verzweifelte Menschen. Am Straßenrand eine Menge zusammengebrochener Leiber, die mit dem Tode rangen oder bereits seine Opfer geworden waren. Furchtbar! Gespenstisch! Wer bei Tageslicht versuchte, trotz anderer Weisung mit Pferd und Wagen an Land zu kommen, wurde unerbittlich zurückgedrängt. Befehl war Befehl. Dann kamen auch noch russische Tiefflieger, die aus ihren Bordwaffen auf alles schossen, was sich unter ihnen bewegte. Dabei fanden sie ihre Opfer, wobei die Bahnauer gnädig verschont blieben. Für die hieß es hoffen und beten, beten und hoffen, möglichst abwechselnd auf den Wagen ein wenig schlafen, Kräfte sammeln und danken, dass bisher niemand von ihnen zu Schaden gekommen war, und bei leichtem Regen weiter warten, dass sich die Möglichkeit auftat, die Nehrung mit den Wagen zu betreten.

Dann plötzlich ein schreckliches Knirschen und Krachen des Eises. Ohne weitere Vorwarnung brach der hintere der Bahnauer Wagen ein und drohte, den vorderen mit in die Tiefe zu ziehen. Den Männern gelang es gerade noch, die Pferde auszuschirren sowie einiges persönliches Gepäck zu lösen und herunterzuzerren. Martha Kobalter und Anna Flemming halfen neben und auf dem Fahrzeug, so gut sie konnten. Der Versuch, die beiden Wagen voneinander zu lösen, scheiterte. Dann plötzlich Marthas gellender Aufschrei: »Anna, spring! Der Wagen ...« Doch die Warnung kam zu spät. Es konnte auch niemand mehr rettend zugreifen. Das hintere Gefährt versank vollends und zog das vordere mit in die Tiefe. Einige Momente lang stand Anna Flemmings durchdringender letzter Aufschrei über dem Geschehen: »Nein!« Zurück blieben die Gefährten in stummem Entsetzen und ein schwarzes Loch im Eis, in dem das Wasser für ein paar Momente wirbelte und gurgelte, sich dann aber rasch wieder glättete. »... und sterb ich, wird er mir ein bessres geben.« Anna Flemming hatte auf tragische Weise das bessere Leben erreicht.

Zum Trauern blieb den anderen wenig Zeit. Es reichte zu einem kurzen gestammelten Gebet. Dann wurde das gerettete Gepäck verteilt – »Hella« und »Palme« wurden dabei zu Packpferden –, um möglichst bald ohne die hindernde Last der Wagen das Ufer der Nehrung zu erreichen und endlich festen Boden unter die müden Füße zu bekommen. Dort oben würde es dann im Strom der Tausenden mit Gottes Hilfe schon irgendwie weitergehen ...

Nur sehr mühsam erreichte die Bahnauer Gruppe Narmeln, um von dort ebenso mühsam über Neukrug nach Kahlberg zu gelangen. Auf dem Weg gingen zwei der Fischer-Kinder verloren. Gottlob, der Vater fand sie wieder. Während der Nacht verschwanden die beiden Pferde. Gestohlen von jemandem, der sie brauchte. Dann stürzten Dora Fischer und Gertrud Wieder in der Dunkelheit auf der beschädigten Terrasse ihres notdürftigen Nachtquartiers und verletzten sich dabei so, dass das weitere Fortkommen noch einmal erschwert war. Zum Glück ging es nur hinunter an den Strand der Ostsee. Im Gewühl der Menschen, die hier in schier unübersehbarer Menge darauf warteten, von Schiffen aufgenommen zu werden, ging Bauer Hennig verloren. Ihn hier zu suchen war zwecklos, musste aber auch nicht sein. Der Mann konnte sich auch allein durchschlagen.

Nach langer Wartezeit und heil überstandenen erneuten Tieffliegerangriffen kam ein Schiff, nahm auch die verbliebenen elf Bahnauer auf und brachte sie nach Danzig. Während der Fahrt gab es endlich die Möglichkeit, sich zu waschen und zu kämmen, zu schlafen und etwas Warmes zu essen. Nie zuvor hatte eine Erbsensuppe so gut geschmeckt wie die aus der Kombüse dieses Kriegsschiffes.

Von Danzig ging es weiter nach Stolp mit einem Zug, der in seinen Waggons wohl doppelt so viele Menschen beförderte, wie eigentlich hineinpassten. Dort in der hinterpommernschen Stadt hieß es in bedrückender Enge eines Klassenzimmers übernachten und warten, wie es denn weitergehen würde.

Am nächsten Tag erwies es sich dann wieder einmal, dass Gott auf der Flucht vor den Russen doch mit auf dem Weg war. Das war zwar immer wieder spürbar gewesen, aber der »Zufall« dieses Tages übertraf alles bisher Erlebte. Max Fischer hatte es in dem Klassenraum nicht mehr ausgehalten und war ziellos durch die Straßen von Stolp gegangen. Vor einem Schaufenster dieser fremden Stadt stehend wurde er unvermittelt von einem Mann in der Uniform eines Majors angesprochen und dabei sogar bei seinem Namen genannt: »Bruder Fischer, wo kommen Sie denn her?«

Der Angeredete erschrak zunächst heftig, erkannte den Mann aber dann sofort. »Bruder Gehlhoff, Sie hier?«, konnte er nur antworten, und dann lagen sich die beiden Männer stumm in den Armen. Viele Jahre waren sie beide Mitglieder des Bruderrates der Bekennenden Kirche Ostpreußens gewesen. Groß war die Freude, sich hier zu treffen, und einig waren sie sich darin: »Das tat Gott«! Max Fischer musste sofort berichten, wie es den letzten Bahnauern ergangen war. Der Major war erschüttert, aus dem Mund seines geistlichen Bruders und Freundes zu hören, welches Flüchtlingselend sich in seiner alten Heimat abspielte und welches Max Fischer mit seinen Leuten selbst erlebt hatte. »Und jetzt warten wir in diesem elenden Klassenzimmer auf Gottes weitere Wegführung«, schloss der Pfarrer seinen Bericht und seufzte dabei ein wenig auf.

Major Gehlhoff atmete ein paar Mal tief durch. Er schien zu überlegen. Dann ging ein Lächeln über sein Gesicht: »Ich denke, ich kenne Gottes Wegführung.« Max Fischer sah ihn fragend an. »Ich hole euch aus der Schule raus und bringe euch bei Pastor de Boor unter. Der ist mein Freund und nimmt euch auf. In ein paar Tagen schicke ich einen LKW nach Berlin, der nimmt euch mit. Ihr braucht nur ein wenig Geduld, bis ich alles organisiert habe.«

Major Gehlhoff war ein guter Organisator. Ihm gelang, was er sich vorgenommen hatte. Freilich hatte er keinen Einfluss darauf, dass Max Fischers Schwiegereltern krank wurden und in Stolp zurückbleiben mussten. Er konnte auch nicht verhindern, dass die LKW-Reise der sechs Fischers plus ihres Fräulein Martha und den zwei Wieders nach Berlin mehr als eine Woche dauerte und mit manchen weiteren Strapazen und Leiden verbunden war. Und doch erlebten die Beteiligten auch da kleine Wunder Gottes darin, wie er ihnen Versorgung und Bewahrung »zufallen« ließ.

Im weitgehend zerbombten Berlin gab es dann eine weitere Trennung: Gertrud Wieder wollte versuchen, mit ihrem Sohn von hier aus zu den Verwandten ihres Mannes nach Herzberg in der Ruppiner Schweiz im nördlichen Brandenburg zu gelangen. Die Fischers hatten sich als Zielort Köngen am Neckar vorgenommen, wohin die Familie seit längerem über Frau Busch eine Einladung hatte für den Fall, dass sie Ostpreußen verlassen müsste. Familie Fischer fand auch einen Zug. Der brachte sie in abenteuerlicher Fahrt bis nach Halle an der Saale. Hier war zunächst wieder Schluss mit der Reise. Dafür ließ Gott dem »Fähnlein der sieben Aufrechten« eine wunderbare Begegnung mit Julius Schniewind zufallen, der seit seiner Verbannung aus Königsberg als Professor an der theologischen Fakultät in Halle lehrte. Mit Freuden nahm er den Freund und seine Angehörigen in sein Haus und seine Familie auf und ermöglichte ihnen ein paar ruhige und erholsame Tage.

Als Max Fischer dann zum Aufbruch mahnte und auch von einem Zug wusste, mit dem sie weiterkommen konnten, gab Prof. Schniewind ihm ein Empfehlungsschreiben an den württembergischen Landesbischof Theophil Wurm mit, der ebenfalls einer der führenden Männer der Bekennenden Kirche war. Er sei sicher, das Schreiben werde hilfreich sein.

Der Zug brachte seine Reisenden bis vor Würzburg. Weiter ging's nicht. Die nächsten Kilometer mussten zu Fuß zurückgelegt werden. In der Stadt am Main machte Max Fischer Gebrauch von einer Empfehlung an Dekan Mertz, die Julius Schniewind ihm »zufällig« auch noch mitgegeben hatte, und erlebte, dass der unbekannte Bruder ohne Bedenken sein Haus für die sieben Flüchtlinge öffnete und ihnen so viel Gutes tat, wie es ihm möglich war.

Die Weiterreise nach Stuttgart wurde noch einmal dramatisch. Mehrfach mussten sie aussteigen, weil der Zug von Tieffliegern angegriffen wurde oder weil irgendein Hindernis auf der Strecke die Bahnfahrt aufhielt. Schließlich kamen die Reisenden dann doch im ziemlich zerbombten Stuttgart an, ohne dass jemand Schaden genommen hatte. Die Fischers gelangten am selben Tag noch bis Esslingen und nach einer Nacht in der dortigen Jugendherberge am nächsten Tag weiter bis Wendlingen. Von dort waren es nur noch wenige Kilometer bis nach Köngen. Ob sie dort im Pfarrhaus erwartet würden und willkommen waren?

Der Fußweg über die Römerbrücke in das Dorf auf der anderen Neckarseite zog sich unendlich weit. Kurz vor dem Ziel der wochenlangen Odyssee wollten die letzten Kräfte kaum noch reichen, die geschundenen Körper und das wenige verbliebene Gepäck bis zu ihrem Reiseziel zu tragen. Aber dann hatten die sieben müden, hungrigen, durstigen, schmutzigen und heruntergekommenen Gestalten doch den Kirchberg erklommen und standen völlig erschöpft vor der Tür des Pfarrhauses. Die Begrüßungsworte von Frau Pfarrer Stöffler klangen ihnen wie Engelsmusik: »Gott sei Lob und Dank, ihr habt überlebt und seid endlich da.«

Ja, sie hatten überlebt und waren endlich da, die letzten Bahnauer. Sie waren da, wohin der gnädige Gott sie zunächst einmal hatte führen wollen. Und es gehörte wohl auch zu seinen besonderen »Zufällen«, dass den Ankömmlingen beim Eintritt in das Haus ihrer neuen Freunde ein bekanntes Bibelwort vor Augen kam. Kalligrafisch gestaltet leuchtete es ihnen schwarz auf weiß entgegen: »Trachtet am Ersten nach dem Reiche Gottes und seiner Gerechtigkeit, so wird euch solches alles zufallen. – Matthäus 6,33!« Hier in diesem Neckardörfchen lebendig und unverletzt und als Familie vollständig angekommen und aufgenommen zu sein, war wohl der größte »Zufall« Gottes. Welche höhere Absicht sich dahinter verbarg, würde sich sicher erweisen. Zeigte es sich doch auch, dass dieser unselige Krieg bald zu Ende gehen musste, und das mit einer vernichtenden Niederlage des »Tausendjährigen Reiches«.

Neu-Bahnau: Wie es weiterging

Fräulein Martha und schwäbische Dorfidylle

Mit der Kapitulation der deutschen Wehrmacht am 8. Mai ging der Zweite Weltkrieg dann auch zu Ende. Am Abend dieses Tages erreichte Max Fischer als einsamer Zwei-Tages-Wanderer Unterweissach, ein verträumtes Dörfchen mit Handwerkern, Milch- und Obstbauern im Tal der Weissach am westlichen Rande des Schwäbischen Waldes, etwa 30 Kilometer nordöstlich von Stuttgart und wenige Kilometer östlich der an der Murr gelegenen Gerberstadt Backnang. Das Empfehlungsschreiben seines Freundes Julius Schniewind war tatsächlich sehr hilfreich gewesen. Der württembergische Landesbischof Theophil Wurm hatte den Bahnauer Bruder und Pfarrer der ostpreußischen Bekennenden Kirche zum Pfarrverweser von »Sankt Agatha« bestimmt. Die Gemeinde müsse versorgt werden. Wahrscheinlich werde der Ortspfarrer aus dem Krieg nicht zurückkehren. Die leider schlechte Nachricht sei nur noch nicht offiziell bestätigt worden.

Max Fischers Familie wartete derweil in Köngen darauf, wie sich die nahe Zukunft gestaltete. Ende Mai, der in diesem Jahr ein rechter Wonnemonat war und das schwäbische Land in einen blühenden Garten verwandelte, war es dann klar, wie es weitergehen sollte.

»Martha, wir dürfen packen.« Mit dieser Aufforderung überraschte Dora Fischer am Morgen eines sonnigen Junitages ihr Hausmädchen.

»Wo geht es hin, Frau Pfarrer?«, fragte die. »Wird denn da wenigstens Deutsch gesprochen?«

Dora Fischer musste über die Frage lachen, hatte sie doch ähnliche Schwierigkeiten mit der Sprache der Schwaben wie ihr Kärntner Hausmädchen. »In Unterweissach spricht man wahrscheinlich Schwäbisch wie hier. Aber wir beide werden es schon noch lernen, diese Sprache zu verstehen, Martha.«

»Verstehen vielleicht, aber wohl nie sprechen«, gab die zweifelnd zurück und fragte: »Bekommt Herr Pfarrer also die Stelle?«

»Er soll auf jeden Fall vorläufig bleiben. Später soll er sie dann wohl bekommen. Des einen Leid ist des andern Freud. So ist das nun mal im Leben. Der Pfarrer von Unterweissach ist in den letzten Kriegstagen leider noch ums Leben gekommen, und die Gemeinde braucht einen Pfarrer. Bischof Wurm hat Max für die vakante Stelle vorgesehen, und er soll bleiben. Die kirchliche Verwaltungsbehörde, Oberkirchenrat heißt die hier, muss dem nur noch zustimmen.«

»Und wie kommen wir nach Unterweissach?«

»Übermorgen kommt ein Gemeindeglied mit einem Traktor hierher und holt uns ab«, wusste Frau Fischer.

»Mit einem Traktor? Wie soll das denn gehen? Wir sind sechs Leute«, zweifelte Martha. »Hoffentlich bringt der einen Anhänger mit, auf den wir mit unseren Sachen draufpassen. Da hat sich inzwischen einiges angesammelt.«

»Mein Mann wird sicher daran gedacht haben. Lassen wir uns überraschen. Ruf die Kinder, Martha. Die wollen sicher beim Packen helfen.«

Zwei Tage später wurde der Anhänger der Zugmaschine eines freundlichen Unterweissacher Bauern mit dem fischerschen Hab und Gut beladen. Nach dankbarem und fröhlichem Abschied von der Pfarrersfamilie Stöffler und den anderen Hausbewohnern fanden die beiden Frauen und die vier Kinder – Hildegund, Manfred, Konrad und Gisela – auch noch ihre Plätze. Dann tuckerte das Fahrzeug los, um seinen Rückweg durch das Neckartal und von da über den Schurwald und die Buocher Höhe unter die Räder zu nehmen.

Wie war dieses Unterwegssein doch so anders als das vor sechs Wochen! Kein lauter, bellender Geschützdonner, keine heulenden

Tiefflieger, keine ratternden Militärkolonnen, keine engen und stickigen Zugabteile, keine Ruinen und Trümmerberge ... Dafür ruhiges Land, Felder, Wiesen und Wälder in idyllischer Natur zwischen friedlichen Dörfern. Und das alles unter strahlend blauem Himmel, den lediglich ein paar Schönwetterwölkchen zierten und immer wieder Greifvögel, die in der Höhe ihre Runden drehten. Wenn der Traktor nicht so laut getuckert hätte, hätte man wohl die Vögel in den Bäumen und im Gesträuch zwitschern und die Grillen in den Wiesen zirpen hören können. Und die Leute am Wegrand hätten mehr verstanden von dem, was die sechs Menschen auf dem Anhänger an Lob- und Dankliedern in den herrlichen Tag hinaussangen: »Die beste Zeit im Jahr ist mein, / da singen alle Vögelein, / Himmel und Erde ist der voll, / viel gut Gesang, der lautet wohl ...« – »Wie lieblich ist der Maien / aus lauter Gottesgüt, / des sich die Menschen freuen, / weil alles grünt und blüht ...« – »Geh aus, mein Herz, und suche Freud ...«

Das Pfarrhaus von Unterweissach war ein ehrwürdiges altes mehrgeschossiges Fachwerkgebäude ein paar Meter oberhalb der Durchgangsstraße auf dem »Herrenberg«. Dort gab es nach einigen Stunden Fahrt zum Empfang der Pfarrersfamilie ein heiteres Kaffeetrinken und Kuchenessen an schön gedeckter Tafel, das die anderen Hausbewohner vorbereitet hatten. Das war ein schönes Begrüßungsfest mit lebhaftem gegenseitigem Berichten und Erzählen. Danach wurde das Haus besichtigt, damit jeder künftig seinen Wohn- und Schlafplatz kannte. Martha Kobalter, in wenigen Tagen wurde sie 25, musste ihren vorläufig mit den drei großen Fischer-Kindern teilen. Unter dem mächtigen Hausdach wurde es zwar eng zu viert in einem Raum mit drei geschenkten Betten, aber es war doch heimelig. Die beiden Jungen mussten sich ihr Bett teilen. Das war dafür auch breiter als die beiden anderen.

Später gab es dann noch einen Rundgang durch den ein wenig verwilderten Pfarrgarten bergwärts hinter dem Haus. »Hier muss aber gründlich Ordnung gemacht werden«, stellte Martha fest und fragte im selben Atemzug: »Kann man im Juni eigentlich noch Kartoffeln pflanzen?«

»Warum nicht, Fräulein Martha? Wenn wir irgendwoher noch Pflanzkartoffeln bekommen«, gab Max Fischer zurück. »Ich kümmere mich drum. Für ihren Herrn Pfarrer tun die Leute hier viel. Nur deshalb konnte ich zum Beispiel Möbel, Bettzeug, Wäsche und Kleidung für euch beschaffen.«

»Gibt es Gartenwerkzeug?«, fragte Martha.

»Im Schuppen«, wusste der Pfarrer. »Leider nicht für Einarmige, sonst hätte ich schon … Sie mögen gleich morgen mit der Arbeit anfangen, Fräulein Martha. Die Jungen können helfen, wenn sie aus der Schule zu Hause sind.«

»Ist der Schulweg weit?«, kam die Frage fast gleichzeitig von den drei Großen.

Max Fischer musste lachen. »Gerade mal die Treppe runter, durchs Mauertor, über den Eingang zum Brühlweg, und ihr seid schon da. Gleich morgen geht es für euch los. Der Herr Lehrer wartet schon auf euch.«

»Ihr hattet lange genug Zwangsferien«, wies die Mutter das »Oh, schon gleich morgen?!«, ihrer Schulkinder zurück. Gisela, die Fünfjährige, würde wohl in den Kindergarten gehen können.

In den folgenden Tagen hatte Martha Kobalter alle Hände voll zu tun, den Pfarrgarten auf Vordermann und das in die Erde zu bringen, was jetzt im Juni noch gepflanzt und gesät werden konnte. Diese Arbeit hatte sie in Bahnau bei Opa Kohn gelernt, und sie machte ihr viel Freude. Manfred und Konrad halfen ihr dabei, wenn sie ihre Schulaufgaben erledigt hatten. Hildegund half derweil ihrer Mutter im Haushalt und bei Näh- und Flickarbeiten.

Nach ein paar Tagen hatte der Garten ein ganz neues und sehr gepflegtes Gesicht. Wenn Gott zur Saat und Pflanzung seinen Segen gab, dann konnte später geerntet werden. Martha war stolz auf sich und auf das Lob ihres Herrn Pfarrer und seiner Frau.

Am Sonntagnachmittag war dann Zeit, einen Rundgang durchs Dorf zu machen, um einige Plätze näher kennenzulernen. Die Steintreppe hinunter und durch das Mauertörchen betrat Vater Fischer mit seinen Kindern und mit Fräulein Martha den Brühlweg. Die Mutter wollte sich lieber ein wenig ausruhen. Die sechs gingen zunächst durch das Gässchen zwischen den Weingärtnerhäusern. Das waren schöne kleine Fachwerkhäuser auf hohen, gemauerten Kellergeschossen, aber ohne Stall und Scheune. Die früheren Weingärtner des Ortes hatten wohl kein Vieh gehabt. Auf der »langen Brücke« machten die Spaziergänger erst einmal Halt.

»Schaut, dort vorn fließt der Brüdenbach in die Weissach«, erklärte der Vater seinen Kindern.

»Die Flüsschen haben aber wenig Wasser, Vater. Da gibt es sicher keine schlimmen Überschwemmungen wie an der Bahnau 1935, von der du erzählt hast«, stellte Konrad fest.

»O doch, die gibt es, mein Junge«, widersprach der Vater. »In der Schneeschmelze und nach starkem Regen stehen die Wege und die unteren Etagen der Häuser an den Bächen manchmal bis zu einen halben Meter oder mehr unter Wasser. Am Rathaus gibt es Hinweise über den Wasserstand von einigen Überschwemmungen. Ich zeige sie euch später.«

»Und wozu haben die Brückenpfeiler die komischen Hörner?«, fragte Manfred.

»Die nennt man hier zwar Eisbrecher, aber die sollen eher verhindern, dass starkes Wasser den Pfeilern schadet. Am Marktplatz gibt es noch eine zweite, ähnliche Steinbrücke über den Brüdenbach. Die hat einen Bogen mehr als die hier.«

Wenige Minuten später schauten sich die sechs das Gemäuer an und staunten über das kunstvolle Bauwerk. »Seit mehr als zweihundert Jahren gehen hier die Menschen über den Bach«, wusste der Vater.

»Ist das Wasser schön klar«, staunte Hildegund. »Schau, Martha, da stehen Forellen drin.«

»Tatsächlich«, bestätigte das Hausmädchen, »und alle mit dem Kopf gegen die Strömung.«

»Das machen die Forellen immer so«, wusste Manfred und wies dann auf den Brunnen gleich hinter der Brücke hin, der sein Wasser in dickem Strahl in einen großen Trog spendete.

»Das ist der Dorfbrunnen oder ›Lamm-Brunnen‹. So nennen ihn die Leute, weil er vor dem Gasthaus ›Zum Lamm‹ steht.«

»Und wozu ist der da? Es gibt doch eine Wasserleitung«, wollte Konrad wissen.

»Nicht alle Häuser haben fließendes Wasser«, wusste der Vater. »Manche haben nur einen Brunnen, wie wir in Preußisch Bahnau einen hatten. Wenn der in trockenen Zeiten mal kein Wasser gibt, können die Leute sich hier bedienen.« Nach dieser Erklärung betrat Max Fischer die Brücke und wies auf das gegenüberliegende Rathaus hin. »In diesem schönen alten Haus residiert unser Herr Bürgermeister.«

»Und das Glöckchen auf dem Dach …?«

»… rief die Kinder zur Schule und die Leute zum Gebet und zur Hilfe, wenn es irgendwo ein Feuer gab.«

»Und die Kirchenglocken?«

»Da gibt's nur eine kleine. Die beiden großen wurden im Krieg nämlich abgehängt und für Kriegszwecke eingeschmolzen.«

»Wenn das Rathausglöckchen läuten hilft, dann ist die kleine im Turm nicht allein«, meinte Gisela.

»Wäre eine komische Kirchenglocke«, spöttelte Manfred, »das Glöckchen läutet ja gar nicht. Es bimmelt doch nur.«

»Na und?«, erwiderte Martha, »bimmeln ist doch besser als gar kein Geräusch, um die Leute zum Gebet und zum Gottesdienst in die Kirche zu rufen oder sonst wohin.«

Hildegund zeigte nach oben. »So einen bunten Turmhelm wie hier habe ich noch nie gesehen«, sagte sie und wollte wissen, seit wann in St. Agatha eigentlich schon Gottesdienst gefeiert würde.

»Seit dem 13. Jahrhundert, Kind, und seit 410 Jahren gibt es in Unterweissach evangelische Pfarrer«, wusste der Vater.

»Und Sie werden es auch bald sein«, ergänzte Martha.
»Ich hoffe, der Oberkirchenrat beruft mich. Und wenn er es tut, dann bestärkt das meinen Traum.«
»Welchen Traum, Vater?« – »Welchen Traum, Herr Pfarrer?« Fräulein Martha und Hildegund fragten gleichzeitig.

Max Fischer fühlte sich von den beiden bei geheimen Gedanken ertappt. Er hatte wohl ein wenig zu laut gedacht. »Nicht jetzt, ihr Lieben«, wies er die Frage zurück. »Der Traum steckt zu sehr in seinen Anfängen. Er muss sich erst noch entwickeln. Später sage ich euch vielleicht mehr darüber. Aber er hat mit der Turmspitze zu tun.«

Jetzt wandten sich alle Augen noch einmal nach oben. »Da ist der Hahn aus der Petrusgeschichte drauf«, rief Gisela aus.

»Und eine dicke Kugel und eine Wetterfahne mit zwei Spitzen dran und mit nichts drin geschrieben und einem hohen Eisen und einer kleinen Kugel wie ein hoher Blitzableiter«, sprudelte Manfred heraus.

»Sie denken an die Wetterfahne auf dem Brüderhaus in Bahnau, Herr Pfarrer«, vermutete sein Hausmädchen.

»Und an die fünfte Himmelsrichtung«, ergänzte Hildegund.

Max Fischer wandte sich dem Welzgraben zu. »Nicht schlecht gedacht, ihr beiden. Und das Ganze viel näher am Himmel als in Bahnau, in 40 Metern Höhe über dem Boden und rund 300 Metern über dem Meer. Wie gesagt, später vielleicht mehr dazu. Aber halt«, änderte er plötzlich seinen Weg, »ich muss euch noch den Wasserstand von 1819 zeigen.« Damit ging er ein paar Schritte hinüber bis zur Ecke des Rathauses und zeigte dort auf die eingekerbte Markierung im Mauerwerk.

»Da wären wir ja alle stehend ertrunken«, erschrak Martha. »Gut, dass das Pfarrhaus so weit oben liegt.«

»Für uns ist das wirklich gut«, bestätigte der Pfarrer. »Und jetzt kommt. Wir gehen am Gasthof ›Zum Lamm‹ und seiner großen Scheune vorbei durch den Welzgraben wieder hinauf. Die Mutter wird das Abendessen gerichtet haben.«

Einige Abende später saßen die Pfarrersleute und ihr Hausmädchen noch um den Tisch, während die Kinder bereits im Bett lagen. Die Frauen waren mit Nähzeug befasst, der Mann mit irgendwelchen Papieren und Briefen. Er tat ein wenig geheimnisvoll. »Ich habe heute zweimal gute Post bekommen«, sagte er plötzlich in die Stille hinein.

Die beiden Frauen hoben fragend den Blick. »Welche bitte? Nun sag schon!«, drängte Dora Fischer, und ihr Herz schlug auf einmal schneller.

»Herr Lehrer hat geschrieben«, kam die Antwort, als sei das gar nichts Besonderes. Dabei war es das sehr wohl. Hatte doch bisher jedes Lebenszeichen von den Aeschlimanns und Müllers gefehlt.

»Familie Aeschlimann ist wohlbehalten in der Schweiz. Unser treuer Gott hat sie ähnlich bewahrt wie uns, und Herr Lehrer schreibt von seiner begründeten Hoffnung, dass wir uns wiedersehen. Auch Bruder Müller, sein Schwiegersohn, lebt und ist zu Hause.«

»Herrlich! Gott sei Dank!«, freute sich Dora Fischer. »Und die andere Post?«, drängte sie.

»Johannes lässt grüßen.«

»Johannes? Unser Freund Johannes Wieder? Er hat deinen Brief tatsächlich erhalten? Wo ist er? Was schreibt er?«

»Es geht den dreien gut in Herzberg in Brandenburg. Aber sie langweilen sich dort, und es drängt sie nach Taten.«

»Was heißt das, Herr Pfarrer?«, wagte Martha zu fragen.

»Das heißt, sie kommen her, wenn sie tatsächlich von der württembergischen Kirche gerufen werden. Und darum werde ich mich gleich morgen kümmern.«

»Noch einmal Gott sei Dank!«, wiederholte die Pfarrfrau, und das Hausmädchen sagte leise: »Wetterfahne und fünfte Himmelsrichtung.«

»Was meinen Sie damit, Fräulein Martha?« und: »Was meinst du damit, Martha?«, fragten die beiden Pfarrersleute beinahe gleichzeitig. – Max Fischer redete seine Hausgehilfin immer mit »Martha« oder »Fräulein Martha« und »Sie« an, während seine Frau Martha duzte.

»Ich glaube, ich kenne inzwischen Ihren Traum, Herr Pfarrer«, antwortete die junge Frau und lächelte dabei.

»Da bin ich aber gespannt. Ich habe doch kaum davon gesprochen.« Max Fischer schaute Martha mit großen fragenden Augen an.

»Sie träumen von einem neuen Bahnau, Herr Pfarrer. Sie möchten die verstreute Bruderschaft sammeln und irgendwo mit der alten Arbeit neu beginnen.«

»Sie haben recht, Martha«, bestätigte ihr Gegenüber am Tisch. »Das ist mein Traum. Die beiden Briefe heute sind mir ein deutliches Zeichen Gottes, dass ich daran gehen soll, die verstreuten Brüder zu suchen, sie irgendwann irgendwo zusammenzubringen und mit der übrig gebliebenen Bruderschaft ein neues Bahnau zu gründen.«

»Den Traum träume ich mit«, bestätigte seine Frau. »Und ich will gerne in allem helfen, ihn zu verwirklichen. Was wirst du jetzt tun, mein Lieber?«

»Briefe schreiben an die Brüder, deren Anschriften ich habe, und dann auf Antworten warten. Nach dem Prinzip: Einer sagt's dem andern, wird es werden, dass wir uns später irgendwo zu einer Bahnauer Konferenz der Übriggebliebenen, Heimgekehrten und Wiedergefundenen treffen.«

Martha Kobalter wiederholte jetzt ihren Hinweis auf die Wetterfahne und die fünfte Himmelsrichtung.

»Sie haben recht, Fräulein Martha, nur so wird es gehen«, griff Max Fischer die Erinnerung an das verlorene Brüderhaus noch einmal auf. »Wenn wir in unserem Tun und Lassen weiter nach Gottes Reich und nach seiner Gerechtigkeit trachten, dann wird er uns die Erfüllung meines Traumes zufallen lassen. Aber, ich sehe, es ist nicht mehr allein mein Traum. Es ist auch schon euer Traum. Und andere außer euch beiden werden ihn bald mitträumen und Gott entsprechend in den Ohren liegen. Und damit fangen wir gleich jetzt gemeinsam an.«

In den folgenden Wochen gingen viele Briefe ins deutsche, österreichische und Schweizer Land, und viele Briefe kamen nach einiger Frist als Antwort zurück. Manche von ihnen brachten Trauer und Wehmut, weil sie Todesnachrichten enthielten oder Vermisstenmeldungen, oder weil sie von Vertreibung und Heimatlosigkeit, von innerer und äußerer Not erzählten. Manche weckten Freude, weil sie von Bewahrung und glücklicher Heimkehr sprachen und davon, dass es alte und neue Aufgaben in Gemeinschaftsverbänden, christlichen Werken und in der Kirche gab, die an alten und neuen Dienstorten aufgenommen worden waren. Die meisten machten ausdrücklich Mut zu einer ersten Nachkriegs-Bruderschaftskonferenz.

Aber es kamen nicht nur Briefe ins Unterweissacher Pfarrhaus. Es kam auch Johannes Wieder mit Familie, der im Februar 1946 die angebotene Pfarrverweserstelle in Backnang dankbar übernahm und von dort aus seinen Mitbruder und Freund Max Fischer gerne in den Bemühungen für ein neues Bahnau unterstützte. Es kamen auch Brüder, die den persönlichen Kontakt zu den beiden suchten, auch, um ihre Hilfe in eigenen Nöten geistiger, geistlicher, seelsorgerlicher oder materieller Art zu erbitten.

Dann kamen Lastwagen des Roten Kreuzes aus der Schweiz und aus Schweden mit Hilfsgütern für die bedürftigen deutschen Brüder und ihre Familien und für andere Flüchtlinge in der Gemeinde, die auch Hilfe nötig hatten. Das Pfarrhaus glich zuweilen einem riesigen Materiallager. Gut, dass Pfarrfrau Dora Fischer, ihre Kinder und ihre Martha Kobalter von den Hausgenossen und willigen Gemeindegliedern darin unterstützt wurden, die vielen Gaben zu sortieren, zu verpacken, zu verschicken oder auch nur mitzugeben, wenn wieder einmal Besuch im Haus war.

Dann wurde es freilich noch enger im Pfarrhaus am Herrenberg, und Kinder und Hausmädchen mussten ihre Schlafplätze räumen und mit dem Fußboden in irgendeiner freien Ecke vorliebnehmen. Die Einsicht für diese Notwendigkeit und die Geduld, sie zu ertragen, ließ der himmlische Vater ihnen jeweils zufallen. Für Konrad hieß das Pfarrhaus deshalb bald nur noch »Gasthaus zum geduldigen Lamm«. So schrieb es der Zehnjährige mit Kreide an die Hauswand. Aber gehörte Geduld gemäß Galater 5,22 nicht auch zu den Früchten des Geistes Gottes?

Gudrun und der Gasthof »Zum Lamm«

Ende September 1946 gab es im osthessischen Bad Sooden-Allendorf an der Werra in einem Haus der Inneren Mission das ersehnte und erbetene Wiedersehen der Bahnauer Bruderschaft, wegen der notwendigen Reisegenehmigungen der verschiedenen Besatzungsbehörden einberufen als »Generalversammlung« der alten GmbH. Welch ein Ereignis! Es brauchte eine Menge Tücher, um die Tränen zu trocknen, die hier geweint wurden, Tränen der Freude und des Schmerzes. Dagegen brauchte es nicht viele Argumente, um in großer Einmütigkeit zu beschließen, die Bruderschaft keinesfalls an eine andere anzuschließen oder sie gar aufzulösen. Nein, sie sollte fortleben und wurde deshalb neu gegründet.

Ebenso einmütig wurde bestimmt, dass Pfarrer Max Fischer ihr neuer Leiter sein sollte. Die Brüder Johannes Wieder, Ernst Krupka, Georg Fischer, Waldemar Didschun – der wurde in Abwesenheit gewählt, befand er sich doch noch als Flüchtlingsseelsorger in einem Lager in Dänemark – und Gustav Folchert sollten ihn als Vorstand in seiner Arbeit unterstützen. Die große Versammlung bestätigte auch den Auftrag, Möglichkeiten zu erkunden, ein neues »Bahnau« zu gründen und einen Ort zu suchen, an dem ein neues Brüderhaus zu erwerben oder zu errichten war.

Zu diesem Beschluss gab es freilich auch leise Bedenken. Deutschland war in Besatzungszonen geteilt, und es deutete sich bereits an, dass die drei Zonen im Westen sich anders entwickeln würden als die sowjetische Zone im Osten. Außerdem, woher sollten in dieser Zeit die Mittel kommen, ein Haus zu erwerben oder gar zu bauen? Johannes Wieder war es, der die Einwände glaubensstark und zuversichtlich zurückwies, indem er an den erschöpften und verzweifelten Propheten Elia unter dem Ginsterstrauch erinnerte: »Wie Gott es machen wird, wissen wir nicht; aber unter dem Wacholder sitzen wir nicht.« Max Fischer ergänzte: »Brüder, denkt an die Wetterfahne unseres Bahnauer Brüderhauses. Ob es sie noch gibt, wissen wir nicht. Aber ihre Botschaft ist noch dieselbe, und sie wird sich nicht ändern.« Das war mit großem Nachdruck gesprochen und ließ die Bedenken verfliegen. Ja, Gott würde ihnen zufallen lassen, was zur Umsetzung des Beschlusses notwendig war.

Dass zum Abschluss der Konferenz in dem schönen Städtchen am Ostrand des Meißners drei Brüder in der Kirche von Bad Sooden-Allendorf für ihren Dienst gesegnet wurden, die wegen des plötzlichen Aufbruchs aus Preußisch Bahnau dort nicht mehr hatten ordiniert werden können, setzte dem Treffen einen wunderbaren, hoffnungsvollen Schlusspunkt. »Das tat Gott!«

Das andere tat er allerdings auch: Er ließ alle Bemühungen scheitern, irgendwo im westlichen Deutschland ein passendes Objekt zu finden, das zur Einrichtung eines neuen Brüderhauses geeignet gewesen wäre. Es gab keins, so sehr auch danach gesucht wurde. In der sowjetisch besetzten Zone, der SBZ, wurde erst gar nicht gesucht, hätten die dortigen Machthaber die Einrichtung eines solchen frommen Hauses wohl ohnehin nicht genehmigt. Dabei sollte sich am Ende doch nur das bekannte Sprichwort bewahrheiten: »Warum in die Ferne schweifen, wenn das Gute liegt so nah?!« Noch aber kannte niemand Gottes Pläne.

»Herr Pfarrer, haben Sie nicht Konfirmandenunterricht bei Gudrun Schad?«, fragte Martha Kobalter eines Nachmittags im Frühjahr 1947, als sie Max Fischer gedankenverloren an seinem Schreibtisch sitzend antraf.

Der Pfarrer schrak zusammen. »Oh, richtig, Fräulein Martha. Danke für die Erinnerung. Ich war mit meinen Gedanken im alten Brüderhaus und bei der Frage, wo sich wohl die Türen auftun für das neue, nachdem ich heute wieder eine Absage erhalten habe.« Der Mann seufzte kurz auf. »Aber ich brauche noch eine halbe Stunde. Laufen Sie bitte rasch hinunter und sagen Sie Gudrun Bescheid, dass ich später komme. Sie wird warten, und ich möchte sie nicht beschweren. Sie mögen sich gerne mit ihr unterhalten, bis ich komme.«

Augenblicke später eilte Martha den Kirchberg hinunter, um im Gasthof »Zum Lamm« dem gläubigen Mädchen, das wegen seiner schwachen Gesundheit nicht am Konfirmandenunterricht teilnehmen konnte, die Verspätung ihres Herrn Pfarrer mitzuteilen und ihm die Wartezeit zu verkürzen. Sich mit diesem außergewöhnlichen jungen Menschen zu unterhalten, war immer etwas Besonderes. Als dann der Pfarrer nach einer halben Stunde kam, um Gudrun weiter in den Kleinen Katechismus Martin Luthers einzuführen und mit ihr auch schon über ihre bevorstehende Einsegnung zu sprechen, wunderte er sich zunächst sehr über seine Schülerin. Die saß von vielen Kissen gestützt auf ihrem Bett und konnte ihre Erregung kaum verbergen. Auf ihrem sonst so blassen Gesicht lag eine leichte Röte, und ihre Augen glühten.

Auch Martha war offenkundig von irgendetwas sehr bewegt. »Herr Pfarrer«, sagte sie, »Gudrun hat Ihnen etwas Wichtiges zu sagen. Sie setzen sich besser zuerst hin.«

Max Fischer legte seine Tasche ab, griff sich einen Stuhl und nahm Platz. »Ihr macht mich neugierig, ihr beiden«, sagte er, blickte fragend zwischen ihnen hin und her und schaute dann Gudrun in die Augen. »Was gibt es, Gudrun, was du mir Besonderes sagen willst?«

Das Mädchen atmete ein paar Mal tief ein, ehe es zu sprechen begann. »Herr Pfarrer, Sie suchen doch ein Haus, wo Sie junge Brüder für den Dienst im Reich Gottes ausbilden möchten.«

»Richtig, ich habe dir davon erzählt. Und?«

»Ich weiß ein Haus für Sie«, fuhr Gudrun fort und lächelte ihren Konfirmator an.

»Verstehe ich recht?« Max Fischer schaute wieder zwischen den beiden hin und her und fragte zweifelnd: »Du? Du weißt ein Haus für unsere Bruderschaft?«

»Ja, ich weiß eins«, gab Gudrun mit besonderer Betonung zurück. »Ich habe schon mit meiner Mutter und mit meinem Bruder darüber gesprochen. Es ist mein Wunsch zu meiner Konfirmation. Mutter und Otto sind mit meinem Vorschlag einverstanden.«

»Du machst es sehr spannend, Gudrun«, forderte Max Fischer die immer noch fehlende Auskunft heraus. »Was haben Otto und deine Mutter damit zu tun? Was wünschst du dir zu deiner Konfirmation? Du spannst mich richtig auf die Folter.«

»Verzeihen Sie, Herr Pfarrer, das will ich nicht«, gab das Mädchen zurück. »Aber ich wollte es schon ein wenig spannend machen. Sie können Ihre Brüderschule gerne – in unserem Haus, hier im ›Lamm‹ eröffnen.«

Jetzt verschlug es Max Fischer allerdings die Sprache. Er brauchte ein paar Momente, um die Tragweite dieser Aussage zu ermessen. »In euerm Haus?«, fragte er ungläubig. »Hier im Gasthof ›Zum Lamm‹? Und deine Mutter ist damit einverstanden? Und Otto auch?«

»Ja, wenn ich es Ihnen sage. Das ist mein einziger Konfirmationswunsch«, wiederholte Gudrun mit Nachdruck und Freude in der Stimme. Und Martha fügte hinzu: »Es ist so, Herr Pfarrer. Das ›Lamm‹ kann zur neuen Heimat der Bruderschaft und zum neuen Brüderhaus werden.«

Jetzt war es Max Fischer, der ein paar Mal durchatmen musste. Dabei wurden ihm die Augen feucht, und doch überzog ein

Leuchten sein Gesicht. Mit leicht zitternder Stimme sagte er: »Ich suche im ganzen Land vergeblich nach einem Haus und dabei finde ich es hier vor meiner Tür. Gudrun, du bist ein Engel Gottes! Wer sonst könnte eine solche Botschaft überbringen?!«

Nach diesem Satz erfüllte für eine Weile eine heilige Stille den Raum, als sei der Geist Gottes persönlich anwesend. Dann war es Martha, die leise meinte: »Die Wetterfahne, Herr Pfarrer. Und die fünfte Himmelsrichtung. Die ist offenbar reichlich bedient worden.«

Bei diesem Hinweis löste sich die Spannung, die sich mit der Stille über die drei Menschen gelegt hatte. Max Fischer atmete noch einmal deutlich auf. »Ja, so muss es sein. Nein, so ist es! Matthäus 6,33! Gott tut alles fein zu seiner Zeit«, sagte er. Dann erhob er sich von seinem Stuhl. »Verzeih, Gudrun, ich kann dir heute keinen Unterricht mehr halten. Diese Nachricht überwältigt mich. Sie muss ins Land. Ich muss Dora benachrichtigen und die Brüder. Wann kann ich mit deiner Mutter sprechen?«

»Noch heute, Herr Pfarrer«, antwortete das Mädchen und strahlte dabei über ihr hübsches Gesicht. »Mutter wird bald vom Feld kommen, und dann können Sie mit ihr besprechen, was nötig ist.«

»Das werde ich sicher tun. Ich komme bestimmt heute Abend noch einmal hierher«, bestätigte Max Fischer. Er hätte Gudrun wohl gerne vor Dankbarkeit und Freude umarmt. Aber das tat er lieber nicht. Er drückte ihr nur fest und doch vorsichtig die Hand. »Danke, Gudrun. Gott segne dich ganz besonders für deinen Einsatz für unsere Brüderschule.« Dann griff er nach seiner Tasche und wandte sich zum Gehen. »Kommen Sie, Martha, wir müssen die Nachricht nach Hause bringen, damit sich alle mitfreuen. Und dann muss ich Johannes in Backnang informieren. Er muss diese besondere Botschaft als Erster der Brüder erfahren. Und dann muss die Nachricht ins Land. Wird das eine Freude auslösen!«

Es brauchte nur wenige Gespräche mit Gudruns Mutter, bis sich Max Fischer und Johannes Wieder mit ihr über die Bedingungen einig waren, unter denen sie der Bahnauer Bruderschaft ihr Anwesen mit Wohnhaus, Stall- und Hofgebäude, benachbarter Scheune und mit verschiedenen Grundstücken draußen in der Flur verpachten wollte. Maria Schad war sicher, dabei auch im Sinne ihres bei Stalingrad vermissten Mannes zu handeln. Für sich selbst und für die Kinder beanspruchte sie lediglich angemessenen Wohnraum im Haupthaus. Darüber hinaus sollten alle Räume und Flächen dem Neuen zur Verfügung stehen.

So konnte denn Max Fischer mit den Brüdern des Vorstandes die Pläne zur Übernahme und zum notwendigen Umbau der beiden Häuser – die Scheune konnte bleiben, wie sie war – bedenken und sie der nächsten Bahnauer Konferenz im September 1947 in Witzenhausen an der Werra zur Beratung und Abstimmung vorlegen. Die im dortigen Gemeinschaftshaus versammelte zahlreiche Bruderschaft war sich darin einig, dass Gott ihr das »Lamm« geschenkt hatte und damit die Möglichkeit, das Bruderhaus neu erstehen zu lassen. Nachdem auch Prof. Joachim Iwand und Präses D. Walter Michaelis, die beide als Referenten an der Tagung teilnahmen und damit ihre alte Freundschaft mit dem Werk bekundeten, ihrer Freude über diesen Weg Ausdruck gegeben hatten, bekam der Vorstand den Auftrag, den Pachtvertrag mit Maria Schad notariell abzuschließen und danach die notwendigen Umbauarbeiten vorzubereiten. Dass sich willige Hände und die erforderlichen Baumaterialien fanden, das wollte wohl jeder gerne auf sein betendes Herz nehmen.

Willige Hände zu finden, war auch nicht schwer; gab es doch Brüder, die nach ihrer Heimkehr aus der Gefangenschaft noch keinen neuen Arbeitsplatz hatten, also zur Arbeit in Unterweissach frei waren. Aber in dieser Zeit an Baumaterialien zu kommen, wo es jedem an allen Ecken und Enden an allem fehlte, war eine ganz andere Sache.

Dennoch! Das Schlusslied der Witzenhausener Konferenz

machte den unbedingten Willen zur Tat deutlich. Vor 41 Jahren war es schon einmal am Beginn einer neuen Sache gesungen worden. Deshalb hatte es auch hier seinen besonderen Platz:

»Wir wolln uns gerne wagen, / in unsern Tagen / der Ruhe abzusagen, / die's Tun vergisst. / Wir wolln nach Arbeit fragen, / wo welche ist, / nicht an dem Amt verzagen, / uns fröhlich plagen / und unsre Steine tragen / aufs Baugerüst.

Wir wollen Zion bauen, / dem Meister trauen, / ihm auf die Hände schauen, / er macht es gut! / Wir lassen uns nicht grauen / und fassen Mut. / Er mag zum Werk uns senden / mit willigen Händen, / gewiss wird er's vollenden / durch Christi Blut.«

In den folgenden Monaten erlebten die »Alt-Bahnauer« in »Neu-Bahnau« eine große Anzahl besonderer »Zufälle«: Die alte Firma »Brüderhaus GmbH« wurde ohne Schwierigkeiten als »Evang. Missionsschule der Bahnauer Bruderschaft GmbH« ins Handelsregister eingetragen. Die neue Firma schloss vor dem zuständigen Bezirksnotariat, das sich an der Brüdener Straße unweit vom Unterweissacher Pfarrhaus befand, den Pachtvertrag mit Frau Maria Schad zum 1.1.1948 mit ausdrücklichem Vorkaufsrecht für die Pächterin.

Bereits Mitte Dezember kam Schwester Anna Majewski aus dem Mutterhaus des westpommerschen Köslin nach Unterweissach – seit dem verlorenen Krieg lag diese Stadt in Polen und hieß Koszalin – und bezog ein Stübchen im »Lamm«, um dort demnächst ihr Amt als Hausmutter des künftigen Brüderhauses zu übernehmen. Vor dem Krieg hatte sie bereits in der Gemeinschaft »Bethlehem« in Königsberg mit Max Fischer zusammengearbeitet. Seit damals war sie mit dem Herrn Pfarrer und den Bahnauern herzlich verbunden.

Im Januar kamen die ersten beiden künftigen Schülerbrüder Emil Wieandt und Joachim Runge an Weissach und Brüdenbach zum Arbeitseinsatz. Dazu gesellte sich als Alt-Bahnauer der Bruder Gelszinnus, nachdem er wie gerade für diese Aufgabe aus der Gefangenschaft heimgekehrt war. Dieser Mann besaß goldene Hände. Er verstand es, aus nahezu nichts noch etwas zu machen, um das Gasthaus »Zum Lamm« zu einem würdigen Schul-, Wohn- und Lebenshaus der künftigen Missionsschüler umzugestalten.

Dann meldete sich aus Stuttgart überraschend Baumeister Fritz Eisenblätter, der 1930/31 in Preußisch Bahnau die Errichtung des Jubiläumsbaus betreut hatte. Gerne war der Architekt bereit, wieder mit Rat und Tat zu helfen, dass der Umbau des »Lamms« auch bautechnisch in Ordnung ging.

Einmal auf die Bauaktivitäten im »Lamm« aufmerksam geworden, meldeten sich im ausgehenden Winter auch ortsansässige Handwerker zur Mitarbeit, und als es dann später zur Einrichtung der Räume kam, gaben viele Bauern und Bürger in den Dörfern des Weissachtals ab, was sie entbehren konnten, damit die künftigen Bewohner der Missionsschule zum Schlafen in Betten liegen, zum Lernen und zu den Mahlzeiten auf Stühlen an Tischen sitzen und zum Essen richtiges Besteck und ordentliches Geschirr verwenden konnten, das beides im »Lamm« nicht mehr ausreichend vorhanden war. Bücherregale und Schränke brauchten die Missionsschüler auch, wenngleich es darauf und darin wahrscheinlich zunächst einmal nicht sehr viel abzulegen und zu verstauen gab.

Schließlich halfen die guten Beziehungen Pfarrer Max Fischers zur württembergischen Kirche, dass sein Landesbischof Wurm und der Oberkirchenrat als großes Entgegenkommen für die künftige Missionsschule ihren bisherigen Backnanger Pfarrverweser Johannes Wieder für den April 1948 auf die Stelle eines Vikars nach Unterweissach versetzten. Damit eröffneten sie ihm die Möglichkeit, in unmittelbarer Nähe zum Leiter der neuen Einrichtung und in guter Zusammenarbeit mit ihm die Firma »Evang. Missionsschule der Bahnauer Bruderschaft« zu verwalten, wie er das früher in der Vorgängerfirma auch schon getan hatte. Und das hier auch noch auf Kosten der Kirche! Das war einfach nur wunderbar und herrlich und zum Danken!

Auch Martha Kobalter hatte ihre Freude an den »Zufällen«, die sie in diesen denkwürdigen Monaten oben im Pfarrhaus und unten am Welzgraben unmittelbar miterlebte. Mehrmals in der Woche ging sie hinunter zum »Lamm«, um Gudrun Schad zu besuchen und ihr ein wenig Abwechslung zu bringen. Dabei hatte sie meistens Reinold, den jüngsten Fischer, der am 24. Juni 1946 geboren war, bei sich im Kinderwagen, auf dem Arm oder an der Hand. Der Kleine war ein friedlicher Bursche. Er saß in der Krankenstube auf ihrem Schoß oder spielte mit irgendetwas auf dem Fußboden, störte also die Gespräche nicht.

Dem kranken Mädchen taten die Besuche gut, wusste sie doch, dass ihr wegen ihrer Krankheit nicht mehr viel Zeit auf dieser Erde blieb. Ihr war oft wehmütig ums Herz, auch wenn sie sich darauf freute, bald bei ihrem Heiland zu sein.

Dennoch oder gerade deshalb waren Martha und der kleine Reinold ihr immer wieder eine gute Ablenkung. Das Gewerke im und ums Haus war ihr auch sehr recht. Sie sah zwar nicht viel von dem, was an baulichen Veränderungen wurde, aber sie hörte es. Sie ließ es sich dann von der Mutter, dem Bruder oder auch von Martha beschreiben und freute sich an jedem kleinen Fortschritt, von dem ihr berichtet wurde.

Hoffentlich erlebte sie den 1. April noch! Dann sollten die nächsten Schülerbrüder kommen, um bei der Fertigstellung des Umbaus zu helfen. Und den 23. Mai? Für diesen Sonntag war die Einweihung des Hauses geplant. Die hätte sie liebend gerne miterlebt … Nun, das stand bei Gott. Gudrun war es viel wichtiger, dass das Einweihungsfest überhaupt gefeiert werden konnte, egal, ob mit ihr oder ohne sie. Tapferes Mädchen!

Natürlich schaute Martha bei ihren Besuchen im »Lamm« auch immer nach den Baubrüdern. Wie staunte sie jedes Mal, mit welchen einfachen Mitteln diese Männer Balken, Bretter und Plafondleisten schnitten und Lehm, den sie mit Handkarren aus den Brüchen der Ziegelei Rombold holen mussten, mit Stroh anrührten, um nach uralter Fachwerkbaumanier auf der großen Bühne des Hauses Wände und Decken einzuziehen, damit dort oben unter dem großen Giebel Schlafstuben für die Brüder entstanden. Die Verbindungsnägel mussten zumeist geradegeklopft werden, weil sie schon gebraucht und deshalb krumm waren. Wie staunte Martha über die elektrisch betriebene Kreissäge, die Bruder Gelszinnus aus den unmöglichsten Einzelteilen zusammengesetzt hatte. Wie staunte sie über dies und das. »Wer will fleißige Handwerker sehn, der muss zu den Brüdern gehen ...«

Die hatten ihren Spaß, wenn das Kindermädchen Reinold immer wieder dieses Lied sang und dabei jedes Mal neue Strophen erfand, je nachdem, welche Arbeit gerade getan wurde. Die Baubrüder ließen gerne einmal mit sich scherzen, und ein Mut machender Zuspruch tat ihnen auch gut, wenn es wieder irgendwo klemmte oder ihnen die Glieder schmerzten. Der Kleine hatte seinen Spaß an dem Gewerkel auf der Baustelle, und er wäre wohl gerne immer wieder den Handwerkern zwischen den Beinen herumgekrochen. Martha musste schon auf ihn aufpassen. Von dem, worüber die Großen sich unterhielten, verstand er natürlich noch nichts.

»Darf ich was fragen, Bruder Wieandt?«, unterbrach Martha den jungen Mann einmal beim Lehmrühren.

»Fragen Sie, Fräulein Martha. Ich werd sehen, ob ich antworten kann«, gab der zurück und legte die Schaufel mit dem selbst gefertigten Stiel aus der Hand. – Die Brüder redeten Martha auch immer mit »Fräulein« und »Sie« an. Ihr Leiter hatte das so gewünscht.

»Ich wüsste gerne«, setzte Martha Kobalter ein wenig zögerlich an, als erschiene ihr die Frage unschicklich. »Ich wüsste gerne, was Sie tun mussten, um als Schülerbruder für die Missionsschule angenommen zu werden.«

»Das kann ich Ihnen sagen, Fräulein Martha«, lachte Emil Wieandt. »Also, ich musste eine Bewerbung schreiben und einen ausführlichen Lebenslauf mit Angaben über meinen geistlichen

Werdegang. Dann brauchte ich ein ärztliches Zeugnis darüber, dass ich gesund bin, und seelsorgerliche Zeugnisse darüber, dass ich zu einem christusgläubigen Menschen bekehrt bin, mich in meiner Heimatgemeinde im Glaubensleben bewährt habe und dass ich mich von Gott berufen weiß. Dann musste ich noch eine Erklärung unterschreiben, dass ich weder öffentlich noch heimlich verlobt bin und dass ich auch während meiner Ausbildungszeit keine Verlobung eingehen werde.«

Martha nickte leicht. »Das ist alles so ähnlich, wie es vor dem Krieg auch war. War es Ihnen nicht schwer, das wegen der Verlobung zu unterschreiben?«

Emil Wieandt wiegte ein wenig den Kopf und zuckte mit den Schultern. »Jetzt ist es mir nicht schwer gefallen. Da ist ja auch noch niemand, den es betreffen würde. Und für die nächste Zeit muss Gott mir dann wohl schon mal vor einem hübschen Mädchen die Augen zuhalten und das Herz verschließen. Dann wird's gehen.«

»Ich wünsche Ihnen, dass das geht«, sagte Martha und tat ein paar Schritte hinter Reinold her. Der Kleine machte sich nämlich an der Schaufel zu schaffen und lief Gefahr, in die Lehmmasse hineinzufallen. Er wollte wohl auch einmal rühren.

»Ich brauchte übrigens noch eine Zuzugsgenehmigung des Bürgermeisters von hier«, ergänzte der Bruder noch. »Ohne dieses Papier hätte ich nicht kommen können.«

»Das braucht jeder, der herkommt und hier leben will«, wusste Martha. »Aber der Herr Pfarrer versteht sich mit dem Herrn Bürgermeister Hägele sehr gut, deshalb gibt es da keine Schwierigkeiten. Und ihr Brüder beansprucht ja auch keinen fertigen Wohnraum. Ihr baut euch ja euren eigenen.«

»Und was für einen, Fräulein Martha!«, lachte der Mann. »Von Lehmwänden umgeben in himmlischen Höhen, spartanisch eingerichtet und franziskanisch ausgerichtet, im Sommer heiß und im Winter kalt. Ist doch wunderbar, oder? Aber jetzt muss ich wieder rühren. Das Zeug in der Wanne muss schön geschmeidig sein, damit es recht aufgetragen und verschmiert werden kann. Für Reinold ist das noch ein wenig zu schwer.« Dabei gab der Kleine das grobe Werkzeug nur widerstrebend und schreiend ab. Er hätte doch so gerne ...

Unterweissacher Neuanfang unter Bahnauer Losung

Martha Kobalter wurde es an ihrem neuen Lebensort nicht langweilig. Sie hatte alle Hände voll zu tun, um neben ihren Besuchen bei Gudrun und auf der Baustelle im »Lamm« ihren Aufgaben als Hausmädchen gerecht zu werden. Da gab es im gewachsenen Haushalt der Fischers viel Arbeit, nicht nur, sich um Reinold und seine größeren Geschwister, um die Zimmer und die Wäsche zu kümmern. Auch der Pfarrgarten war im Frühjahr zu bestellen, damit später wieder gut geerntet werden konnte.

Zur Bestellung der gepachteten Felder der Frau Schad wäre sie wohl auch gelegentlich mit hinausgegangen. Aber die Arbeit musste ohnehin warten, bis sich das neue Brüderhaus demnächst mit Leben füllte, was für Anfang April vorgesehen war. Dann hatten nach alter Bahnauer Regel die Schülerbrüder die Feldarbeit ebenso zu leisten wie die Aufgaben im Haus. Dann würde es wieder den »Stallbruder«, den »Wäschebruder«, den »Küchenbruder« und andere geben. Vielleicht gaben die sich aber auch wieder so lustige Namen, wie sie sie in Ostpreußen damals gehabt hatten. Herr Pfarrer hatte davon erzählt. »Mehlwürmer«, »Stopfnadeln« und »Haarspalter« hatten sie geheißen. Jeder musste dabei jedem helfen, wenn der andere ihn brauchte. Ein »Arbeitsminister«, wie Bruder Gelszinnus jetzt schon genannt wurde, würde das alles aufeinander abstimmen. Ob es auch wieder einen »jauchzenden Mistiker« geben würde?

Bis die Neuen kamen, gab es also noch nichts zu ernten. Da

musste Schwester Anna mit großem hauswirtschaftlichem Geschick mit dem auskommen, was es in den Vorräten der Frau Schad, bei den Bauern des Dorfes, im Milchhäusle am Kirchberg und im Kaufhaus an der Brüdener Straße zu finden und zu erwerben gab. Wenn sie denn von den Lebensmittelkarten der Brüder Gebrauch machen konnte und wenn sie Geld in ihrer Kasse hatte. Ob die göttlichen »Zufälle« auch dafür sorgten?

Es meldeten sich tatsächlich bereits frühere Freunde des Werkes, die von dem Neuanfang erfahren hatten und helfen wollten, dass er auch auf den Weg kam. Dazu wuchs für das Werk in Schwaben und andernorts langsam, aber doch stetig ein neuer Freundeskreis heran, der bereit war, seine Gaben trotz armer Zeit der Arbeit zur Verfügung zu stellen, die die Evangelische Missionsschule der Bahnauer Bruderschaft im Begriff war, fortzuführen bzw. wieder zu beginnen. Die beiden Pfarrer Max Fischer und Johannes Wieder und die »Alt-Bahnauer« an ihren Orten und auf ihren Stationen taten das Ihre dazu. Sie ließen ihr Werk nicht im Stich und förderten es, wo es eben ging. Das war ihnen heilige Selbstverständlichkeit als Angehörige der Bruderschaft. Nur, große Sprünge machen konnte in diesen Nachkriegszeiten niemand. Aber nach biblischer Aussage lag auf dem »Scherflein der armen Witwe« bekanntlich ein besonderer Segen …

Vier Ereignisse waren es dann, die die Monate April und Mai 1948 bestimmten und stark ins Pfarrhaus und auch in das Leben von Martha Kobalter hineinwirkten. Zum Ersten war es der Einzug der elf Brüder, die mit Emil Wieandt und Joachim Runge aus dem »Vortrupp« den ersten Kurs bilden sollten. In der Baustelle »Zum Lamm« wurde es jetzt so richtig lebendig, so dass Schwester Anna Mühe hatte, das Männervolk zu »regieren«. Herr Pfarrer wohnte ja nicht im Haus, und Regeln mussten sich ergeben und einspielen. Nachdem die Schülerbrüder sich Emil Wieandt zum Hausältesten erkoren hatten, kehrte ein wenig Ordnung ein. Mit der gewachsenen Mannschaft ging auch der Umbau rascher voran. Zum 23. Mai sollten die Arbeiten im neuen Stammhaus fertig sein. Im Hof- und Stallgebäude konnte es danach weitergehen. Fräulein Martha konnte ihrem Lied von den »fleißigen Handwerkern« neue Strophen hinzufügen, wenn sie mit Reinold nach unten kam, um auf der Baustelle zu schauen und um Gudrun zu besuchen.

Gudrun besuchen konnte sie dann allerdings nicht mehr oft. Die schwachen Kräfte des Mädchens nahmen rasch weiter ab. Am 28. April schloss die Sechzehnjährige ganz still und sehr getrost ihre irdischen Augen, um mit den himmlischen ihren Heiland zu sehen. Im »Lamm« zog Trauer ein, nicht nur bei der Mutter und dem Bruder. Die Schülerbrüder erwiesen dem Mädchen, dem sie das neue Brüderhaus zu verdanken hatten, die letzte Ehre dadurch, dass sie den Sarg auf ihren Schultern zum Friedhof trugen. Gerne sangen die jungen Männer bei diesem Anlass auch im sogenannten Leichenchor mit, der nach der dörflichen Tradition die Trauerfeiern am Haus und auf dem Friedhof begleitete. Martha blieb als letzter Dienst für Gudrun, die Mutter ans Grab zu begleiten, sie zu stützen und sich von ihrer jungen Freundin mit einem Sträußchen erster Frühlingsblumen zu verabschieden.

Wenige Tage vor der Einweihung des Brüderhauses galt es als Nächstes, den Einzug der Familie Wieder ins »Lamm« zu feiern. Pfarrer Johannes Wieder hatte sich für kurze Zeit mit Gudruns Stübchen begnügt, bis seine Wohnung fertig wurde. Jetzt lebten Frau und Sohn mit ihm unmittelbar im Geschehen sowohl seiner Arbeit in der Kirchengemeinde, als auch seiner Verwaltungstätigkeit in der Missionsschule und für die Bruderschaft. Die hatte nun auch wieder ein Hauselternpaar, was alle mit großer Erleichterung aufnahmen.

Zum vierten großen Ereignis wurde der Tag der Einweihung des neuen Brüderhauses am 23. Mai. Welch ein »Zufall« des großen Gottes! Welch ein Tag unter der Losung aus 5. Mose 14,1: »Ihr seid Kinder des Herrn, eures Gottes!« Welch eine Freude der

Vielen, die aus den Dörfern des Weissachtals und der weiteren Umgebung, aus vielen Gemeinden und Gemeinschaften Württembergs und aus anderen Gegenden der deutschen Westzonen gekommen waren, um diesen denkwürdigen Tag mitzufeiern und seinen Segen mit nach Hause und in die immer noch schwierige Zeit zu nehmen! Den Segen aus dem Festgottesdienst in »St. Agatha« mit Prälat Lic. Lempp über den »Flüchtling« Elia bei der Witwe in Zarpat nach 1. Könige 17,8-16 – hatte diese Geschichte nicht ihre Entsprechung in Matthäus 6,33? –; Segen aus der Nachmittags-Festversammlung mit dem ein wenig wehmütigen und doch sehr dankbaren und Mut machenden Rückblick von Max Fischer in »Tiefere Segnungen«, dem Einblick von Johannes Wieder in »Wunderbare Erfahrungen« und dem interessanten Überblick über »Mannigfaltige Gaben« in der Bahnauer Arbeit in Deutschland, Österreich, der Schweiz und Amerika, den der Evangelist Ernst Krupka gab. Segen auch aus den vielen Grußworten aus befreundeten Verbänden und Werken; nicht zuletzt Segen aus dem frohen Miteinander von Christen aus Kirche und Gemeinschaft im Unterweissacher Gotteshaus und im festlich geschmückten Lehr-Lern-Speisesaal des neuen Brüderhauses. Der durfte an diesem Tag auch die noch äußerst bescheidene Bibliothek aufnehmen. Der Bücherbestand musste in der nächsten Zeit dringend erweitert werden. Aber vielleicht ließ Gott ihnen ja auch hier wieder das Nötige »zufallen«. Die ersten Büchersendungen der Witwen gefallener oder verstorbener Brüder waren ja bereits angekommen, weitere waren angekündigt.

Ja, so war es, und so sollte und würde es auch künftig sein für die »Kinder des Herrn ihres Gottes«: »Das Mehl im Kad ward nicht verzehrt und dem Ölkrug mangelte nichts« (1. Könige 17,16), und: »... die übrig bleiben, werden noch wiederum unter sich wurzeln und über sich Frucht tragen« (Jesaja 37,31). Das tat Gott! Matthäus 6,33 blieb das Leitwort der nunmehr offiziell begonnenen Arbeit der »Evangelischen Missionsschule der Bahnauer Bruderschaft GmbH in Unterweissach Kreis Backnang/Württ.«: »Trachtet am Ersten nach dem Reiche Gottes und seiner Gerechtigkeit, so wird euch solches alles zufallen.«

Am Tag nach diesem wunderbaren Fest begann für Schüler und Lehrer Neu-Bahnaus der Missionsschulalltag. Er begann unter der alten Ordnung, die der Hausvater neu in Kraft gesetzt hatte. Auch das »Missionshaus« sollte ein »Haus der Stille«, ein »Haus der Ordnung« und ein »Haus der Zucht« sein. Neu war allerdings die Festlegung ganz bestimmter Aufenthaltsräume und -orte für die Schüler; neu war auch die Bestimmung, dass »für jede Entfernung aus dem Hause ohne Auftrag ... Erlaubnis einzuholen« sei. Das musste wohl so sein. Hier an Weissach und Brüdenbach war die Versuchung wesentlich größer als damals an der Bahnau. Hier gab es reges dörfliches Treiben und Abwechslung in Gasthöfen und Schenken. (Frau Maria Schad besaß übrigens selbst auch noch eine gültige Schanklizenz, deren Nutzung sie sich für sieben Tage im Jahr vorbehalten hatte.)

Und hier gab es Mädchen und junge Frauen, die bereits auf die feschen jungen Männer aufmerksam geworden waren und vielleicht deshalb in letzter Zeit vermehrt die Gottesdienste besuchten und ihre Spazierwege gerne zum Dorfbrunnen und durch den Welzgraben nahmen. Dabei ergriffen die Brüder nicht unbedingt die Flucht oder senkten verschämt die Augen, wenn sie draußen zu tun hatten und die Dorfschönen vorbeikamen. Nein, sie mochten schon hinsehen. Sie hatten doch den Anti-Verlobungs-Paragrafen unterschrieben, und das machte sie stark und gefeit ...

In Kraft gesetzt wurde auch wieder der alte Tagesplan, der die Zeit vom Aufstehen um 5.30 Uhr bis zur Nachtruhe um 21.45 Uhr regelte und Arbeits-, Unterrichts- und Lernzeiten festlegte. Und so wurde in den vorgesehenen Stunden bei den Pfarrern Fischer und Wieder und bei verschiedenen Pfarrern und Lehrern, die aus Kirche und Gemeinschaft für den Unterricht gewonnen werden konnten, fleißig gehört und trotz großer Papierknappheit mitgeschrieben und in der Gruppe oder einzeln gelernt – Theologie und Pietismus sollten sich auch künftig immer wieder begegnen und gegenseitig befruchten. Dabei ging es dann um Altes und Neues Testament, Griechisch und Kirchengeschichte, Praktische Theologie, um kirchliche Verwaltung und Methodik, deutsche Grammatik und Literatur, Allgemeinwissen und Lehren des Anstands.

Wie sagte es doch Pfarrer Fischer seinen Missionsschülern immer wieder gerne: »Für den Dienst Gottes kann man nie genug lernen, und man lernt nie aus.« Leider litt der praktische Unterricht in Musik, den die Kantoren der Backnanger Stiftskirche zu halten hatten, unter dem Mangel an Instrumenten. Die Brüder hatten nur ihre Stimmen, dabei wohl auch ein paar rostige. Hoffentlich bekamen sie bald von irgendwoher ein Harmonium oder vielleicht auch zwei. Vielleicht gab es ja auch irgendwann wieder Blech zu blasen.

In den Nachmittagsstunden war Zeit für die praktische Arbeit. Dann ging es mit Schwung, Fleiß und Schweiß darum, die gepachteten Felder zu bestellen, die Scheune und die Vorratsräume für die Aufnahme der Ernte vorzubereiten, das Erdgeschoss des Nebenhauses herzurichten für den baldigen Einzug von Kühen und Schweinen und den Stock darüber auszubauen zum Einzug weiterer Missionsschüler. Gut, dass dazu die Ziegelei Rombold Steine und Zement zur Verfügung stellte. Dadurch entfielen das Leisten-Schneiden und Lehm-Rühren. Das Speis-Rühren war wesentlich einfacher. Die Bezahlung der Baumaterialien durfte später erfolgen.

Solange es keine Zugtiere gab und auch keine ausgeliehen werden konnten, mussten die Wagen und die Feldgeräte aus dem Bestand von Frau Schad leider von Hand gezogen werden, was bergauf sehr mühsam war, dafür bergab aber leicht und deshalb meist von großem Hallo begleitet. Auch hierzu hatte Max Fischer einen Spruch parat: »Fleiß und Treue im Kleinen müssen wie alle echten Tugenden gelernt und geübt werden.«

Geübt werden durfte auch bald die Mitarbeit in Gruppen und Kreisen der Kirchengemeinden und der Gemeinschaften der Altpietisten, der Süddeutschen Vereinigung und anderer Gruppierungen in den umliegenden Ortschaften, die von Unterweissach aus leicht zu erreichen waren. Dabei wirkten die Namen von Max Fischer und Johannes Wieder und deren gutes Verhältnis zur Landeskirche und zu den Gemeinschaftsverbänden mancherorts als Türöffner. Auch hierin setzte sich die Arbeit der ostpreußischen Zeit in guter Weise fort, und die Neu-Bahnauer wurden bald in dieser schwäbischen Gegend zu gerne gesehenen Mitarbeitern in Kinder-, Jugend- und Erwachsenen-Arbeit. »Tourneen« mit Mysterienspielen der Laienspielgruppe, zu der sich einige Brüder mit den Fischer-Kindern, Fräulein Martha und Fräulein Heck – einer jungen Mitarbeiterin in der Brüderhausküche – zusammengetan hatten, förderten zusätzlich den Bekanntheitsgrad der Einrichtung. Das alles ließ für die kommende Zeit eine gute Entwicklung erwarten.

Vier Wochen nach dem Wiederbeginn der Arbeit wurde das Vertrauen auf die Wahrheit des alten und neuen Leitwortes der Missionsschule allerdings noch einmal auf eine harte Probe gestellt und ließ im Blick auf die Zukunft deutliche Zweifel und Fragen aufkommen.

»Haben Sie eigentlich Ersparnisse, Fräulein Martha?«, fragte Johannes Wieder die Hausangestellte seines Freundes am Abend des 20. Juni, als er mit seiner Frau noch im Wohnzimmer der Fischers saß und sie über den nächsten Tag und seine Folgen sprachen.

»Woher soll ich Ersparnisse haben, Herr Pfarrer?«, fragte die erstaunt zurück. »Mir stehen nicht viele Reichsmark zur Verfügung. Ich brauche sie ja auch nicht. Ich bin im Pfarrhaus sehr gut versorgt. – Aber warum fragen Sie?«

»Ach, das war nur so ein Gedanke, Fräulein Martha. Wir bekommen doch morgen Deutsche Mark anstelle der Reichsmark.

40 DM pro Kopf auf die Hand und für Ersparnisse lediglich einen geringen Prozentsatz Erstattung.«

»Die alte Reichsmark ist dann beinahe nichts mehr wert«, ergänzte Max Fischer offenbar gar nicht begeistert von der Währungsreform, die seit Langem für den 21. Juni angekündigt war.

Martha Kobalter hatte sich darüber keine großen Gedanken gemacht. »Und was bedeutet das für die Bruderschaft?«, wollte sie wissen.

Johannes Wieder, der die ohnehin recht knappen Finanzen der Missionsschule verwaltete, machte ein bedenkliches Gesicht. »Die Quelle der Gaben unserer Freunde in den Westzonen wird wohl zunächst einmal versiegen, wie die aus der Ostzone bereits versiegt ist. Die bekommen ab Mittwoch die ›Mark der DDR‹. Da wird hier wie da kaum jemand sein, der noch geben kann. Wir haben alle leere Hände.«

»Aber da ist dann doch das Kopfgeld für die Brüder und Schwester Anna und …«, wandte Martha ein.

»Damit wird unsere liebe Hausmutter nicht weit kommen«, gab Max Fischer zu bedenken. »Was sind schon 560 DM von 14 Personen? Das ist wenig mehr als nichts, und das muss für unbestimmte Zeit reichen. Das füllt die Kasse nicht und die Hände nicht und die Töpfe auch nicht.«

»Verzeihung, Herr Pfarrer«, wagte das Hausmädchen einen zweiten Einwand. »Wenn ich mein Kopfgeld dazulege? Vielleicht kann unsere Haushaltskasse ja …«

»Der Vorschlag ehrt dich, Martha«, griff Dora Fischer den Gedanken auf. »Gegen die Hälfte hätte ich keinen Einwand. Wir kämen mit deiner anderen Hälfte auch zurecht.«

»Dennoch bleibt es eng für Schwester Annas Küchenplan«, stellte Gertrud Wieder fest.

»Aber wir haben doch gar keine leeren Hände«, wagte Martha einen dritten Einwand. »Wir haben doch alle von der Einweihung her eine besondere Verheißung.«

Für ein paar Augenblicke war es sehr still am Tisch. Da mochte sich wohl jeder seine Gedanken darüber machen, ob es wirklich angebracht war, angesichts der neuen Lage durch die Währungsreform kleingläubig zu werden und ins Zweifeln zu geraten. Hatte Martha Kobalter nicht recht? Natürlich hatte das Hausmädchen recht!

Max Fischer unterbrach die Stille: »Sagen Sie uns, welche Verheißung Sie meinen, Martha. Es gab deren mehrere.«

»Ich erinnere mich an vier«, antwortete die junge Frau. »Die Bahnauer Bruderschaft hatte schon in Ostpreußen eine große Verheißung, von der sie gelebt hat, wenn ich das richtig weiß. Die haben wir doch übers Haff mitgebracht, wenn auch nicht die Wetterfahne. Aber Matthäus 6,33 gilt immer noch. Und dann hat Prälat Lempp die Zusage vom Mehl im Topf und vom Öl im Krug mitgegeben. Und Präses Michaelis hat von Wurzeln nach unten und Früchten nach oben geschrieben. Das sind wenigstens drei wichtige biblische Aussagen an die Kinder des Herrn, ihres Gottes. Und ›Kinder des Herrn‹ ist die vierte Aussage.«

Marthas Rede machte sichtlich Eindruck auf die vier anderen am Tisch. »Danke, Fräulein Martha!«, kam es beinahe wie aus einem Munde. »Danke für die Erinnerung.«

»Wie konnten wir das nur gering achten?«, fragte Johannes Wieder und ergänzte: »›Herr, ich glaube, hilf meinem Unglauben.‹«

»Darf ich noch einen Gedanken sagen?«, fragte Martha vorsichtig.

»Sagen Sie uns, was Sie denken«, ermutigte Max Fischer sein Hausmädchen.

»Die Bauern in unserem Dorf brauchen immer wieder Hilfe und andre Leute auch. Sie kommen doch und bitten um Brüder.«

»Und? Was willst du damit sagen?«, fragte die Hausfrau.

»Ich will sagen, dass die Brüder ihre Hilfe nicht ganz umsonst leisten sollen. Die Bauern könnten ihnen von ihren Vorräten etwas geben und später von ihren Ernteerträgen. Das täte der Versorgung gut.«

»Über diesen Vorschlag werden wir nachdenken, Fräulein Martha«, gab Johannes Wieder zurück, und Max Fischer ergänzte: »So könnte es wirklich gehen, ohne dass wir darum bitten werden – als Antwort auf den Glauben, um den wir allerdings bitten müssen. Gott muss ihn uns neu schenken und fest machen und stärken. Vielen Dank, Martha, für Ihre Lehre. Unser Herr segne Sie dafür – und fülle uns allen erneut Herz und Hände.«

Das war zugleich der Hinweis, den Abend mit gemeinsamem Gebet um eben diesen Glauben und die damit verbundene Zuversicht in den guten Verlauf der kommenden Zeit zu beschließen. Natürlich hatte sich die Wahrheit von Matthäus 6,33 nicht geändert, weil der allmächtige Gott sich nicht geändert hatte. Wie konnte das nur für Momente aus den Köpfen gewesen sein?!

Im Rundbrief Nr. 2 an »unsere alten und neuen Bahnauer Freunde!« vom November 1948, den Martha Kobalter natürlich auch zu lesen bekam, fand sie dann zusammenfassende Sätze über die zurückliegenden Monate: »*Wie für alle Familien, so bedeutete die Währungsreform auch für die Brüderhausfamilie eine große Probe. Vermögen hatten wir nicht ansammeln können, so ergab die Umrechnung nur einen kleinen Betrag. Unsere Hausmutter, Schw. Anna, wirtschaftete mit dem Kopfgeld der Brüder eine unvorstellbar lange Zeit. Aber auch das ging schließlich zu Ende. Und dann kamen die Monate des Wartens. Die Verpflichtungen wuchsen. Und das Bächlein der Gaben rieselte sehr spärlich und war zuzeiten ganz versiegt. Wir haben uns in diesen Wochen damit getröstet, dass der Herr derselbe ist, gestern, heute und in Ewigkeit. Wenn er das Werk in den schwierigen Anfangszeiten und in der Inflation durchgebracht hat, dann wird er es auch jetzt vermögen.*

Gelegentlich erfreuten uns einige größere Gaben, und so sind wir bisher durchgekommen. Inzwischen hat sich die Lage da und dort ein wenig entspannt, und es ist zu hoffen, dass das Bächlein der Gaben wieder anschwellen wird, damit wir allem gerecht werden können. Dass wir bisher durchgekommen sind, ist ein Wunder vor unseren Augen, und für die Zukunft wollen wir dem Herrn vertrauen und ihn täglich um das Nötige bitten. Unsere Freunde werden uns dabei gewiss helfen.«

Am Schluss des Briefes hatte Pfarrer Fischer dann auch noch das schöne Gebetslied von Otto Riethmüller abgedruckt, wohl als Ausdruck seines eigenen Empfindens der Lage:

»Nun gib uns Pilgern aus der Quelle / der Gottesstadt den frischen Trank. / Lass über der Gemeinde helle / aufgehn dein Wort zu Lob und Dank.

Gib deiner Liebe Lichtgedanken / mit Vollmacht uns in Herz und Mund, / mach, woran Leib und Seele kranken, / durch deine Wunderhand gesund ...

Zeig uns dein königliches Walten, / bring Angst und Zweifel selbst zur Ruh. / Du wirst allein ganz recht behalten, / Herr, mach uns still – und rede du!«

Leider standen in dem Freundesbrief einige Dinge nicht, von denen Martha Kobalter sich gewünscht hätte, dass es die Bahnauer Freunde erführen. Es stand nichts davon, dass es auf den Feldern zum ersten Mal Kraut und Kartoffeln zu ernten gegeben hatte, und dass die Brüder von den Bauern, denen sie als Erntehelfer gedient hatten, tatsächlich – und zwar unaufgefordert – immer wieder mit Naturalien »bezahlt« worden waren. Schwester Annas Küche hatte diese Köstlichkeiten dringend gebraucht, um die Brüder einigermaßen satt zu bekommen und bei Kräften zu halten. Neben Mehl, Milch und Butter waren es zumeist Gemüse und Obst, vor allem Äpfel, Birnen und Pflaumen, die die Männer von ihrer Arbeit ins Haus brachten. Von diesen Früchten quoll das Tal mit seinen mehreren tausend Obstbäumen in der Erntezeit schier über.

Es war im Brief nicht erwähnt, dass einige Brüder vorübergehend in der Ziegelei arbeiten und so mit ihrem Verdienst in neuer DM der Kasse aufhelfen konnten. Es war auch nicht mitgeteilt, dass die Brüder das Brennholz für den Winter selbst geschlagen und bearbeitet hatten. Das Brüderhaus hatte vom Forstamt äußerst günstige »Stangenlose« und »Stubbenlose« erwerben können. Im Schweiße ihres Angesichts und manchmal bis zur Erschöpfung hatten die »Waldbrüder« auf den Gemarkungen »Luftballon« und »Schinderklinge« gearbeitet, damit wenigstens der Lehr-Lern-Speisesaal im Winter geheizt werden konnte. Mehrmals hatte Fräulein Martha ihnen das Essen in den Wald gebracht und dann Reinold wieder neue Strophen ihres Liedes gesungen: »Wer will fleißige Holzfäller sehen ...«

Gott hatte seine eigenen Wege, die leeren Hände zu füllen, die zweifelnden Herzen zu beschämen und ihnen deutlich zu machen, dass seine Sache weiterging.

Vorwärts mit Weitsicht und Mut

Natürlich ging die Sache Gottes in Unterweissach weiter. Es war mutig von den leitenden Brüdern, die nächste Bahnauer Konferenz nach hier einzuberufen, aber ihr Mut wurde belohnt. Zum ersten Mal nach dem Neuanfang fand die traditionelle Jahrestagung der Bruderschaft im Weissachtal statt! Wunderbar! Und das auch noch verbunden mit dem 40-jährigen Dienstjubiläum zweier Brüder aus dem allerersten Kurs aus Vandsburg. Nochmals wunderbar!

Viele Angehörige und Freunde der Bruderschaft kamen und fanden Quartier bei Gliedern der Kirchengemeinde. Herr Lehrer Aeschlimann kam aus Affoltern in der Schweiz, um die Morgenandachten zu halten. Aus Tübingen kam Professor Otto Michel, ein Schüler des Bahnau-Freundes Julius Schniewind. Mit seiner Teilnahme und seinem Vortrag erneuerte er die von Königsberg her bewährte Verbindung der pietistisch geprägten seminaristischen Predigerausbildung zum theologisch-wissenschaftlichen

Universitätsstudium. Damit legte er zugleich den Grundstein für seine eigene künftige Freundschaft zum Werk.

Der Sonntag zeigte, dass das Jahresfest der Bruderschaft auch in der näheren und weiteren Region angenommen wurde. Der große Kirchraum mit seinen etwa 800 Plätzen reichte gerade aus, die Gäste zu fassen. Es war ein guter und gesegneter Anfang der Konferenzarbeit am neuen Ort. Ein kleiner Wermutstropfen war lediglich die Tatsache, dass aus der SBZ, die sich am 7. Oktober zur »Deutschen Demokratischen Republik« konstituieren sollte, nur wenige Gäste dabei sein konnten. Die politischen Bedingungen der Zeit ließen die Reise nicht zu, was von allen Seiten sehr bedauert wurde. Für die Geschwister jenseits der deutsch-deutschen Grenze musste es dann wohl künftig getrennte Konferenzen geben, und wie die Teilnahme daran vom Westen aus möglich war, musste sich erweisen.

Allerdings stand die politische Entwicklung einer anderen Sache nicht im Weg: Buchhändler Fritz Anders hatte inzwischen begonnen, die Bahnauer Buchhandlung nach und nach seinem Werk zurückzugeben und von Spremberg in der Niederlausitz her in Unterweissach neu einzurichten. Die ersten Sendungen für ein neues Bücherlager waren bereits eingetroffen, der Versandbetrieb wurde im Oktober 1949 wieder aufgenommen, und es war nur noch eine Frage der Zeit, wann der Buchhandlung auch wieder ein Verlag angegliedert werden würde.

Auch im Ausbildungsbereich und im Versorgungsbetrieb setzte sich die Arbeit fort, weitete sich aus und wuchs von Jahr zu Jahr. Allmählich wurde es eng in den Räumen des »Lamm«. Der Stall füllte sich mit Kühen – eine davon gehörte Frau Schad und musste vereinbarungsgemäß von den Brüdern mit versorgt werden – und Schweinen, so dass es wieder eigene Milch und Butter gab und später auch wieder Fleisch und Wurst aus der eigenen Schlachtung. Die Schlafsäle und -stuben füllten sich mit Brüdern. Im Lehr-Lern-Speisesaal wurde der Raum an den Tischen knapp.

Erste Gedanken über Veränderung und Erweiterung der räumlichen Möglichkeiten wurden im Vorstand der Bruderschaft ausgetauscht. Dabei war eins klar: Im »Lamm« war keine Veränderung zu schaffen. Es musste ein Grundstück her, damit gebaut werden konnte. Aber woher das Geld dazu nehmen in Zeiten immer noch sehr geringer Mittel? Da gab es zwar einen Grundstock aus dem Verkauf eines Hauses, das eine Freundin der Bruderschaft in einer schwäbischen Stadt der Missionsschule vererbt hatte und das inzwischen veräußert werden konnte. Aber dieser Betrag, für die Umsetzung der Baupläne zurückgelegt, würde wohl für eine größere Maßnahme nicht reichen. Außerdem fehlte bisher das geeignete Grundstück, das nicht allzu weit vom »Lamm« entfernt liegen sollte.

An einem Samstag im Juni 1952 kam Martha Kobalter von einem Einkauf im Milchhäusle zurück. Max und Dora Fischer saßen mit Reinold in der Küche. »Herr Pfarrer, ich soll Ihnen einen Gruß von Frau Schad ausrichten«, sagte das Hausmädchen und stellte dabei ihre Kanne ab. »Ich soll fragen, ob Sie wohl morgen um zwei Uhr nachmittags an den Welzgraben kommen könnten. Sie will Ihnen etwas zeigen und mit Ihnen etwas Wichtiges besprechen.«

»Und was sollte das sein, das sie auf dem Herzen hat und mir zeigen will?«, fragte Herr Pfarrer zurück.

»Das hat sie mir nicht gesagt«, gab Martha zurück. »Nur dass es sehr wichtig sei, und dass sie mit Ihnen sprechen will, weil Pfarrer Wieder ja nicht da ist.«

»Können wir dann nicht zusammen gehen und den Gang nach unten mit einem Spaziergang durch die Brüdenwiesen verbinden, Max?«, schlug Dora Fischer vor. »Du hast doch erst um fünf Uhr Gemeinschaftsstunde in Allmersbach.«

»Ja, das ist ein guter Gedanke, das machen wir«, war ihr Mann einverstanden. »Dann bin ich schon einmal unten und lasse mich später um halb fünf am Welzgraben abholen.«

Gesagt, getan. Ehepaar Fischer mit Gisela, Reinold und Hausmädchen Martha – die drei älteren Fischer-Kinder hatten anderes vor oder waren gar nicht zu Hause –, fanden sich pünktlich am Treffpunkt ein und wunderten sich, dass sie dort außer Maria Schad auch noch das Ehepaar Eugen und Maria Kübler und Friedrich Kern vorfanden, drei schon ein wenig ältere Dorfbewohner und Gemeindeglieder. Die vier grüßten freundlich und taten dabei irgendwie geheimnisvoll.

»Gehen wir ein paar Schritte am Bach entlang ins Wiesental«, schlug Frau Schad vor und setzte sich auch schon in Bewegung. Nach kaum hundert Metern machte sie bereits wieder Halt. Alle anderen blieben natürlich auch stehen.

»Und was wollen Sie mir jetzt zeigen, liebe Frau Schad?«, fragte ihr Pfarrer und schaute dabei von einem zum andern.

»Eigentlich wollten wir den Herrn Bäuerle auch noch dabei haben«, wich die zunächst aus. »Aber der wollte erst sehen, was bei unserer Begegnung herauskäme.«

»Was soll bei unsrer Begegnung denn herauskommen, meine Herrschaften?«, wurde Max Fischer jetzt ungeduldig.

»Schauen Sie sich einfach mal um, Herr Pfarrer«, sagte Herr Kübler. »Was sehen Sie?«

»Ich sehe Wiesen, die bald gemäht werden müssen«, antwortete der Angesprochene, »eine Menge schöner Obstbäume. Gesträuch am Bach.« Er wusste nicht, worauf das hier hinauslaufen sollte. Seine großen und kleinen Begleiter schauten ebenso fragend.

»Richtig, Herr Pfarrer, das Obst hat auch wieder hervorragend angesetzt«, stellte Frau Schad fest und kam dann endlich zur Sache. »Herr Pfarrer, im ›Lamm‹ wird's zu eng. Ich erfahre das täglich, und Sie wissen das lange. Sie brauchen Platz für eine neue Missionsschule. Auf diese Wiesen können Sie demnächst Ihr Lehrsaalgebäude bauen, wenn Sie möchten.«

»Was kann ich?«, fragte Max Fischer, kniff die Augen zusammen und zog die Schultern hoch. »Bauen kann ich? Einen Lehrsaal bauen soll ich? Hier auf diese Wiesen?«

»Wenn Sie das wollen, Herr Pfarrer«, bestätigte Herr Kern. »Wir drei, mit Maria Kübler sind wir vier, wir sind uns einig, dass wir Ihrer Bruderschaft diese Grundstücke zum Kauf anbieten sollten.«

Erstauntes, verwundertes, erschrockenes ... Schweigen.

»... so wird euch solches alles zufallen«, murmelte Martha Kobalter vor sich hin, Reinold vor sich in den Armen.

Ihr Hausherr hatte es trotzdem gehört. »... es wird euch zufallen?!«, wiederholte er und schüttelte leicht den Kopf, als könnte er diese gewaltige und erstaunliche Botschaft nicht glauben. Dann hatte er sich wohl gefasst und fragte direkt: »Wie groß ist die gesamte Fläche?«

»Zusammen 25,98 Ar, Herr Pfarrer«, wusste Herr Kern, »gleich 2598 Quadratmeter zwischen den Grenzsteinen. Platz für ein großes Haus mit Hof, Garten und Freifläche.«

»In der Tat, sogar Platz für mehrere Häuser«, bestätigte Max Fischer, und dabei schwang bereits deutliche Begeisterung in seiner Stimme mit. »Wann machen wir den Vertrag?«, fragte er nach einem kurzen Moment des Nachdenkens oder auch des Rechnens. »Und zu welchem Preis? Sie haben mir noch keinen Preis genannt.«

»Sobald wie möglich, Herr Pfarrer«, antwortete Maria Schad, »und zwar zum Preis von 2 DM für den Quadratmeter. Nicht mehr und nicht weniger. Darin sind wir uns auch einig.«

»Richtig. So ist es!«, bestätigte Herr Kübler mit Nachdruck und ergänzte: »Von uns aus gleich morgen.« Seine Frau und Friedrich Kern nickten zustimmend.

»Ich denke an Freitag«, schlug Max Fischer vor, nachdem er wohl in Gedanken die Woche durchgegangen war. »Ein paar Tage brauche ich, um die Sache mit Pfarrer Wieder und den Brüdern vom Vorstand abzusprechen. Dazu muss ich telefonieren. Pfarrer Wieder muss zudem als zweiter Geschäftsführer unserer GmbH mit unterschreiben. Er kommt am Mittwoch zurück. Herr Rall vom Bezirksnotariat muss ja auch erst benachrichtigt werden.« Nach einer weiteren kurzen Pause fügte er an: »2 DM?! Ein guter Preis! Damit können wir leben, wenn Sie damit leben können. Danke, ihr lieben Leute, danke! Herzlichen Dank! Und großen Dank an unsern Gott im Himmel. Ihr macht eurem Pfarrer und der Bruderschaft eine Riesenfreude.« Max Fischer reichte den vieren nacheinander die Hand und strahlte dabei über das ganze Gesicht.

»Der Herr Notar Rall weiß übrigens schon Bescheid, Herr Pfarrer«, sagte Herr Kern, als seine Hand in der von Max Fischer lag. »Der bereitet den Vertrag schon vor.«

Damit war »die Sach gschwätzt«, das Geschäft gemacht, und die beiden Parteien trennten sich. Die einen gingen ins Dorf zurück, die andern am Brüdenbach entlang weiter durch die Wiesen.

»Ich bewundere deinen Glauben, Martha«, sprach Pfarrer Fischer sein Hausmädchen nach einem Stück Wegs noch einmal auf ihren Hinweis auf Matthäus 6,33 an.

»Er ist ein Geschenk, Herr Pfarrer«, gab die junge Frau zurück. »Ich kann nicht erklären, warum ich mir in manchen Sachen so sicher bin und warum ich manchmal solche Ahnungen habe wie jetzt auch. Das gehört wohl zu meiner Kärntner Art. Daheim gab's immer wieder Leute, meistens Frauen, die Vorahnungen hatten. Ich freue mich sehr für Sie und für die ganze Bruderschaft, dass Gott Ihnen diesen Baugrund hier zufallen lässt, für mich wie ein verspätetes Geburtstagsgeschenk. Das passt ja auch zu dem Geld aus dem Erbe und zu der Hilfe von Frau Kohnle aus dem Remstal.«

»Du weißt davon?«, wunderte sich ihr Herr Pfarrer.

»Sie haben doch neulich abends in der Hausgemeinde davon gesprochen, dass diese Frau Kohnle der Bruderschaft eigentlich in Schorndorf ein Grundstück zu einem Neubau schenken wollte. Sie habe dann aber eingesehen, dass die Bruderschaft ihren Platz hier in Unterweissach hat. Sie war wohl ein wenig enttäuscht, habe aber dennoch ihre großzügige Hilfe zugesagt. Seitdem habe ich sehr dafür gebetet, dass hier im Ort irgendjemand der Missionsschule ein Grundstück anbietet. Ich bin oft in der ›fünften Himmelsrichtung‹ unterwegs.«

»Dann ist dein Gebet ja wunderbar erhört worden, Martha, und nicht nur deins«, mischte sich Gisela ein. »Ich habe auch dafür gebetet.«

»Da haben viele gebetet, hier im Missionshaus und draußen in der Bruderschaft«, bestätigte Frau Fischer.

»Und alle haben jetzt einen Grund zum Loben und Danken«, freute sich der Kleinste der Familie.

»Ja, den haben sie«, fügte sein Vater ein wenig versonnen an, »und wer weiß, wofür wir demnächst noch alles loben und danken können. Ich sehe das Haus schon stehen, gefüllt mit fröhlichen, willigen, fleißigen jungen Männern.«

»Ich sehe bereits mehrere Häuser stehen, Herr Pfarrer«, sinnierte Martha.

»Wieso mehrere Häuser?«, fragte der erstaunt zurück, und auch die anderen schauten Martha erwartungsvoll an. Was meinte die wohl mit »mehrere Häuser«?

»Nun ja, Herr Pfarrer«, begann das Hausmädchen etwas zögernd, »Sie wissen doch selbst: Das ›Lamm‹ ist alt. Etwa 150 Jahre. Es ist an vielen Stellen morsch. Das gilt auch für die Nebengebäude. Und was die Brüder mit Lehm und Stroh errichtet haben, ist nicht für die Ewigkeit gebaut.«

»Da haben Sie wohl recht, Fräulein Martha«, gab Max Fischer zu. »Dennoch …«

»Ich glaube auch nicht, dass die Brüder, die in zehn Jahren die Missionsschule besuchen, immer noch mit der Waschgelegenheit auf dem Flur zufrieden sein werden und mit dem engen Zusammenleben in den großen Schlafsälen wie die Brüder, die jetzt hier sind. Die können sich kaum einmal alleine oder zu zweit zurückziehen. Und dann die Plumpsklos im Stallgebäude …«

»Das franziskanische Leben im Brüderhaus lehrt Demut und Bescheidenheit«, wandte der Pfarrer ein wenig bedenklich ein.

»Das sind Grundhaltungen für ein geistliches Miteinander. Die wollen wir nicht aufgeben, Fräulein Martha. Aber sprechen Sie weiter. Ich möchte hören, was Sie sonst noch sehen oder ahnen.«

»Die Buchhandlung platzt auch aus allen Nähten. Die Bücherbrüder stehen sich gegenseitig im Weg, wenn es viel zu tun gibt. Da ist kaum Platz, ein Paket richtig zu packen.«

»Dem kann ich wohl nicht widersprechen«, räumte Max Fischer ein. »Die Arbeit macht wirklich Mühe, und einladend für Kunden aus dem Dorf ist der Raum auch nicht gerade.«

»Außerdem hat die Bruderschaft kein Gästezimmer …«

»… und wenn Besuch kommt, muss der immer auf Vaters Sofa schlafen oder bei Onkel Johannes im Arbeitszimmer«, mischte sich Reinold ein.

»Und ob Ihrer Frau das noch lange gefällt, dass die großen Waschtage immer in der Pfarrhauswaschküche veranstaltet werden müssen, weil das Waschhaus beim ›Lamm‹ nicht brauchbar ist, weiß ich auch nicht.« Diesen Satz hatte Martha mit einem Seitenblick auf die Hausfrau gesprochen. Die schien dem zuzustimmen. Zumindest widersprach sie nicht, sondern ergänzte: »Die Brüder genießen allerdings dann immer ihre eigene Ganzwäsche, auch wenn sie kaum in die Zuber und Wannen hineinpassen.«

»Das ist immer lustig, wenn die großen Männer in den kleinen Wannen sitzen und da rumplantschen«, lachte Reinold.

Auch Martha musste bei dieser Vorstellung lachen. Dann fuhr sie fort: »Und die Hausmutter braucht den Lehr-Lern-Speisesaal zum Bügeln und Wäscheordnen und zu wer weiß was noch, weil kein anderer Platz da ist.«

Hierauf blieben die Spaziergänger erst einmal eine ganze Weile still. Das war viel gewesen, was Martha Kobalter da sehr mutig und weitsichtig von sich gegeben hatte. Jeder hing wohl seinen eigenen Gedanken zu diesen Überlegungen nach. Irgendwann machten sie dann kehrt, um auf demselben Weg zum Welzgraben zurückzugehen. Bei den unteren Brüdenwiesen blieben sie dann noch einmal stehen.

»Ein herrliches Grundstück lässt uns Gott hier zufallen«, stellte Max Fischer noch einmal fest. »In zwei Jahren wird das Haus stehen. Mit Lehrsälen und Brüderzimmern, mit Gästezimmern, sauberen Waschräumen und richtigen Toiletten ...«

»Herr Pfarrer, das sind meine Gedanken«, staunte Martha.

»Die sind ja auch richtig, Martha«, bestätigte Frau Fischer. »Mein lieber Mann kann da im Grunde auch gar nichts anderes sagen, denke ich.«

»Nein, das kann ich wirklich nicht«, gab der zu. »Aber ich sehe Ihnen an, dass da noch etwas ist.«

»Wenn Sie mich denn auffordern, Herr Pfarrer, dann sag ich es auch.« Martha Kobalter holte tief Luft, als müsse sie besonderen Mut für ihre nächsten Sätze sammeln: »Also, Herr Pfarrer, in dreizehn Jahren werden Sie, so Gott will und Sie leben – nach Jakobus 15,4 –, in Pension gehen. Dann scheiden Sie aus der Arbeit für die Kirche aus. Aber Sie wollen dann bestimmt noch nicht aus der Arbeit für die Missionsschule und das Brüderhaus aussteigen. Doch im Pfarrhaus können Sie dann nicht mehr wohnen, weil Sie es für einen Nachfolger freigeben müssen. Wo werden Sie dann wohnen? Und wo wird das Ehepaar Wieder wohnen, wenn das im ›Lamm‹ einmal nicht mehr geht?« Und ein wenig leiser fügte sie an: »Und wo werde ich dann wohnen?«

Jetzt war es der Herr Pfarrer, der ein paar Mal tief Luft holte. »Sie denken sehr weit, Fräulein Martha. Dreizehn Jahre voraus?! So weit voraus habe ich noch nie gedacht. Denken Sie dabei nicht an Matthäus 6,33, wie sonst immer?«

»Doch, Herr Pfarrer. Ich sehe das Wort immer vor mir. Seit Preußisch Bahnau habe ich es im Herzen. Nein, schon länger. Schon in Königsberg haben Sie es mir wichtig gemacht. Und hier sehe ich es in großen Buchstaben auch schon auf der Wand des neuen Lehrsaalgebäudes, so dass es jeder lesen kann, der durch das Wiesental spazieren geht. Das Wort lädt zum Glauben ein und zum Vertrauen. Aber das Wort verbietet das Denken nicht.«

»Nein, es verbietet das Denken wirklich nicht, Martha«, bestätigte Max Fischer. «Ich danke Ihnen für diese Lehrstunde. Schauen wir gemeinsam im Glauben und im Vertrauen nach vorne. Es wird interessant werden in der kommenden Zeit. Ich will gespannt sein, was Gott uns für unser Werk noch alles zufallen lässt, wenn wir ihn nur treu im Blick behalten.»

«Schau, Vater», mischte sich Reinold jetzt ein und zeigte hinüber an den Welzgraben. «Dort vor dem Lamm steht ein blauer Volkswagen. Das ist bestimmt dein Abholer aus Allmersbach.«

In den kommenden Monaten gab es im Zusammenhang mit dem Bauvorhaben viel Grund zum Loben und Danken. Gott ließ dem Werk weitere Einzelheiten zufallen, die die Beteiligten immer wieder in Erstaunen versetzten. Da meldeten sich der alte Architekt Eisenblätter und sein Sohn aus Ludwigsburg mit dem Angebot, die Planung des neuen Lehrsaalgebäudes und später auch die Bauaufsicht zu übernehmen. Da erklärten sich die Kreise des Kärntner Missionsvereins bereit, der Bruderschaft zum Dank für ihre viele Jahrzehnte lange treue geistliche Versorgung durch Bahnauer Brüder Bauholz aus den eigenen Wäldern zur Verfügung zu stellen. Freunde in der Schweiz sagten zu, die Frachtkosten für die 54 Kubikmeter Bauholz zu übernehmen.

Als die zuständige Behörde in Wien sich weigerte, für die kostbare Ladung eine Ausfuhrbewilligung zu erteilen, fand sich jemand, der auf dieser Amtsstelle vorstellig wurde und dabei deutlich machte, die deutschen Empfänger des Holzes seien keinesfalls eine Sekte, sondern Menschen der evangelischen Kirche. Daraufhin wurde das Papier endlich ausgestellt. Dieser jemand, der nur zufällig in der österreichischen Hauptstadt auf das Problem aufmerksam geworden war, war ausgerechnet Dr. Helmut Rothe, ein Freund Max Fischers und der Bruderschaft, der im Krieg mit seiner Familie aus Stuttgart ins Pfarrhaus nach Unterweissach evakuiert war und in der Missionsschule häufig als Referent zu psychologischen Fragen mitarbeitete. Da sollte Gott nicht seine Hände im Spiel gehabt haben?

Als die Bewilligung zur Ausfuhr des Holzes dann tatsächlich vorlag, stand auch der notwendige Spezialwaggon im Bahnhof von Spittal an der Drau, so dass die wertvolle Fracht auf Schienen von Kärnten bis nach Backnang und von dort anschließend per LKW an ihren Zielort rollen konnte.

Nicht zuletzt packte die Schar der Schülerbrüder eine große Begeisterung, den Neubau nach der Anleitung des Maurermeisters Wiesenmaier, Angehöriger der Kirchengemeinde des Dorfes, in Eigenleistung zu erstellen und dafür auf ihren Unterricht zu verzichten, wann immer das notwendig war. Sie waren sich alle sicher, Gott werde ihnen die geistige Wachheit und die Kräfte dazu geben, damit sie das Versäumte nachholen konnten.

Im Dezember 1952 schrieb Max Fischer an die Empfänger des 32. Rundbriefs der Bahnauer Bruderschaft: »*Heute können wir euch nun die freudige Mitteilung machen, dass der Neubau im Wiesental unter Dach gekommen ist. Wir haben Ende Oktober vor den starken Regenfällen noch das Richtfest feiern können. Der Bau liegt über Winter still. Unsere Herzen sind voll Lob und Dank für alle erfahrene Durchhilfe, und unsere Brüder sind froh, dass es nun ohne Unterbrechung zu der Arbeit im Lehrsaal kommt. Wenn es manchmal auch etwas eng mit den Mitteln war, weil die eine oder andere Stelle den Termin ihrer Verpflichtung nicht inne hielt, so hat Gott uns doch gnädig durchgeholfen, und wir gehen mit einer bescheidenen Reserve von Mitteln im Frühjahr an den Innenausbau.*«

Bedauerlicherweise wurde die Zeit, in die der Rundbrief zurückschaute, von zwei tragischen Ereignissen überschattet. Einer der Brüder hatte nach den abendlichen Proben im Kirchenchor – für diese Mitarbeit in der Gemeinde gab es selbstverständlich die notwendigen Ausgangsgenehmigungen – bei einem der üblichen, wenn auch heimlichen Abendspaziergänge mit Einkehr in eins der Unterweissacher Gasthäuser einer Dorfschönen zu tief in die Augen geschaut. Bei verschiedenen frühwinterlichen Schneeballschlachten mit zugehörigem »Einseifen« der Mädchen kamen sich die beiden zwangsläufig näher. Das ging ja auch gar nicht, ohne dass einer den andern bzw. die andere in den Arm nahm. Die beiden jungen Leute hatten sich wohl zu oft »eingeseift«.

Die entstandene Beziehung blieb natürlich nicht verborgen und wurde von irgendjemandem der Brüderhausleitung gemeldet. Die musste daraufhin handeln. Der Verstoß gegen die unterschriebene Ordnung musste konsequenterweise mit dem Ausschluss des jungen Mannes aus der Bruderschaft geahndet werden.

Schade um ihn. Martha Kobalter – auch für diesen jungen Mann das gern gesehene Fräulein Martha – war einige Tage sehr ungehalten über die gestrenge Handhabung der Ordnung. Ihr taten der Bruder und das Mädchen leid. Etwas dazu zu sagen wagte sie dennoch nicht. Sie zweifelte allerdings daran, dass diese Ordnung ewig halten würde.

Der andere Fall war freilich tragischer. Er machte deutlich, dass auch ein angehender Verkündiger des Wortes Gottes von so großen Lebensproblemen umgeben sein konnte, dass die ihn schier erdrückten, so dass ihm kein Ausweg mehr blieb, als den Freitod zu suchen. Ein schlimmes Ereignis! Der Fall zeigte zudem, dass ein solcher Mensch lange Zeit Glied einer Glaubens-, Lern- und Lebensgemeinschaft sein konnte, ohne dass ein anderer in dieser Gemeinschaft eine Ahnung von seiner inneren Zerrissenheit bekam und ihm in seelsorgerlicher Zuwendung Hilfe anbot. Die Mitschüler und auch die Lehrer hatten nichts von der Not des Mannes gemerkt. Brüder waren und blieben eben auch Menschen, schwach, verletzlich, anfechtbar und nicht unbegrenzt belastbar. Die Bruderschaft reagierte bestürzt und entsetzt und hatte Mühe, mit dieser Sache recht umzugehen.

»Keiner wird zuschanden, der dein harret.« Dieses Wort, das

schon in Preußisch Bahnau zu den »tragenden« Verheißungen für die Bruderschaft gehört hatte – es hatte dort weithin sichtbar als Zeugnis auf der Hauswand gestanden –, stellte plötzlich Fragen im Blick auf den Toten und auch auf die Lebenden. Warum war der Bruder zuschanden geworden? Hatte er zu wenig auf Gott geharrt, auf ihn gehofft, mit ihm gerechnet? Hatte er auf sie als Mitbrüder gewartet, mit ihnen gerechnet, mit ihrer Liebe, ihrem Verständnis, ihrer Zuwendung, ihrer Hilfe …? Der Tote konnte keine Antwort mehr geben, aber sie, die Lebenden im Brüderhaus und in der Bruderschaft draußen mussten welche finden, damit sich so ein Ereignis nicht wiederholte.

Am Ende eines langen und mühsamen Weges mit vielen Gesprächen hin und her äußerte sich Max Fischer im selben Rundbrief mit bewegenden Worten zu diesem traurigen Ereignis. Er schrieb den Brüdern in ihre Glaubens- und Lebensbücher und wohl auch sich selbst: »*... Wir wollen uns, liebe Brüder, für ungeistliches Wesen, für Heftigkeit, Rechthaberei, Launenhaftigkeit und dgl. nicht vorschnell und selbstständig Absolution erteilen. Wenn der Herr die Absolution nicht gibt, dann bleiben Reste, die in die Tiefe hinein wirken und eines Tages ernstlich Not machen. Die Frage, ob ein Pfarrer oder Prediger selig werden kann, ist wirklich ernst. Man gewöhnt sich an das Heilige und drückt sich leicht mit dem alten Wesen an den Forderungen Gottes vorbei. Wir müssen das Wort zuallererst für uns und unser Leben lesen und hören, dann erst haben wir Vollmacht, darüber zu reden.*«

Manchem Leser dieser Zeilen mag es durch den Kopf gegangen sein, Max Fischer habe beim Schreiben den ersten Abschnitt aus Römer 15 vor Augen gehabt: »Wir aber, die wir stark sind, sollen der Schwachen Gebrechlichkeit tragen und nicht Gefallen an uns selber haben. Es stelle sich ein Jeglicher unter uns also, dass er seinem Nächsten gefalle zum Guten, zur Besserung … Der Gott aber der Geduld und des Trostes gebe euch, dass ihr einerlei gesinnt seid untereinander nach Jesu Christo, auf dass ihr einmütig mit einem Munde lobet Gott und den Vater unseres

Herrn Jesu Christi. Darum nehmet euch untereinander auf, gleichwie euch Christus hat aufgenommen zu Gottes Lobe.«

Die Männer in der Bruderschaft und die Menschen um sie herum brauchten auch nach diesen Worten noch eine Weile, um mit dem Selbstmord des Bruders fertig zu werden und daraus für ihr gemeinsames Leben notwendige Schlüsse zu ziehen, erforderliche Änderungen zu überlegen und diese künftig in ihrem gemeinsamen Leben zu beachten. Auf jeden Fall musste die Bruderschaft enger zusammenstehen. Der Blick für den anderen musste geschärft, das Gespür für das Befinden des anderen verfeinert und die Bereitschaft, sich auf ihn einzulassen, größer werden. Es gab fortan viel zu tun im Miteinander des Brüderhauses.

Noch eins machte den Menschen im Pfarrhaus und im Brüderhaus zunehmend Mühe und trieb sie immer wieder dazu, sich einzeln und gemeinsam in die fünfte Himmelsrichtung zu wenden. Die Bahnauer in der DDR kamen wie viele andere Leute aus Kirche und Gemeinschaft zunehmend unter den Druck ihres Staates. Fromme Denkungsart, christliches Leben und biblische Verkündigung passten nicht in das atheistisch-sozialistische System des Arbeiter- und Bauernstaates. Das »Kreuz auf der Weltkugel« oder ein anderes christliches Bekenntniszeichen am Revers zu tragen wurde gefährlich. Religion galt nach Marx als »Opium des Volkes«, und es hieß triumphierend: »Ohne Gott und Sonnenschein fahren wir die Ernte ein.« Da half es niemandem, dass die DDR-Verfassung einen Artikel enthielt, der die freie Religionsausübung garantierte. Dies Menschenrecht wurde wie andere Grundrechte auch lediglich als ein zweckbestimmtes Teilhaberecht verstanden. Der Staat ging damit um, wie es ihm passte und nützte, ohne Rücksicht auf seine Bürger zu nehmen. Die Stasi hatte überall ihre Leute, auch in der Kirche und in den Gemeinschaften. Da gab es viel Bespitzelung und manchen Verrat.

Immer häufiger kamen Nachrichten von »drüben« nach Unterweissach, zuweilen nur versteckt und verschlüsselt abgegeben, aber eben doch eindeutig, die im Westen Seufzer, bedenkliches Stirnrunzeln und immer wieder gefaltete Hände zur Folge hatten. Einzelne Brüder befanden sich offenbar in großen persönlichen Nöten, zumal der behördliche Druck nicht nur auf sie als Prediger und Diakone ausgeübt wurde, sondern auch auf ihre Frauen und Kinder. Da war von Einbestellungen die Rede, von Verhören und sogar von Inhaftierungen. Einige Brüder und ihre Familien gerieten dermaßen in die Enge, dass ihnen letztlich kein Ausweg aus der schwierigen Lage blieb als der, es vielen anderen Bürgern ihres Staates gleich zu tun und sich durch Flucht in den Westen in Sicherheit zu bringen. Aber auch damit wussten sich diese Geschwister vor Gott und in seinen Händen.

Bei den schlimmen Nachrichten war es nur wenig tröstlich, dass andere Berichte davon sprachen, wie man in der DDR als Bahnauer zusammenstand, sich hier und da traf und seine eigenen Konferenzen hielt – auch solche unter geheimer Westbeteiligung. Wie man sich vor allem darüber freute, seit einiger Zeit unter den westlichen Brüdern und Freunden feste »Paten« zu haben, die in ihren Briefen immer wieder geistlichen Beistand und Ermutigung leisteten. Viele von ihnen gewährten in gelegentlichen Päckchen und Paketen auch materielle Hilfe. Die Hoffnung auf Besserung der Verhältnisse und der Reisebedingungen war zwar zurzeit wenig begründet, aber dennoch stark: Irgendwann würde Gott die Freiheit des ungestörten Glaubens und der ungefährdeten Begegnung den Menschen beider deutscher Staaten wieder möglich machen …

Martha Kobalter war dem Aufruf übrigens auch gefolgt, eine solche Patenschaft zu übernehmen. Sie schrieb ihrer Bahnauer Witwe in der DDR, sooft sie konnte, und schickte ihr gelegentlich Päckchen mit nützlichen Dingen. Ganz nach dem Motto und der vielfältigen eigenen Erfahrung, dass Freude, die man schenkt, auf einen zurückfällt, und dass Gott sich niemals etwas schenken lässt, sondern jede Gabe mannigfach erstattet.

Der »Zufall« bekommt Räder

Der Bau des neuen Lehrsaalgebäudes zog sich hin, bis er Ende August 1954 am Festsonntag der Bahnauer Konferenz endlich eingeweiht und seiner Bestimmung übergeben werden konnte. Ein wunderschöner Bau! Ein schönes Haus – auch zum Zeugnis des menschlichen und geistlichen Zusammenhalts der Bruderschaft für die Menschen in Unterweissach. Ein Zeugnis dafür, so bestätigte es Bürgermeister Hägele in seiner Glückwunschrede, dass die Missionsschule aus seinem schönen Dorf nicht mehr wegzudenken sei. Sie sei seiner Bevölkerung ein Vorbild dafür, dass tatkräftiger Christenglaube und fleißige Arbeit zusammengehörten.

Der Vertreter der Kirchengemeinde stellte dankbar und erfreut fest, es sei jetzt endgültig klar, »dass sie nun nicht mehr fortgehen«. Schließlich betonte der altpietistische Gemeinschaftspfleger für den Bezirk Backnang, dass das Brüderhaus durch seine Dienste unter Alten und Jungen in den Gemeinschaften inzwischen unentbehrlich geworden sei. Seine Geburtstagsgabe im Umschlag sei übrigens als Grundstock für weiteres Bauen gedacht.

Diese Sympathieerweise erfreuten die Bahnauer natürlich sehr. Nein, sie wollten schon seit Langem nicht mehr fort. Aber jetzt hatten sie wirklich ihr Eigenes. Das sollte sie tatsächlich in der Zukunft an diesem Platz halten. Der war nun endgültig ihr Zuhause. Auch dafür klang es mächtig geblasen und gesungen über den Platz am neuen Haus: »Nun danket alle Gott …!«

»Sie haben das wunderschön ausgedrückt, so richtig poetisch«, lobte Martha Kobalter ihren Herrn Pfarrer, als sie im Advent 1954 kurz zu ihm ins Zimmer kam, um ihm ein paar geschmückte Tannenzweige auf den Schreibtisch zu stellen.

Der Mann blickte von seiner Arbeit auf. »Ich weiß nicht, was Sie meinen, Fräulein Martha. Ich habe vieles geschrieben.«

»Darf ich es Ihnen noch einmal vorlesen?«

»Bitte, lesen Sie«, antwortete er und lehnte sich in seinem Stuhl zurück.

Das Hausmädchen nahm ein Exemplar des Freundesbriefes Nr. 11 vom November vom seitlichen Bord in die Hände, suchte eine bestimmte Stelle und las: »*Man kann wirklich sagen und singen: ›Im schönsten Wiesengrunde ist meiner Heimat Haus‹. – Aus den Fenstern des Lehrsaals und des oberen Stockwerks sieht man hinaus in das grüne Wiesental, auf den Ebersberg und den dunklen Kranz der Waldberge des Schwäbischen Waldes. Still ist's hier im Wiesental! Wie wohltuend! Kein Lärm der Straße, des Verkehrs, des Dorfes dringt hierher. Wir haben die Stille, die wir zum Beten, zum Lernen, zur Besinnung und auch zu vertrautem brüderlichen Gespräch brauchen. Und schön ist's hier! Der Bach schlängelt sich durchs Tal, die Erlen säumen seinen Lauf. Die Wiese breitet sich wie ein grüner Teppich weithin aus. Die leicht ansteigenden Hänge sind mit Obstbäumen besetzt. Man blickt wie in einen großen, schönen Garten. Seit wir die Wiese von unserm Nachbar Bäuerle kaufen konnten, gehört uns ein gut Teil des sich ostwärts dehnenden Wiesentals. Da haben wir Platz für Gartenbeete am Hang, für Sträucher, für stille Winkel im Gebüsch und für Konferenzversammlungen oder Gemeindefeste auf dem grünen Rasen. – Gott hat uns Raum geschenkt. Auch die ›alten Bahnauer‹, die das Bahnau in Ostpreußen kannten, sind beglückt und entzückt und empfinden diese neue und bereitete Stätte durchaus als ›Heimat‹. Darüber sind wir auch sehr froh. – Stille – Schönheit – Raum! Wie reich hat uns Gott gemacht!«*

Die junge Frau legte den Brief wieder auf das Bord und wartete auf eine Antwort des Pfarrers.

»Hat er das nicht, Fräulein Martha?«

»Er hat es in wunderbarer Weise, und das alles ohne Schulden, Herr Pfarrer. Das ist kaum zu begreifen. Und er wird uns noch viel reicher machen«, war Martha freudig überzeugt. »Sie haben es im Rundbrief an die Bruderschaft ja auch schon angekündigt.«

»Was habe ich denn da geschrieben?«, fragte Max Fischer.

»Sie haben die Bruderschaft schon davon in Kenntnis gesetzt, dass es nötig sei, ein Wirtschaftsgebäude zu bauen mit Waschküche, Lagerraum für Holz und Kohlen, mit Autogarage und weiteren Schlafräumen. Hatte ich nicht vor drei Jahren bereits davon gesprochen?«

»Sie hatten, Fräulein Martha«, gestand Max Fischer zu und lächelte sein Hausmädchen dabei an. »Und Ihre Ahnungen haben sich bestätigt.«

»Das haben sie wirklich, Herr Pfarrer. Aber ich wollte Ihnen eigentlich nur sagen, wie sehr ich mich darüber freue. Die Adventszweige waren nur der Vorwand«, beendete Martha ihren Besuch im Arbeitszimmer. Beim Hinausgehen fügte sie allerdings noch an: »Und ich freue mich auch, dass Sie durch Pfarrer Weißenstein jetzt ein wenig Entlastung bekommen.«

»Danke für Ihre Mitfreude, Fräulein Martha!«, rief Max Fischer ihr noch nach und wandte sich wieder seiner Arbeit zu.

Beim adventlichen Abendessen fragte der Familienvater in die Runde: »Erinnert ihr euch an die Andacht, die Pfarrer Weißenstein zuletzt in der Hausgemeinde gehalten hat?«

Reinold sprudelte sofort los: »Da ging es um den Kämmerer aus Mohrenland, Vater, und um den Philippus, der dem fremden Mann in seinem Reisewagen das Jesajabuch erklärt hat. Dann hat er ihm von Jesus erzählt ...«

»... und dann hat sich der schwarze Mann bekehrt und an den Heiland geglaubt, und der Philippus hat ihn in einem Bach oder einem Tümpel, jedenfalls in einem Wasser am Weg getauft«, mischte sich Gisela ein.

»Ich war als Erster dran«, beschwerte sich der kleine Bruder und schaute seine Schwester böse an. Dann führte er die Geschichte zu Ende: »Und dann war der Philippus auf einmal weg und ganz woanders, und der Kämmerer ist mit seiner Kutsche lustig nach Hause gefahren.«

»Er zog aber seine Straße fröhlich«, bestätigte das Hausmädchen – Mädchen war Martha Kobalter mit ihren 34 Jahren allerdings nun eigentlich wirklich nicht mehr – und musste mit den anderen über den Eifer des jüngsten Fischerkindes lachen.

»Aber warum horchst du uns aus, Vater? Willst du uns prüfen, ob wir bei den Andachten auch aufpassen?«, fragte Konrad.

»Nein, ihr Lieben. Ich will euch doch nicht aushorchen oder prüfen«, lachte der Pfarrer. »Diese Geschichte hat mich nur stark beschäftig und auf eine Idee gebracht.«

»Auf welche?« – »Sag schon, Vater.« – »Was für eine Idee?« Die Fragen der Kinder kamen alle gleichzeitig.

»Also, ich sage euch meine Idee«, begann der Vater und tat geheimnisvoll. »Aber das bleibt zunächst noch ganz unter uns.«

»Großes Ehrenwort, Vater!«, kam es von den drei Kindern am Tisch wie aus einem Mund.

»Und ihr Frauen?«, hakte der Herr Pfarrer nach.

»Wir können schweigen wie das Grab«, antwortete Martha für Dora Fischer mit und tat dabei ein wenig gekränkt.

»Aber jetzt spann uns nicht länger auf die Folter, Max«, forderte seine Frau, »es darf nicht zu spät werden.« Dann staunte sie wie die anderen darüber, welche Gedanken der Mann am Tisch vor ihnen ausbreitete.

»Wir müssen neue Wege suchen, den Leuten das Evangelium zu bringen. In den letzten Jahren sind sehr viele Menschen neu in unsere Dörfer und Städte gekommen. Es ist an den Rändern der Orte sehr viel gebaut worden. Die Kirchen stehen aber immer noch an ihren alten Plätzen, und die Wege dorthin sind für die neuen Bewohner weit. Die meisten Leute kommen auch gar nicht mehr zur Kirche. Sie sind sonntags zu müde, zu bequem, zu faul, sind zu sehr abgelenkt von ihren alltäglichen Sachen oder haben einfach kein Interesse. Ich weiß es nicht, was alles sie abhält, den Gottesdienst zu besuchen. Aber ich weiß, dass sie das Evangelium brauchen und dass wir in unsrer Bruderschaft gute Evangelisten haben …«

»Bruder Krupka zum Beispiel und Bruder Didschun, die bei der Deutschen Zeltmission arbeiten, die uns bei der Konferenz jetzt immer ihr großes Zelt leiht, und Pfarrer Max Fischer aus Unterweissach«, flocht Konrad grinsend ein.

»Na, na, Konrad, mich musst du nicht nennen«, wies der Vater diese Bemerkung zurück. »Und es sind auch nicht nur die beiden, mein Junge. Da gibt es auch noch andere, die im Segen in Kirchen und in Zelten im deutschen Land evangelisieren.« Der Vater machte eine kurze Pause und spann dann seinen Gedanken fort. »Unsere Evangelisten müssen in Zukunft beweglicher werden, unabhängig von Räumen. Sie müssen die Leute da aufsuchen, wo die an den Wochenenden und an den Sonntagen sind.«

»Auf dem Ebersberg zum Beispiel und am Ebnisee.« – »Oder im Freibad.« – »Oder im Felsenmeer von Hessigheim.« – »Oder auf einem Campingplatz.« – »Oder auf dem Sportplatz.« Die Kinder wussten viele Orte, wo sich Menschen gerne aufhielten, die der Vater vielleicht meinte.

»Und wenn Sie die erreichen wollen, dann brauchen Sie ein Auto, Herr Pfarrer«, mischte sich Martha ein.

»Richtig«, bestätigte ihr Max Fischer. »Und dazu habe ich auch schon eine Vorstellung.«

»Da reicht aber kein Volkswagen oder Opel Rekord, Vater«, war Konrad überzeugt und verursachte damit ein allgemeines Schmunzeln am Tisch.

»Dein Vater meint sicher einen Bus, Konrad. Einen, den man zu einer fahrenden Kirche umbauen kann«, flocht Martha ein.

»Das ist wieder eine Ihrer besonderen Ahnungen, Fräulein Martha«, lächelte Max Fischer. »Ich denke wirklich an einen Bus, der unterwegs sein kann und dann rasch umzubauen ist, so dass er zur Kirche und zur Kanzel wird.«

»Und dann braucht der Bus eine Bühne«, ergänzte Gisela und löste damit fragende Blicke aus. Begeistert gab sie Auskunft, was ihr dabei vorschwebte. »Unsere Laienspielgruppe braucht doch eine Bühne, wenn sie bei solchen Bus-Evangelisationen mitmachen soll. Vielleicht sollen ja auch Chöre singen.«

Max Fischer strahlte über sein ganzes Gesicht. »Ich sehe, meine Idee ist gar nicht schlecht. Wenigstens bei euch kommt sie schon einmal an. Schön! – Aber sie bleibt vorläufig unser Geheimnis!«

»Noch einmal großes Ehrenwort«, kam es von den anderen am Tisch wie aus einem Mund.

»Ich muss die Sache erst mit Johannes besprechen und dann mit dem Vorstand und den Brüdern. Danach werden wir sehen, was daraus wird und ob die Bruderschaft zustimmt.«

»Sehen, was Gott daraus macht, Herr Pfarrer«, verbesserte sein Fräulein Martha lächelnd. »Matthäus 6,33 gilt.«

»Und? Was macht er daraus, Fräulein Martha? Was ahnen Sie schon wieder?«, hakte der Pfarrer nach.

»Ich weiß nicht recht, ob Gott sich auf solche modernen Methoden einlässt, Herr Pfarrer«, wandte Martha ein.

»Bedenken, Martha? Das kennen wir gar nicht an dir«, wunderte sich Dora Fischer.

»Na ja, ich weiß wirklich nicht …« Martha wurde etwas verlegen. Dann ging durch sie ein kleiner Ruck und sie sagte: »Doch, ich glaube, der Evangelisationsspezialbus wird gebaut und bezahlt, und die Kirche wird unterwegs sein.«

»So ist es recht, Fräulein Martha«, bestätigte Max Fischer die Zuversicht seiner Haushaltshilfe, und seine Frau fügte an: »Marthas Ahnungen in Gottes Ohr, ihr Lieben. Und jetzt beten wir und heben die Tafel auf.« Das war ein deutliches Wort der Hausfrau, die auch noch anderes zu tun hatte.

»Nun, Herr Pfarrer, was wird mit der Wagenmission?«, fragte Martha Kobalter einige Wochen später den Urheber dieser neuen Idee. Der schien in Hochstimmung zu sein.

»Sie wird kommen, Fräulein Martha!«, antwortete Max Fischer freudig. »Alle, die dazu etwas sagen mussten, haben der

Sache zugestimmt. Wir wollen es wagen! Die Kirche wird den Leuten vors Haus fahren.«

»Und die Finanzierung?«

»Finanzierung? Das fragen Sie? Haben Sie doch wieder Zweifel bekommen? Die wird sich in bewährter Weise nach unserem Leitspruch ergeben, Fräulein Martha. Es gilt Matthäus 6,33. Wir haben doch bisher nie groß Schulden machen müssen«, gab sich der Mann überzeugt und fuhr fort: »Aber stellen Sie sich vor, sogar unser Landesbischof Dr. Haug war begeistert von der Idee und hat seine wohlwollende Begleitung der kommenden Arbeit durch die Württembergische Kirche und die Zusammenarbeit mit dem Oberkirchenrat zugesagt. Ob die Landeskirche sich irgendwie an den Kosten beteiligt, dazu hat er nichts sagen können. Aber die Firma Kässbohrer in Ulm wird sich beteiligen.«

»Wieso das?«, wunderte sich Martha. »Ist die fromm?«

»Ob die Firma fromm ist, weiß ich nicht«, lachte der Pfarrer, »aber sie wird uns den Bus bauen und einen Teil der Kosten selbst übernehmen. Von dem Chef, Herrn Karl Kässbohrer, weiß man, dass er sich stark für Belange der Kirche einsetzt. Der Mann war richtig begeistert von der Idee der Kirche auf Rädern, und seine Ingenieure waren es genauso. Die werden sich ins Zeug legen und ein richtiges technisches Kunstwerk konstruieren. Lassen Sie sich überraschen, Fräulein Martha.«

»Wann darf ich das Fahrzeug begrüßen und besichtigen?«

»Wenn alles klappt, ist der Bus zur württembergischen Evangelistenkonferenz Ende April hier. Dann wird gefeiert, Martha! Die Brüder werden staunen und begeistert sein.«

»Und das Dorf wird sicher was zu schauen haben«, ergänzte sie.

»Und sich hoffentlich einladen lassen zu den ersten Veranstaltungen in dem Fahrzeug.«

»Da bin ich sicher, Herr Pfarrer«, meinte Martha. »So wie die Unterweissacher unsere Konferenzen immer begleiten durch Quartiere und Sondergaben für die Küche und wie sie die Hauseinweihung mitgefeiert haben, werden sie stolz sein auf die neue Arbeit, die von ihrem Dorf und ihrem Pfarrer ausgeht.«

»Von ihrem Dorf, ja, aber was heißt von ihrem Pfarrer?«, wehrte Max Fischer diesen Gedanken ab. »Ich bin doch auch nur Werkzeug. Und die Idee zu dem Missionsbus ist mir doch auch nur von oben gegeben worden. Alles von Gott, mit Gott und für Gott, Fräulein Martha. So war es schon immer in Bahnau, und so muss es bleiben.«

»Amen, Herr Pfarrer!«, bekräftigte Martha Kobalter und wandte sich anderem zu. Wenn es doch schon April wäre! Aber Vorfreude war bekanntlich schon immer auch eine schöne Freude.

Es wurde April. Und der begann wie alljährlich mit dem 1., einem besonderen Tag, der es auch im Brüderhaus Unterweissach in sich haben konnte. Den Brüdern aus dem »Lamm« und aus dem neuen Lehrsaalgebäude fiel auch in diesem Jahr ein Aprilscherz ein, den sie mit großem Aufwand umsetzten. Ihr diesjähriges »Opfer« war die Hausangestellte ihres Herrn Pfarrers. An diesem Freitag musste ihr geschätztes »Fräulein Martha« auch einmal dran glauben. Das war umso leichter, als ihr Herr Pfarrer zu einem Außendienst unterwegs war, sein Unterricht also ausfiel, während das Fräulein Martha einen besonderen Waschtag hatte. So viel hatte Frau Pfarrer den Brüdern verraten.

Fräulein Martha war ein Mensch, der vor nichts Angst oder Ekel hatte. Sie pflückte Brennnesseln ohne Handschuhe, um ihren Gesundheitstee daraus zu brühen, sie trank selbst hergestellten Essig für ihr Wohlergehen, sie sammelte in ihrem Garten die Schnecken und Würmer mit der bloßen Hand. Ratten, Mäuse, Spinnen, Kakerlaken und sonstiges Getier konnten sie nicht erschrecken. Aber Schweine. Von den Schweinen hielt sie sich immer fern, wenn sie unten beim »Lamm« war. Diese grunzenden und quiekenden Viecher mochte sie nur aus der Entfernung sehen und hören oder aber nach ihrem Tod und ihrer Weiterverarbeitung als Fleisch und Wurst verzehren. Das war den Brüdern natürlich nicht entgangen. Die Abneigung gegen die Borstentiere sollte Fräulein Martha an diesem 1. April zur besonderen Prüfung werden.

Aber nicht nur Martha wurde Opfer des Aprilscherzes, sondern auch »Alpha« und »Omega«, die Nachfolgeschweine von »Habakuk« und »Zephanja«, die am kommenden Montag ihr Leben für die Brüder lassen sollten. An diesem Freitag füllte der Schweinebruder den Trog seiner Jungtiere in der derzeitigen Mächtigkeit von Spanferkeln mit einem Gemisch, das sehr mit Most und Bier durchsetzt war, und das in einer Stärke, die »Alpha« und »Omega« sehr bald von den Füßen holte. Die Tiere waren so etwas wie volltrunken und streckten alle Viere von sich. In diesem Zustand ließen sie sich widerstandslos auf den Handwagen laden und hinauf in den Waschkeller des Pfarrhauses transportieren. Dort wurden sie auf ein rasch aufgeschüttetes Strohlager gebettet, damit sie ihren Rausch ausschliefen bzw. dem menschlichen Opfer dieses Tages den gewünschten Schrecken einjagten. Letzteres gelang den Borstentieren ausgezeichnet, weil Frau Pfarrer ihre nichts ahnende Hausangestellte während der Vorbereitungen abzulenken verstand.

Martha Kobalters Aufschrei in Form eines schrillen, sehr lang gezogenen »Iiiih!« und ihr folgender lauter Ausruf: »Hilfe, Frau Pfarrer, hier liegen Schweine!« waren bis hinunter an den Welzgraben zu hören. Zum großen Amüsement der Brüder, die sich natürlich auf Abruf bereithielten, zu Hilfe zu eilen und die Situation zu klären.

Herrn und Frau Pfarrers Hausangestellte hat nie erfahren, wer nun wirklich diese schreckliche Aktion zu verantworten hatte. Der Schweinebruder wies sehr überzeugend alle Schuld von sich, und auch seine Mitbrüder hatten keine Ahnung, wer diesen infamen Streich geplant und ausgeführt hatte. »Alpha« und »Omega« wussten es natürlich auch nicht. Sie hatten von dem Ganzen ja selbst gar nichts mitbekommen. Sie grunzten am nächsten Tag wieder fröhlich und zufrieden in ihrem Koben, während Fräulein Martha noch ein paar Tage brauchte, um den schweinischen Schrecken zu verarbeiten. Vom Schlachtfest am Montag, bei dem es »Habakuk« und »Zephanja« ans Leben und an die Borstenhaut ging, hielt sie sich wegen Unpässlichkeit fern. Oh, diese Brüder! Es würde Gelegenheit geben, ihnen den Aprilscherz heimzuzahlen.

Eine Gelegenheit hätte sich ja vielleicht am 30., am letzten Apriltag noch ergeben. Aber dieser Tag war dann doch nicht für Scherze der gröberen Art geeignet. Der Tag war nämlich ein Feiertag, stand doch im Morgengrauen dieses Samstags auf dem Grundstück im Wiesental der neue Bus. Er war in der Nacht endlich angekommen. Welch ein Ereignis! Sehr schade, dass sich die Auslieferung des grauen Fahrzeugs mit den braunen Kotflügeln um einen Tag verzögert hatte und die württembergischen Evangelisten schon abgereist waren. Die wären sicher von diesem tollen Fahrzeug genauso begeistert gewesen wie die großen und kleinen Leute des Brüderhauses und seiner Nachbarschaft. Die Nachricht, die Bahnauer hätten jetzt auch einen eigenen Omnibus, hatte sich sehr schnell im Dorf verbreitet, und wer sich frei machen konnte, kam natürlich ins Wiesental, um sich das besondere Objekt anzuschauen.

Auch Martha Kobalter fand die Gelegenheit zu einer kurzen, schnellen Besichtigung. Sie freute sich königlich, dass der Bus da war und auf seinen ersten Einsatz wartete. Welch ein Gefährt! Etwa 10 Meter lang war das Fahrzeug, und es sollte sich auf 18 Meter verlängern lassen. 40 bis 50 Leute sollten hineinpassen, wenn alle Sitze ausgeklappt waren. Ob das nicht eng wurde? Na ja, für Kinder und Jugendliche sicher nicht. Im langen Innenraum war vorne eine ausziehbare Leinwand eingebaut und eine komplizierte elektrische Anlage für das Licht im Inneren und für die Tonübertragung nach draußen. Dafür gab es mehrere transportable Lautsprecher. Zwei Lautsprecher waren oben am Führerhaus angebracht, wohl um während der Fahrt die Leute einladen zu können. Dann gab es eine geräumige Bühne, die längs vor der Seitentür angehängt werden konnte, und ein Rednerpult, das drinnen oder draußen verwendet werden konnte. Ach ja, da gab es sogar noch eine kleine, aber feine Kabine mit Schlafplatz für den Fahrer oder den Techniker oder für wen auch sonst.

Martha Kobalter kam aus dem Staunen nicht heraus. »Ein Wunderwerk der Technik!«, sprach sie vor sich hin.

»So etwas zu konstruieren, kann nur Gott intelligenten Leuten in den Sinn geben, Fräulein Martha«, hörte sie neben sich sagen. Prediger Franz Girrulat war unbemerkt neben sie getreten und hatte ihre Worte gehört.

»Und es zu bauen, besonders geschickten Leuten«, fuhr sie fort. »Und es braucht christusbegeisterte Leute, die recht damit umgehen und dieses Wunderwerk zum Heil der Menschen und zur Ehre Gottes einsetzen, Bruder Girrulat.«

Der zögerte einen kurzen Moment mit einer Antwort und sagte dann: »Ich hoffe, ich bin christusbegeistert genug, dieses neue Kind Bahnaus ans rechte Laufen und auf den Weg zu bringen.«

»Sollen Sie die Leitung dieser Arbeit ...?«

»Die Brüder haben mich dazu berufen, Fräulein Martha«, gab der Mann zurück. »Dabei bin ich sehr froh, dass es unter uns Brüdern viele gibt, die Gott zu Evangelisten berufen hat.«

»Und sicher auch viele, die ohne diese ausgesprochene Gabe mithelfen werden, das Evangelium unter die Leute zu bringen«, fügte Martha hinzu.

»So wird das sein. Ein gutes Übungsfeld für die jetzigen jungen Brüder und für die kommenden Jahre.«

»Und sicher auch ein gutes Übungsfeld für die Gemeinden, mit denen Sie zusammenarbeiten werden, Bruder Girrulat. – Aber jetzt muss ich wieder hinauf. Meine Arbeit wartet.« Fräulein Martha reichte dem Bruder die Hand: »Gott segne Sie und alle, die mit diesem Bus zu tun bekommen.« Nach einem Moment der Überlegung fügte sie an: »Und denken Sie in Ihrer Aufgabe immer daran: Auch für diese neue Arbeit der Bruderschaft gibt es die fünfte Himmelsrichtung, und das alte Bahnauer Motto gilt nach wie vor – vielleicht sogar jetzt noch mehr: ›Trachtet am Ersten nach dem Reiche Gottes und seiner Gerechtigkeit, so wird euch alles andere zufallen!‹«

Als am nächsten Morgen der Gottesdienst in »St. Agatha« zu Ende war und die Leute nach draußen kamen, läuteten die Glocken ihrer Kirche zum zweiten Mal für diesen Tag. Doch es waren nicht die originalen im Turm, die sich hören ließen. Es waren die vom Band, die aus den großen Lautsprechern des Missionsbusses die Gottesdienstbesucher grüßten und zur Besichtigung des Fahrzeugs einluden. Sie klangen, als wollten sie eine neue Bahnauer Epoche einläuten, eine Epoche, die weit über das 50-jährige Jubiläum des Werkes hinausreichen sollte. Das konnte und sollte im kommenden Jahr gebührend gefeiert werden. Auch das tat Gott. – Matthäus 6,33!

Ein notwendiges Nachwort

1. Die Geschichte der Bahnauer Bruderschaft, wie sie bis hierher erzählt wurde, ist notwendigerweise lückenhaft, und sie ist unvollständig. Das geistliche Werk hatte in den 1950er, 1960er Jahren Strukturen erreicht, die in äußeren Dingen keine großen und bedeutsamen Veränderungen mehr erfahren haben. Auch seine grundsätzliche Ausrichtung ist im Wesentlichen unverändert geblieben. Deshalb endet die Erzählung in den 1950er Jahren.

Der »Bahnauer Kurs« ist nach wie vor ausgerichtet auf die ständige Begegnung von Gemeinschaft und Kirche, auf die Arbeit in den Feldern kirchlich verfasster Frömmigkeit und pietistisch geprägten Glaubens und Lebens in Gemeinde, Gemeinschaft, Freikirche, Diakonie und Schule, im steten Diskurs mit universitärer, wissenschaftlich betriebener Theologie und Religionspädagogik. Die heute verwendete Beschreibung der Missionsschule als »Seminar für Theologie, Jugend- und Gemeindepädagogik« spiegelt diese Tatsache wider.

Geändert haben sich freilich Formen, Stile, Regeln des Zusammenlebens, Ausrichtung und Themen des Unterrichts, Verteilung und Methoden der Arbeit, durch Prüfungen erworbene Qualifikationen. Ende der 1970er Jahre wurde der »Verlobungsparagraph« aufgehoben. Seit 1998 werden Frauen in die Ausbildung aufgenommen, und es leben längst auch Ehepaare als Studierende im Brüderhaus. Von daher gibt es inzwischen auch »weibliche Brüder«. Die qualifizierte hauptamtliche, nebenamtliche und ehrenamtliche Lehrerschaft, zu der seit langem auch Frauen gehören, war und ist immer wieder dem Wechsel unterworfen, wie es die Zeit nun einmal mit sich bringt. Ähnlich ist es mit der Zusammensetzung der leitenden Gremien der GmbH.

Die Bruderschaft ist stetig gewachsen und hält weiterhin dicht zusammen. Es gab nur wenige Jahre, in denen keine neuen Schülerbrüder aufgenommen wurden oder in denen kein Absolvent zum Dienst ordiniert werden konnte. Seit dem Fall der Mauer, der Stacheldrahtzäune und innerdeutschen Schlagbäume durfte die Bruderschaft auch deutsch-deutsch wieder zusammenwachsen und kann nun grenzenlos gelebt und gepflegt werden. Sie erstreckt sich inzwischen um den ganzen Globus. Bahnauer Brüder arbeiten nicht mehr nur in Europa, sondern auch in Asien, Afrika sowie Nord- und Südamerika.

Hinter dem allen gibt es nach wie vor einen großen Freundeskreis, der die Arbeit mitverantwortet und finanziell trägt. Die jährliche Bahnauer Konferenz in Unterweissach war, ist und bleibt der Ort der Begegnung und Zurüstung für die, die dabei sein können.

2. Die Geschichte der Bruderschaft, wie sie in diesem Buch erzählt ist, hat ein offenes Ende. Dies signalisiert, dass die Geschichte weitergegangen ist und weitergehen wird. Es wurden nur etwa 50 Jahre erzählt. Inzwischen sind es bereits mehr als 100 geworden. Es war äußerst schwierig, aus der Fülle des umfangreichen, aber zuweilen lückenhaften und manchmal auch widersprüchlichen Quellenmaterials und aus der Menge der in vielen Gesprächen mit »Bahnauern« alter und neuer Zeit gewonnenen Informationen auszuwählen, um wenigstens eine »Teil-Biografie« des Werkes zu schreiben, die das, was sich faktisch ereignet hat, wiedergibt als das, was Menschen in ihrer Zeit konkret erlebt und gestaltet haben.

Dieses Buch kann und will auf keinen Fall die vorhandenen vier Bücher zu den verschiedenen Jubiläen der Bahnauer Bruderschaft ersetzen. Dieser Anspruch wäre unzulässig. 1931 und 1956 erschien: »Das tat Gott«, 1981 »Berufen – beauftragt« und zuletzt 2006 »Alles Zufall«. Besonders die letzten beiden Bücher sind reich bebildert. Sie sollen und müssen ihre Bedeutung behalten. Sie müssen es auch deshalb, weil gerade sie wiedergeben, wie die hier nicht erzählten 50 Jahre abgelaufen sind und was sich in der Bruderschaft nach außen und innen zugetragen hat.

Dabei waren es immer Menschen, die die Geschichte des Brüderhauses bzw. der Missionsschule gestaltet und erlebt haben und denen sie widerfahren ist. Es waren Personen, die Gott dazu berufen hatte. Sie haben es gelernt und gelebt, sich auf die »fünfte Himmelsrichtung« einzulassen. So haben sie ihre Erfahrungen mit der in Matthäus 6,33 enthaltenen Zusage gemacht: »Trachtet am Ersten nach dem Reich Gottes und nach seiner Gerechtigkeit, so wird euch solches alles zufallen.« Dass die Wahrheit dieses Jesus-Wortes aus der Bergpredigt an seine Jünger zu jeder Zeit seinen Platz hatte zwischen Glauben, Zweifeln und Staunen und jeweils unterschiedlich erfahren wurde und dass der Rückblick in die Geschichte in den vorliegenden Quellen manchem Ereignis eine veränderte oder neue, zuweilen dabei auch glorifizierende Darstellung und Deutung gab, liegt in der Natur des Menschlichen.

Dass ich als Autor auswählen musste – Daten und Ereignisse, Fakten und Einschätzungen, Entwicklungen und Folgen, Persönlichkeiten und Personen – und dabei selbst auch nicht frei sein konnte von eigenen Beurteilungen der Bedeutung einzelner Personen und Ereignisse, lag in der Natur der Aufgabe. Um dem ein wenig auszuweichen, habe ich die Anbindung des Geschehens an die fiktive Figur von Ännchen und später an die historische des Fräulein Martha gewählt. Die beiden erscheinen hier als Zeuginnen der Geschichte des Bahnauer Werkes und seiner Bruderschaft in ihren politisch-gesellschaftlichen Einbindungen und Abhängigkeiten und in ihren Auseinandersetzungen mit manchen geistlichen Strömungen und Entwicklungen ihrer jeweiligen Zeit. Dass dabei aus inhalts- bzw. erzähltaktischen Gründen die Person des Fräulein Martha ein wenig überhöht dargestellt worden ist, mag ihr zur Ehre gereichen und dem Autor nachgesehen werden.

3. Das »Lamm« musste 1959 von der Bruderschaft gekauft werden, um es nicht zu verlieren. Es wurde noch einige Zeit gebraucht. Als die Missionsschule später genügend eigenen Raum hatte, konnte das Haus 1978 an die politische Gemeinde Weis-

sach im Tal verkauft werden, die das alte Gebäude gründlich saniert und dem Rathaus angegliedert hat. Auf dem Gelände im Wiesental links des Brüdenbaches wurde noch in den 1950er Jahren mehrfach gebaut. Auf der anderen Seite des Baches in den 1960er Jahren ebenso. Später wurde im Wesentlichen nur noch an- bzw. umgebaut, renoviert und modernisiert. Das Ensemble der verschiedenen Gebäude steht heute, wie es in den »Ahnungen« von Fräulein Martha angedeutet ist.

Sie selbst, Martha Kobalter, lebte bis zur Pensionierung ihres Herrn Pfarrers im Jahr 1966 als seine Hausangestellte im Pfarrhaus. Danach wohnte und arbeitete sie noch 20 Jahre im Haus A des Brüderhauses, bis sie 1986 nach ihrer eigenen Pensionierung in ihre Kärntner Heimat zurückkehrte. Von dort aus begleitete sie die Bahnauer Arbeit in der schwäbischen Missionsschule und auf den inländischen und ausländischen Stationen weiter mit großem Interesse. Als 1989 die »Evangelische Ausländerseelsorge e.V.« als jüngste selbstständige »Tochter« der Bruderschaft dem Werk angegliedert wurde – die EAS kümmert sich vornehmlich um arabisch sprechende Menschen und wird von dem libanesischen blinden Bahnauer Bruder und heutigen Pfarrer Dr. Hanna Josua und seiner Frau Heidi geleitet –, hat Fräulein Martha auch diese Arbeit gerne mitgetragen und unterstützt, bis sie im Oktober 2003 verstarb.

4. Bei aller Unzulänglichkeit der Wiedergabe der Geschichte Bahnaus, die diesem Buch zwangsläufig anhaften muss und die mancher Leser aus seiner persönlichen Sicht auch empfinden mag, geht es mir darum, deutlich zu machen: Diese Geschichte ist Gottes Werk (»Das tat Gott«). Er tat es durch die, die er in, für und durch Bahnau »berufen und gesandt« hat. Das waren und sind die, die im Glauben und im Vertrauen in die Zusagen seines Wortes und in ihrer Ausrichtung auf die »fünfte Himmelsrichtung« immer wieder erkennen und bezeugen durften und dürfen: »Alles Zufall«.

Mein Wunsch zu diesem Buch ist, dass das Beispiel der Geschichte der Bahnauer Bruderschaft für uns Heutige bewirken möge, sich der eigenen Erfahrung der bleibenden Wahrheit von Matthäus 6,33 bewusst zu werden und dafür zu danken. Vielleicht vermag es ja auch einzuladen, solche Erfahrungen zu suchen, um sie wirklich zu erleben. Gott möge es »zufallen« lassen.

Deshalb soll hier die Aufforderung der letzten Worte aus der Festpredigt von Altlandesbischof D. Dr. Martin Haug zum 50-jährigen Jubiläum der Bahnauer Bruderschaft am 26. August 1956 stehen: »… gehen, weiter gehen, neu aufbrechen zu dem guten seligen Dienst am Werk des Herrn, in seiner Kraft, im Zeichen seines Sieges!

›Drum aufwärts froh den Blick gewandt
und vorwärts fest den Schritt.
Wir gehn an unsers Meisters Hand,
und unser Herr geht mit!‹ Amen.«

100 Jahre Bahnauer Bruderschaft – eine Chronik

1906 Gründung des Gemeinschaftsbrüderhauses in Vandsburg/Westpreußen durch Pastor Carl Lange
1909 Übersiedlung nach Preußisch Bahnau in Ostpreußen
1931 25-jähriges Jubiläum. Der »Jubiläumsbau« wird errichtet. Festschrift »Das tat Gott«, von Ernst Krupka herausgegeben
1933 Zusammenarbeit mit der Bekennenden Kirche in Ostpreußen
1936-1938 Pfr. Otto Ruprecht Leiter des Brüderhauses
1938-1939 Pfr. Lic. Friedrich Busch Leiter des Brüderhauses
1945 Flucht nach Westen
1946 Erste Bahnauer Konferenz nach dem Krieg in Bad Sooden-Allendorf
1947 Bad Boller Gespräche zwischen Kirche und Gemeinschaft / »Pietismus und Theologie«
1948 23. Mai Neubeginn der Missionsschule mit der Einweihung des Brüderhauses in Unterweissach. Finanzen: Einnahmen 4 874 DM, Ausgaben 6 337 DM
1954 Einweihung des Lehrsaalgebäudes
1955 Gründung der Wagenmission, heute »Kirche unterwegs«
1956 50-jähriges Jubiläum. Festschrift »Das tat Gott«, von Pfr. Max Fischer herausgegeben
1959 Der Konferenzsaal wird erbaut
1966 Das Mitarbeiterhaus wird errichtet. Buch »Send uns dein geistlich Schwert« herausgegeben
1967 Völlig unerwartet stirbt Max Fischer. Pfr. Johannes Wieder übernimmt die Schulleitung; er war von 1923-1981 ständiger Mitarbeiter
1969 Pfr. Franz Girrulat wird Vorsitzender des Vorstands
1971 Abschlussprüfungen werden eingeführt
1974 Neubau: Wirtschaftsgebäude, Speisesaal und Gästehaus.

Kostenbeteiligung der Studierenden: Schulgeld von 50 DM monatlich
1976 Pastor Hans Bernecker wird Vorsitzender des Vorstands
1978 Die Gemeinde Weissach im Tal kauft das »Lamm«, das einstige Domizil der Missionsschule
1981 75-jähriges Jubiläum. Festschrift »Berufen – beauftragt« durch Pfr. Manfred Bittighofer herausgegeben. Anbau für die Buchhandlung und Bibliothek
1982 Pfr. Dieter Eisenhardt wird Vorsitzender des Vorstands der Bahnauer Bruderschaft
1989 Gründung der Evangelischen Ausländerseelsorge
1994 Einbau von Appartements im Haus in der Friedensstraße für verheiratete Studierende
1996 Umbau des Andachtsraums, Kreativ-Werkstatt, Mediothek, Sanitärbereich und Konferenzsaal
1997 Finanzen: Einnahmen 1 083 568 DM; Ausgaben: 1 204 087 DM
1998 Entscheidung, die Ausbildung auch für Frauen zu öffnen. Jubiläumskonferenz: 50 Jahre Bahnauer Bruderschaft in Unterweissach
2002 Erweiterung der Bruderschaft für Ehepartner und Freunde
2003 Pfr. Manfred Bittighofer wird Vorsitzender des Vorstands der Bahnauer Bruderschaft
2006 Jubiläum: 100 Jahre Bahnauer Bruderschaft
2008 60 Jahre Bahnauer Bruderschaft in Unterweissach

Direktoren/Missionsinspektoren
1906-1941   Pfr. Carl Lange
1948-1967   Pfr. Max Fischer
1967-1969   Pfr. Walter Schaal
1969-1990   Pfr. Manfred Bittighofer
1990-1999   Pastor Günther Kreis
1999-2008   Direktor Eugen Reiser
Seit Mai 2008 Pfr. Thomas Maier

Gemeinschaftsbrüderhaus in Preußisch Bahnau, um 1931

Pastor Carl Lange und seine Frau Marie geb. Zahn

Ernst Aeschlimann

Pfarrer Otto Ruprecht

Pfarrer Lic. Friedrich Busch

Pfarrer Max Fischer

Stammhaus in Preußisch Bahnau mit Gästehaus

vorne, von links nach rechts: Oma Kohnle, Dora und Max
Fischer, Gertrud und Johannes Wieder, Maria Schad;
hinten, von links nach rechts: Frieda Heck, Hermine Krautter,
Martha Kobalter, Brigitte Egger geb. Jung, Anneliese Seitter

Brüderhaus von der Bahnau aus gesehen

Pfarrer Johannes Wieder

Gertrud Wieder

Maria Schad, die Besitzerin des Gasthofs „Zum Lamm", mit ihren beiden Kindern Gudrun und Otto

Gasthof „Zum Lamm", Stammhaus in Unterweissach

Unterweissach bei Backnang, um 1955;
Brüderhaus (ganz links)

Martha Kobalter („Fräulein Martha"), um 1988

Pfarrer Franz Girrulat

Brüderhaus in Unterweissach, an der Hauswand:
Matthäus 6,33, um 1956

Wagenmission „Kirche Unterwegs"

Unterweissach, um 1960 (Aufnahmen aus der Luft)